세상과 생각을 여는

철학자의 사고실험

이브 보사르트 지음 | 이원석 옮김

살면서 누구나 생각해야 할 11가지 문제

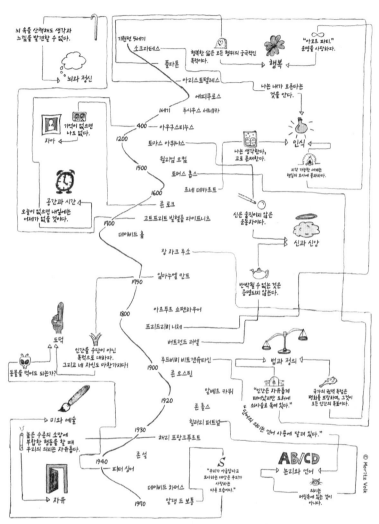

세상과 생각을 여는
철학자의 사고실험

북캠퍼스

옮긴이 **이원석**

서울 대학교 철학과 졸업.
서울 대학교. 철학과 대학원 졸업.
독일 자유베를린 대학 박사과정 수료.

세상과 생각을 여는
철학자의 사고실험

초판 1쇄 발행 | 2016년 12월 5일
초판 2쇄 발행 | 2020년 2월 24일

지은이 | 이브 보사르트
옮긴이 | 이원석
발행인 | 이원석
발행처 | 북캠퍼스

등록 | 2010년 1월 18일 (제313-2010-14호)
주소 | 서울시 마포구 양화로 58 명지한강빌드웰 1208호
전화 | 070-8881-037
팩스 | (02) 322-0204
전자우편 | kultur12@naver.com

편집 | 최진우
디자인 | 이경란

ISBN: 978-89-965153-6-4

차례

서문

우리는 무엇을 추구하면서 살고 있을까? 우리 삶은 과연 의미가 있을까? 무엇이 정의로운 것일까? 우리에게 가난한 사람을 도와야 하는 의무가 있을까? 지식의 한계는 어디일까? 진리란 무엇일까? 정신과 육체는 어떤 관계일까? 언어는 어떻게 기능하는 것일까? 우리는 과연 자유롭게 결정할까? 나는 내 자신의 고유한 삶을 살고 있을까? 참된 사랑은 존재할까? 인간은 육식을 해도 되는 걸까? 공정한 임금은 무엇일까? 죽은 뒤 또 다른 세상이 있을까? 신을 믿어야 할까? 닭이 먼저일까 달걀이 먼저일까?

철학은 2천 년 넘게 이와 같은 질문을 다루어왔다. 철학자들은 몇 가지 질문에 대해서는 오늘날까지 어둠 속에서 헤매고 있지만, 어떤 질문들에는 빛을 가져왔고 많은 경우 올바른 대답을 찾기도 했다. 철학의 힘은 의심하고 좋은 근거를 찾는 데서 나온다. 특히 철학적인 대화는 개인의 생각이 교환되는 데서 그치지 않고, 나름 근거를 갖춘 논거들이 소통된다. 또한 모든 것의 배후가 문제가 되기 때문에 모든 주장은 그 근거를 제시해야만 한다. 여기서 고려 대상은 믿을 만한 논거와 근거 들이다. 자신의 철학적인 생각을 정초하지 못한 사람은 논쟁에서 질 것이고, 논쟁에서 모든 반대 의견에 견디는 생각은 살아남을 것이다. 철학만 그런 것이 아니라 모든 일이 그렇다.

물론 철학은 논쟁의 전쟁터만은 아니다. 일차적으로 철학자들은 이해와 명료성을 추구한다. 이미 그것은 질문할 때 시작된다. 예를 들어, 우리가 자유로운가라는 질문을 제기하면, 우선 "자유"라는 표현이 무엇을 의미하는가를 명백히 해야 한다. 그리고 우리가 현실을 인식할 수 있는가라는 질문에서는 먼저 "현실"과 "인식"이 무엇을 의미하는지를 설명해야 한다. 또한 신이 존재하는가라는 질문에서는 우선 "신"이라는 표현의 의미를 규정해야 한다. 언제나 제시된 철학적인 질문과 그 질문에서 사용된 개념을 이해했을 때 비로소 우리는 그 질문에 대한 대답을 찾을 수 있다. 따라서 철학자들은 늘 자신이 사용한 기초 개념들을 명료히 하고, 그렇게 함으로써 인간의 삶과 사유의 기본 범주들을 이해하고자 한다. 그 점이 바로 철학자들의 핵심 과제이다.

그렇다면 철학적 개념은 어떻게 설명해야 할까? 그리고 어떻게 철학적 견해를 옹호하는 논의를 전개할까? 또 철학자는 어떻게 삶에 관한 중요한 문제를 숙고할까? 한 마디로, 철학의 방법은 순수 성찰이다. 철학은 거대한 도구를 사용하는 것도 아니고, 탐문을 하는 것도 아니며,

모험을 하는 것도 아니다. 철학은 안락의자에 기대서 하는 학문이다. 물리학, 심리학, 사회학 등과 달리 철학은 가설을 검증하기 위해 경험적인 실험을 하지 않는다. 물리학은 지구 중력이 존재하는지를 관찰하기 위해서 돌을 떨어뜨려볼 수 있다. 하지만 철학자들은 우리가 자유로운지, 동물의 고기를 먹어도 되는지, 미래의 로봇은 감정을 느낄 수 있는지, 가난한 사람들을 돕는 것이 의무인지 등을 알기 위해 무엇을 할 수 있을까? 철학자들은 의자에 기대앉아서 세밀하게 숙고하며 모든 것의 배후를 살펴보고 정확히 사태를 기술하고 날카롭게 논증하면서도, 전체를 조망한다. 그때 철학자가 사용하는 기적의 수단이 바로 사고실험이다. 철학자들은 실제적인 상황들과 비실제적인 상황들을 머릿속에 그리고, 기초 개념들의 의미를 탐지하고, 이론들을 뒤집어엎기도 하며 새로운 사유 형태를 지지하기 위한 시금석을 정초하기도 한다.

그 예로 윤리학의 기본 질문인, 무엇이 선한 것인가 또는 한 행위가 언제 도덕적으로 옳은가라는 문제를 채택해보자. 이 질문은 우선 매우 추상적으로 들린다. 철학의 다른 질문들도 대부분 추상적이다. 이때 이 책의 사고실험이 우리에게 도움을 줄 수 있을 것이다.

당신이 운전사라고 생각하자. 당신이 탄 전차가 터널을 통과했는데 갑자기 선로에 다섯 명의 선로 노동자가 눈앞에 나타난다. 물론 당신은 재빨리 브레이크를 당긴다. 그러나 전차가 멈추지 않는다. 브레이크가 고장 난 것이다. 당신이 다른 선로로 가야만 다섯 명의 생명을 구할 수 있다. 그러나 유감스럽게도 거기에 또 한 명의 노동자가 있다. 당신은 어떻게 할 것인가? 다섯 명 대신 한 명의 생명을 앗으면서 선로를 바꿀 것인가? 그 한 명이 당신의 가장 친한 친구라면 당신은 어떻게 할 것인가?

이제 당신이 외과 의사이고 다섯 명의 환자가 수술을 기다리고 있다고 해보자. 그중 한 명은 긴급하게 심장이 필요하고, 두 명은 폐가, 나머지 두 명은 신장이 필요하다. 다섯 명 모두 같은 희귀 혈액형이다. 지금까지 기증자가 없었다. 시간이 촉박하다. 그 순간, 환자들과 같은 희귀 혈액형인 건강한 청년이 병원에 온다. 당신은 이 청년을 고통 없이 죽인 다음 그의 장기를 꺼내어 5명의 환자를 구할 수 있다. 또다시 다섯 명이냐 한 명이냐이다. 이 경우 당신은 어떻게 할 것인가? 만약 그 다섯 명이 당신의 부모와 세 자녀라면 어떤 결정을 내릴 것인가?

이 철학적인 사고유희는 우리에게 어려운 문제를 제시한다. 누구도 그 문제에 결정을 내리고 싶지 않을 것이다. 그러나 더 어려운 것은 두 경우에 왜 다르게 결정하는가를 설명하는 일일 것이다. 우리의 도덕 감정은 영문도 모르는 채 한 번은 이 방향으로 또 한 번은 저 방향으로 움직인다. 그래서 우리는 내적인 갈등을 체험하면서도 동시에 그것에 매료되어 당혹스럽기도 하다. 결국 우리는 숙고와 성찰을 시작해야만 한다. 이때 철학이 우리를 사로잡는다.

철학적 사고유희는 깊이 숙고하도록 영감을 줄 뿐만 아니라, 어려운 이론을 이해하고 복잡한 문제에 직관적으로 접근하는 데 도움을 준다. 그런데 선로 노동자와 장기이식의 두 예에서 중요한 두 도덕 이론이 서로 충돌한다. 공리주의와 의무 윤리학이 그것이다. 공리주의는 많은 사람들에게 가장 큰 이득을 가져오는 행위가 도덕적으로 올바르다고 주장한다. 그래서 공리주의자들은 "최대 다수의 최대 행복이 도덕의 목적"이라고 주장한다. 반면, 의무 윤리학은 한 행위의 가치는 결과에서 뿐만 아니라 행위 자체에도 있다고 주장한다. 의무 윤리학에 따르면, 살인과 고문, 절도는 그 자체로—그 결과가 큰 선으로 이어지는가와 상관없이—도덕적으로 행해져서는 안 된다. 이 행위들은 도덕적으로 잘못된 것이고 비용—유용성—계산에 의해서 보상될 수 없다. 그러므로 의무 윤리학에 따르면, 생존권 같은 특정한 권리들은 상황에 따라서 손상돼서는 안 된다. 독일 헌법 제1항에는 인간의 존엄성은 침해돼서는 안 된다고 명기되어 있다.

전차의 예는 공리주의적인 직관에 호소한다. 우리는 대부분 다섯 명을 구하기 위해서 한 사람을 희생할 것이기 때문이다. 외과 의사의 예는 의무 윤리의 직관을 환기시킨다. 왜냐하면 여기서 우리는 인간 생명을 그 무게로 따져서 다섯 사람을 위해 한 사람이 희생되는 것은 잘못이라고 생각하기 때문이다. 따라서 우리는 이 두 가지 사고실험을 통해 가장 중요한 두 가지 윤리 이론에 쉽게 접근할 수 있으며, 동시에 두 입장의 약점을 파악하고 그것에 대한 찬성이나 반대를 논의할 수 있다. 이 사고실험 덕분에 우리는 도덕철학의 중심에 서 있게 된다.

철학적 사고유희는 우리에게 수수께끼를 제공한다. 그것은 우리를 때때로 당황하게 하기도 하고, 우리의 마음을 사로잡기도 하면서 문제의식을 일깨우는 동시에 철학의 위대한 이론에 쉽게 접근하게 한다. 이 책의 여러 사고실험들 중 특히 중요한 실험은, 한 철학적 이론을 버리고 다른 이론을 지지하는 실험이다. 따라서 우리는 구체적인 예를 통해 중요한 철학적 입장들의 약점과 강점을 명료히 알게 된다. 그러나 가장 중요한 점은 사고실험이 우리로 하여금 스스로 생각할 여지를 남겨둔다는 것이다. 우리는 별로 많이 읽지는 않지만 많은 것을 생각하게 된다. 우리는 이 책에서 친근한 이웃 좀비, 어리석은 거북, 육체와 분리된 뇌, 중국어의 방, 월등히 지적인 외계인, 교활한 신경학자 등을 만나 순식간에 매혹적인 철학의 세계로 들어가 위대한 정신들을 구별할 수 있는 본질적인 질문에 직접 도달하게 된다.

이 책에는 철학에서 매우 중요한 사고실험들과 수수께끼 같은 철학의 중요한 주제들을 모아놓았다. 각 장의 처음에서 하나의 주제를 깊이 다룬 뒤 주요 사고유희와 이론 들을 제시했다. 독자들은 처음부터 끝까지 읽을 필요는 없다. 가장 관심이 있는 주제를 다룬 장부터 읽어도 좋다. 각 장은 그 자체로 완결되었고, 이해할 수 있도록 구성되었다. 부디 많은 즐거움과 지식이 전달되길 소망한다.

행복

호주 출신의 간호사 브로니 웨어는 임종을 앞둔 사람들의 곁을 오랫동안 지키며, 그들과 이야기를 나누고 그들의 말을 경청해주었다. 그녀는 그 경험에서 죽어가는 사람들이 대부분 생전에 제대로 못 해서 아주 후회하는 다섯 가지 일을 알게 되었다. 그것은 자신만의 삶을 살 것, 일을 지나치게 열심히 하지 않을 것, 감정을 표현할 것, 우정을 더 소중히 할 것, 행복을 더 많이 추구할 것이다. 과연 행복이란 무엇일까? 행복을 어떻게 손에 넣을 수 있을까? 행복은 무엇에 좌우될까? 지난 여러 해 동안 과학자들은 행복에 관한 새로운 사실을 많이 찾아냈다. 철학으로 넘어가기 전에, 행복에 관한 중요한 과학적 인식에 대해 살펴보자.

행복 연구는 행복의 절반이 유전적으로 제약되고 있다는 사실에서 출발한다. 그런 적합한 유전자를 갖고 있는 사람은 이미 행복의 절반을 성취한 것이고, 나머지는 대부분 생활환경, 행운이 따르는 운명, 우연 같은 외부 환경에 의해 결정된다. 극히 작은 행복만 우리의 손안에 있으며, 따라서 우리는 실제로 자기 행복의 개척자가 아닌 것이다.

그러면 우리를 행복하게 만드는 요인은 무엇일까? 그 핵심으로 꼽히는 것은 건강, 가족, 사랑, 우정, 일, 유복함, 신앙이다. 그것을 어디서 알게 되었을까? 행복을 연구하는 과학자들은 "당신은 현재 삶에 종합적으로 어느 정도 만족하며, 만족도는 10점 만점에 몇 점인가?"라는 질문을 통해 그 요소를 평가했다. 당신은 이 질문에 어떻게 답하겠는가? 유럽 여러 나라 중 독일의 지수는 7.2, 스위스 8.1, 덴마크 8.2였으며, 과거 공산주의 국가와 아프리카 빈곤국의 지수는 상대적으로 낮았다. 그렇지만 복지 수준이 열악한 라틴아메리카 국가와 카리브 해 인접 국가들은 오히려 행복 지수가 월등히 높았다. 여기에는 날씨가 어느 정도 작용했겠지만, 날씨로 모든 것을 설명할 수는 없다. 아프리카에도 태양은 빛나고 있기 때문이다.

돈은 행복을 가져다줄까? 연구 결과에 따르면 일정 정도만 그렇다. 사람들은 기본 욕구가 충족된 뒤에는 수입이 크게 증가하는 만큼 행복을 느끼지 않는다. 유럽의 선진국에서는 연봉 6만 유로 이상이면 일상의 만족이 더 이상 증가하지 않는다. 수입이 더 많으면 부유해지지만 더 행복하지는 않다. 또한 절대적 수입보다는 상대적 수

입이 더 중요하다. 행복은 자신과 비교하는 사람들이 무엇을 갖고 있는가에 따라 달라지기 때문이다. 말하자면 사무실 동료가 얼마나 버는가가 중요하지, 빌 게이츠의 수입은 우리에게 별로 영향을 안 끼친다. (당신이 지금 연못에서 가장 작은 개구리라면, 당신이 가장 큰 개구리가 되는 연못을 찾아가지 않겠는가?)

늘어난 수입과 관련된 또 다른 문제는 새로운 부유한 생활에 금세 익숙해진다는 것이다. 그 때문에 급여 인상의 만족은 6개월이면 잊히고, 로또 복권 당첨의 행복도 6개월 뒤에는 당첨 이전의 상태로 돌아간다. 불행도 그렇다. 사고 뒤 반년이 지나면 사고 전만큼 행복해진다. 이처럼 우리는 새로운 환경에 익숙해지기 때문에 행복의 기준점이 변한다. 습관이 행복에 큰 영향을 미치는 것이다.

현대인들에게 소비는 종교와 같다. 소비가 곧 행복이라고 맹신하지만, 쇼핑하는 동안만 그렇다. 즉, 물건을 살 때는 만족감을 느끼지만 소유할 때는 그렇지 못하다. 그래서 구매를 그만두지 못한다. 한 연구에 따르면, 사람들은 물건 구매보다는 사회적 활동과 흥분을 일으키는 체험에 돈을 더 기꺼이 지불한다. 물건에서는 느끼지 못하는 행복을 그런 활동과 체험에서 느끼는 것이다. 그래서 고가의 고급 신발은 신발장에 처박아두고, 애인하고 여행을 떠나는 것이다.

기도와 명상도 행복에 도움이 된다. 그래서 종교인이 비종교인보다 더 행복하다. 자녀도 행복에 도움이 될까? 그렇다. 그러나 자녀가 성장해서 독립하거나 손주를 낳을 때까지 자녀를 돌봐야 한다. 그러면 정치는 어떨까? 공동체에 참여하면 더 행복해질 수 있다. 요컨대 환경보호 운동에 참여하는 사람은 방관하는 사람보다 더 행복하다. 그래서 사람들은 독재정치에서보다 민주주의에서 더 행복하다. 나이는 어떨까? 우리는 보통 중년에 가장 불행하다고 느낀다. 인생 초반에는 앞으로 모든 것을 할 수 있다는 희망이 있지만, 나이가 들어 중년이 되면 욕심은 줄고 꿈도 거의 사라진다. 그러면 선택 가능성이 많은 것은 어떨까? 사람은 선택지가 너무 많아도 불행해진다. 당신이 세 가지 잼에서 하나를 선택할 수 있다면, 열다섯 가지에서 하나를 선택할 때보다 더 만족할 것이다. 텔레비전은 행복에 어떤 영향을 줄까? 길게 말할 것도 없이, 그 상자는 우리를 불행하게 한다. 당장이라도 눈앞에서 치우는 것이 좋다!

목표를 추구할 때가 목표를 달성했을 때보다 더 행복하다는 것은 놀라운 사실이다. 격언대로, 목표 달성 이전에 그것을 기대하며 기뻐하는 장면은 매우 아름답다. 하지만 그 기대는 원망으로 이어지기도 한다. 기대가 크면 실망도 큰 법이다. 유감스럽게도 사람은 자신의 기대를 마음대로 조절할 수 없으며, 기대가 저절로 생기기도 한다. 행복도 그렇다. 행복은 결코 강요될 수 없다. "모두가 행복을 향해 달리지만 행복은 우리 뒤에서 따라온다."고 베르톨트 브레히트Bertold Brecht는 말했다. 행복은 나비에 비유되기도 한다. 인도의 예수회 신부 앤서니 드 멜로Anthony de Mello는 행복을 나비에 비유하여 "잡으려 할수록 나비는 더 도망갈 것이다. 하지만 가만히 앉아 있으면 나비는 당신 어깨 위에 내려앉을 것이다."라고 말했다.

자, 이제 그리스철학을 시작으로 철학이 행복에 어떻게 이바지하는지 살펴보자.

죽은 뒤에도 행복하다

—

당신이 행복하게 살다가 나이가 들어 평화로이 죽는 장면을 상상해보자. 당신은 침대에 누워 죽음을 기다리면서 과거를 회상하고 지난 삶을 떠올려본다. 그리고 안도의 한숨을 쉬며 "내 인생은 소망했던 대로 흘러왔어. 성공한 삶이었어!"라고 말하고 숨을 거둔다. 그러나 당신이 죽은 뒤 모든 게 달라진다. 이웃이 당신과 가족에 대해 악담을 퍼뜨린 것이다. 이에 당신의 자식들이 분노하여 그를 죽이겠다고 결심하고 그 결심을 실행하고 만다. 그래서 당신의 자식들은 도망자 신세가 돼버린다. 자식들은 궁지에 몰려 은행도 털고 무고한 사람들에게 돈도 빼앗는다. 그러면서 당신과 당신 가족에 대해 사람들이 가졌던 인상이 나빠진다. 그들은 당신이 자식 교육을 망쳤다고 욕한다. 또 당신의 무덤에 침을 뱉는다. 상황이 이래도 당신은 여전히 "성공한 삶이었어!"라고 말할 수 있을까?

이 사고실험은 플라톤의 제자이자 알렉산더대왕의 스승인 아리스토텔레스에서 나왔다. 그는 위대한 철학이자 생물학자, 물리학자, 심리학자, 논리학자, 정치학자, 시학자, 신학자, 윤리학자였다. 중세 유럽에서는 그의 이름이 곧 "철학자"로 통하였다. 그러나 애석하게도 우리는 이 대학자의 사생활은 전혀 모른다. 20세기 독일 철학자 마르틴 하이데거Martin Heidegger는 그의 삶을 이렇게 요약했다. "아리스토텔레스는 태어났고, 연구했고, 죽었다." 그것은 어떤 연구였을까? 아리스토텔레스는 많은 저작에서 고대에서 근대에 이르기까지 바탕이 된 세계관을 만들었다. 아리스토텔레스의 물리학은 오늘날 거의 읽히지 않지만, 그의 윤리학은 오늘날에도 대단히 많이 읽힌다. 그는 지금도 큰 영향력을 미치는 《니코마코스 윤리학Nikomakos》에서 좋은 삶에 관한 이론을 펼쳤다. 왜 제목이 '니코마코스 윤리학'인지는 밝혀지지 않았으나, 그의 아버지와 아들의 이름이 모두 '니코마코스'였으므로 그들에게 헌정되었을 것으로 추측한다.

아리스토텔레스는 모든 인간이 '에우다이모니아Eudaimonia'를 추구한다고 했다. 이 단어는 정확히 번역하기 어려운 그리스어로, '지복'이라고도 하고, '선한 삶', '성공한 삶'이라고도 하며, 단순히 '행복'이라고도 한다. 아리스토텔레스는 삶의 행복을 인간의 궁극적이고 본래적인 목적으로 보았다. 우리가 어떤 사물을 얻으려 할 때, 그것은 다른 어떤 것을 성취하기 위해서이다. 그런 사물은 돈, 권력, 소유물처럼 목적을 위한 수단에 불과하다. 그러나 사람이 다른 어떤 것에 도달하기 위해 행복해지려고 하는 것은 아니다. 행복은 그 자체가 목적이다. 다음의 예를 생각해보자. 당신이 이발을 한다고 가정하자. 무엇을 위해서? 외모를 가꾸기 위해서이다. 왜 외모를 가꾸려 하는가? 다른 사람들로 하여금 당신의 매력을 느끼게 하기 위해서다. 왜 매력 있는 사람이 되고자 하는가? 다른 사람들과 대화하기 위해서다. 왜? 그들과 사귀기 위해서다. 무엇을 위해 사귀는가? 사랑받기 위해서다. 왜 사랑을 받고자 하는가? 행복하니까. 왜 행복하고자 하는가? 그런데 이 질문에서 대답이 막힌다. 왜 행복을 원하는가라는 질문은 의미가 없다. 행복한 삶은 다른 목적의 수단이 아니라, 모든 행위의 궁극적인 목적인 것이다.

아리스토텔레스에 따르면, 행복한 삶은 많은 다양한 요소에 달려 있다. 그 요소는 크게 외부 재화, 신체적 재화, 정신적 재화로 나뉜다. 외부 재화에는 부·우정·출신·후손·결혼 및 우연히 만나는 이로운 요소가 포함되며, 신체적 재화에는 건강·미모·체력이, 정신적 재화에는 용기·정직 같은 덕이 포함된다. 이 세 가지 재화가 행복에 중요하지만, 노력 없이 저절로 행복해질 수는 없으며, 우연히 이로운 요소를 만나지 못해도 행복할 수 없다. 따라서 우리는 외부 요소에서 자유롭지 못하며, 자신을 위한 유일한 행복 개척자도 아니다. 그리고 생이 끝나기 전에 자기의 삶을 평가해서는 안 된다. 내일 당장이라도 사고, 질병, 이별, 도둑 때문에 불행의 나락에 떨어질 수도 있기 때문이다.

아리스토텔레스는 우리는 불행에서 안전하지 않으며, 죽은 뒤에도 그렇다고 생각한다. 위의 사고실험에서 보았듯이, 행복한 삶을 생각할 때 우리는 살아서의 행복한 삶 그 이상의 것을 떠올린다. 이상적인 삶은 죽음을 뛰어넘는다. 우리는 죽어서 더 이상 악담을 못

들을지라도, 타인의 기억에 좋게 남고 싶어 한다. 우리는 죽은 뒤에 다른 사람들이 내 머리통을 공처럼 차기를 원하지 않는다. 도대체 왜? 더 이상 아무것도 못 느끼는데 말이다!

이제 행복의 정신적 재화로 돌아가 덕에 대해 살펴보자. 그리스인들은 '덕'을 우리와 달리 이해했다. 칼이 제 기능을 발휘하면, 즉 칼이 잘 들면 그 칼은 덕을 갖추고 있다고 생각했다. 아리스토텔레스는 모든 사물에는 그런 목적이 있다고 보았다. 그 목적은 사물이 현존하는 어떤 것, 본성에서 특히 잘할 수 있는 어떤 것을 말한다. 칼은 잘 들어야 하고, 사자는 물소를 잘 잡고 적에게서 자신을 잘 보호해야 한다. 덕이 있다는 것은 속한 집단에서 우수한 것을 의미한다. 그러나 과연 그것이 인간에게도 타당할까? 그리고 인간됨의 목적은 무엇일까?

아리스토텔레스에 따르면, 인간은 이성을 가진 유일한 생명체이다. 인간은 지성을 갖추고 있다. 말하자면 인간은 사유하는 생명체로 규정될 수 있다. 인간은 다른 모든 동물보다 사유를 더 잘할 수 있다. 그 때문에 인간은 철학을 갖고 지혜를 얻으려고 애쓰며, 그런 뒤에야 비로소 행복해진다. 행복한 삶의 본질은 자신의 본성에 부합하는 것을 행하는 것이기 때문이다. 타고난 재능을 계발하며 살아라! 당신이 좋아하는 것을 하라! 하지만 유감스럽게도 모든 사람이 이론적인 사색을 하는 것은 아니다. 아리스토텔레스도 그것을 알았다. 그래서 이론 이성 외에 실천 이성이 있다고 생각했다. 행복은 이론에서뿐 아니라 실천, 즉 올바른 행동에서도 발견된다. 그는 또 이론적 지혜와 실천적 지혜를 대비하는데, 실천적 지혜는 일생생활에서 올바른 결정을 하는 데 도움을 주어 우리의 행복에 기여한다. 그런데 올바른 결정이란 무엇일까? 그것은 양극단 사이에 존재하는 중용이다. 덕의 특징은 모든 상황에서 중용을 취하는 것이다. 용감한 사람은 무모하거나 겁내지 않고, 현명한 사람은 충동적이거나 감정적이지 않고, 관대한 사람은 인색하거나 헤프지 않다. 아리스토텔레스는 이런 성격 특징을 단련할 수 있다고 보았다. 즉 덕은 학습할 수 있으므로, 우리 자신이 행복의 시금석을 놓을 수 있다고 했다.

묶여 있는 개

–

당신이 햇살을 쬐며 평화롭게 누워 있는 개라고 상상해보자. 그런데 갑자기 무언가가 당신을 끌어당긴다. 그리고 당신이 차에 묶여 있음을 알아챈 순간, 차가 움직이기 시작한다. 당신은 사슬에서 벗어나려 발버둥을 치지만 아무 소용이 없다. 조금 전만 해도 당신은 기분 좋게 누워 있었다. 하지만 지금은 차에 묶여서 차를 따라 달려야만 한다. 만약 안 끌려가려고 길바닥에 누워버리면 크게 다칠 것이다. 그렇게 당신의 의지와 달리 강제로 달리게 되면 화가 머리끝까지 치밀 것이다. 그때 당신에게 기막히게 좋은 생각이 떠오르는데, 그것은 자발적으로 산책을 한다고 생각을 바꾸는 것이다. 빛나는 태양 아래에서 운동하면 건강에 좋다. 그리고 산책 후 당신은 기분이 흡족하고 육체도 달콤한 피로감을 느낄 것이다. 축하한다! 당신은 운명을 속여 승리한, 정말 똑똑한 개다.

이 사고실험은 키프로스 섬에서 태어나 기원전 3세기 초에 스토아학파를 창시한 제논^Zenon^에서 나왔다. '스토아'의 어원은 기둥이 있는 홀(그리스어로 stoa)인데, 스토아는 고대 아테네에서 제논과 그의 제자들이 만나는 장소였다. 스토아철학은 전통이 오래되었다. 제논 외에 세네카^Seneca^, 마르쿠스 아우렐리우스^Marcus Aurelius^, 에픽테투스^Epictetus^가 스토아철학의 대표자이다.

제논은 다른 스토아철학자들처럼, 이성과 신의 법칙이 세상을 통치한다고 믿었다. 그리스인들은 그 이성을 "로고스^Logos^"라고 불렀다. 스토아학파에 따르면 이성적인 세계 법칙은 우리의 운명이기도 하다. 세상의 진행은 이미 결정되어 있어서 대부분은 우리의 힘에 달려 있지 않다. 그래서 우리는 그런 진행에 순응해야 하고, 스토아적인 정적과 무정념으로 삶에서 변하지 않는 것들을 수용해야 한다. 변하지 않는 것을 변화시키려고 애쓰지 말고 본성에 맞추어 살아라! 그것이 스토아철학의 지상명령이다. 그렇지만 스토아철학이 주장하는 태도는 운명론적인 태도와는 다르다. 우리는 세계 법칙을 바꿀 수는 없지만, 세상에 대한 우리의 태도는 바꿀 수 있다. 우리가 사물을 변화시킬 수 없다면, 사물에 대한 우리의 태도를 변화시켜야 한다. 위에서 묶여 있는 개는 더 이상 선택의 여지가 없자, 자발적으로 산책한다고 생각을 바꾸었다. 1세기에 살던 노예이자 스토아철학자 에픽테투스는 우리를 동요시키는 사물은 없으며, 다만 우리의 생각과 판단이 동요하는 것이라고 썼다.

스토아학파는 헬레니즘 시대의 다른 철학 학파들처럼 인간의 행복에 관심을 두었다. 그리고 이론을 실천으로 옮겼으며, 사색의 목적을 걱정에서 벗어난 행복한 삶에 두었다. 그런 철학은 치유에 비유된다. 철학은 우리가 근심, 불안, 고통에서 벗어나 운명에 맞서 분연히 일어나게 하여 우리를 행복으로 데려가야 한다. 그렇지만 철학이 행복에 어떻게 도움이 되는가?

스토아학파에 따르면, 행복은 덕을 함양한 삶에 있다. 행복은 내적인 태도의 문제이다. 내적인 태도는 덕이라는 탁월한 성격 특징과 같은 것이기 때문이다. 여러 가지 덕 가운데 평정심, 즉 자신의 정념을 조절하는 것이 특히 중요하다. 이들은 초연한 마음의 경지를 가리키는 '아파테이아Apatheia'에 대해서도 이야기한다. 우리는 정념 때문에 의존적으로 변하고 부자유해진다. 그리고 화, 탐욕, 시기, 쾌감, 욕망, 불안 때문에 정념의 노예가 된다. 정념이 일어나면 우리는 자신의 삶을 통제할 수 없다. 또한 외부 재화들 때문에 의존적으로 변한다. 부, 소유, 권력, 명성, 성공을 추구하는 사람은 물질을 뒤쫓는 것인데, 그 때문에 행복에 이르지 못하고 물질의 노예가 된다. 이런 성찰의 배후에는 뺏길 수 있는 것은 가치로 여기지 말라는 주장이 숨어 있다. 즉 죽음, 병, 가난, 연약함, 증오 등 우리가 통제할 수 없는 것은 관심 밖에 놓아야 한다.

스토아학파는 선한 것, 악한 것, 무관한 것을 구분한다. 선한 것은 지혜, 사려 깊음, 정의, 용기 등의 덕이다. 반대로, 악한 것은 경솔함, 무절제, 불의, 겁 등의 악덕이다. 다른 모든 것은 무관한 것이다. 삶, 죽음, 명예, 불명예, 노력, 즐거움, 부, 가난, 병 등이 무관한 것에 속한다. 스토아철학은 굉장히 급진적이지만 가르침은 분명하다. 너의 힘이 미치지 못하는 것에 기대지 말고 행복을 추구하라! 불필요한 것을 뒤쫓지 마라!

로마의 정치가이자 철학자 세네카는 스토아학파의 생활 기술을 터득할 수 있는 많은 실천적인 지침을 제공했다. 예를 들어, "며칠간 보잘것없는 소박한 음식에 만족하고, 조야하고 거친 옷에 만족하고, 네 자신에게 '이것이 사람이 두려워할 것인가!'라고 말하라. 그리고 곧바로 태평함으로 정신적 어려움을 조절하고, 정신이 적응하는 동안 고통을 주는 운명의 습격에 대비해야 한다."고 충고한다. 오늘날 심리학에서는 그것을 "자극 노출cue exposure"이라고 한다. 두려운 것에 자신을 내맡기는 것이다. 이것을 몸으로 실천하기 어려우면, 마음에서라도 해야 한다. 당신은 무엇을 포기할 수 있는가? 자동차, 스마트폰, 옷, 저택, 일, 친한 관계? 그것은 당신에게 어떤 의미인가? 무엇이 당신에게 실제로 중요한가? 삶에서 무엇이 중요한가?

이상적인 평정심과 자기만족 외에 스토아철학의 또 다른 중요한 주장은 어떤 잘못된 희망도 갖지 말라는 것이다. 우리가 대부분 불행하다고 느끼는 것은 기대가 충족되지 않기 때문이다. 그래서 실망하고 좌절한다. 인간은 기대를 접으면 좌절을 건너뛸 수 있다. 에픽테투스는 "앞으로 일어날 일이 당신 소망대로 일어나기를 바라지 말고, 일어날 그대로 일어나기를 소망하라. 그러면 당신의 삶은 즐겁게 펼쳐질 것이다."라고 했다. 그것은 외부 세계에 대한 기대뿐만 아니라 우리 내면에 대한 기대에도 들어맞는다. 따라서 인간의 행복은 세계에 대한 이성적인 태도뿐만 아니라, 자신을 배려하고 자신과 친밀하게 만나는 것에도 달려 있다. 세네카는 내면으로 눈을 돌려 자신과 친구가 되라고 가르친다. 우리는 자신을 지속적으로 비난해서는 안 되며, 자신에게서 도망치지 말아야 한다. 우리는 쳇바퀴에서 뱅뱅 돌거나 반대로 엉뚱한 곳으로만 벗어나기 때문에 자신의 삶을 놓친다. 그러다가 불현듯 자신이 허접한 일에 빠져 있음을 알게 된다. 또한 내면의 소리에 귀를 기울이지 않았기에 자신의 삶을 잃었다고 느낀다. 2세기의 로마 황제이자 유명한 스토아철학자인 마르쿠스 아우렐리우스는 "모든 주의를 기울여 자기 영혼의 움직임을 따르지 않는 사람은 반드시 불행해진다."고 했다. 스토아학파가 주장하는 행복의 기초는 자신과의 만남에 있다. 이 만남에서 우정이 싹트면, 그것이 바로 행복한 삶의 기초인 것이다.

묶여 있는 개를 되돌아보자. 그 개는 변화시킬 수 없는 운명에 직면하여 자발적으로 산책을 하는 것으로 생각을 바꾸었다. 그 상황은 우리 자신의 상황과 다를 바 없다. 말하자면 많은 사물이 우리의 통제 영역 밖에 있다. 그것에 흥분해봤자 아무 소용이 없다. 우리는 운

명을 받아들이고 똑똑한 개처럼 산책을 해야 한다. 행복은 태도의
문제이기 때문이다.

소원할 게 없어서 행복하다

—

당신에게 어떠한 소망, 욕구, 관심, 취미도 없다고 생각해보자. 또한 목마르지
도 않고 배고프지도 않으며 피곤하지도 않고, 괴롭지도 않다. 또 직업적인 야
망도 없고 동료를 향한 애정도 없고, 어떤 동인이나 호기심도 없다. 당신은 그
야말로 소망도 부정적 느낌도 없이 그냥 앉아만 있다. 어디가 가렵지도 않고
변의도 못 느낀다. 느낌이 없다. 그런 당신은 행복하다 말할 수 있는가?

고대 그리스의 철학자 에피쿠로스Epicouros는 행복한 삶이란 쾌락
Hedone으로 가득 찬 삶이라고 생각했다. 그는 쾌락주의의 창시자로,
삶에서는 쾌락의 성취만 중요하다고 가르쳤다. 하지만 에피쿠로스
의 '쾌락'은 섹스, 마약, 로큰롤을 뜻하지 않는다. 오히려 그 반대이
다. 참된 쾌락은 고통의 부재와 다르지 않다. 쾌락에는 두 종류가 있
다. 순간적 쾌락과 지속적 쾌락이 그것이다. 순간적 쾌락은 욕구가
충족될 때 느낀다. 목마른 사람은 물을 마실 때 쾌락을 느낀다. 피곤
한 사람은 누울 때 쾌락을 느낀다. 여기서 쾌락은 바로 결핍의 보상
이다. 그러나 결핍이 사라지자마자 순간적 쾌락도 사라진다.

순간적 쾌락 외에, 진정으로 삶을 행복하게 하는 지속적 쾌락도 있다. 지속적 쾌락은 고통도 강렬한 욕구도 없는 상태로 이루어진다. 에피쿠로스는 고요한 영혼을 뜻하는 '아타락시아'Ataraxia를 최초로 행복 철학의 중심에 놓고, 고요한 바다에 비유했다. 영혼은 바람이 잔잔한 바다처럼 고요해야 한다. 반대로, 강한 충동은 폭풍처럼 거대한 파도를 일으킨다. 철학은 파도를 잠재워 삶에 고요와 안정을 부여한다. 에피쿠로스에 따르면, 삶의 지상 목표는 영혼의 평정함이며, 소유·친구·덕 등 다른 모든 것은 그 목표를 이루기 위한 수단에 지나지 않는다. 그러므로 참으로 행복한 사람은 탐욕을 자제할 줄 알며, 외부의 영향에 휘둘리지 않는다. 또 어떤 것에도 정신을 빼앗기지 않고, 큰 욕심도 품지 않는다. 그러므로 오랫동안 행복하려면, 욕구가 충족된 긍정적 느낌이 아닌 불편한 상태의 부재에서 행복을 찾아야 한다. 목마른 사람은 물을 벌컥벌컥 들이켤 때 진정으로 행복한 것이 아니라, 갈증을 느끼지 않을 때 행복한 것으로, 때로는 한 모금의 물로도 만족한다.

에피쿠로스는 행복을 위해서는 몇몇 친구와 어울리되 공적인 생활을 피하고 정치와 사업에서 손을 떼야 한다고 했다. 그 자신도 불안과 근심에서 벗어나 넓은 정원이 있는 피난처에서 살았는데, 그곳은 에피쿠로스학파의 중심지이자 만남의 장소였다. 그의 제자들이 그곳으로 순례했고, 부인과 노예도 그곳에 있었다. 그의 행복 철학은 모든 사람에게 적용되어 누구나 행복할 수 있다. 그러려면 불안이나 근심을 가져서는 안 된다. 신에 대해서도 운명이나 죽음에 대해서도 마찬가지다. 에피쿠로스는 이런 불안에 반대하는 논거를 준비했다. 그는, 신은 인간사에 간섭할 수 없으며, 사람은 어떤 고된 운명도 극복할 수 있다고 주장했다. 그 이유는 자연은 사람이 중요한 일에 대비하도록 배려하기 때문이다. 그리고 죽음도 우리에게 문제가 안 된다. 우리는 죽는 순간 더 이상 존재하지 않기 때문이다.

욕구 충족은 순간적 쾌락이라는 에피쿠로스의 고찰은 위대한 철학자이자 불평가인 아르투르 쇼펜하우어에서 다시 찾을 수 있다. 평생 외톨이로 지낸 쇼펜하우어는 19세기에 진가를 인정받지 못한 천재였다. 그의 유일한 동반자는 애완견인 푸들로, 그는 푸들만을 애완견으로 키웠다. 지독한 독선가이자 인간을 혐오했던 그는 인간을 가시 많은 호저에 비유했다. 인간은 따뜻함과 친밀함을 원하지만 같이 앉아 있으면 뾰족한 가시로 서로 찌른다는 것이다.

쇼펜하우어는 여러 사상에서 가장 우울한 견해만 뽑아 조합한 뒤 자신의 철학을 발전시켰다. 예를 들어, 세계는 현상에 불과하다는 칸트의 견해와 삶은 고통의 세계라는 부처의 가르침을 조합한 뒤 거기에 세계는 어두운 충동, 즉 맹목적인 삶과 '의지'라는 생존 본능에 의해 지배된다는 생각을 더했다. 그는 인간뿐만 아니라 식물과 동물도 이런 충동에 의해 움직인다고 보았다. 쇼펜하우어에 따르면, 우리는 한평생 욕구와 성향을 쫓는데 한 가지 욕구가 충족되면 그다음 욕구를 좇는다. 그러므로 삶이란 욕구 충족을 위해 끝없이 애쓰는 과정이다. 욕구가 만족되면 다음 욕구가 나타나는데, 인간은 그사이지긋지긋한 지루함을 느끼며, 그로 인해 세계의 무의미성을 깨닫는다. 삶은 고통과 지루함 때문에 좌우로 움직이는 진자와 같다. 그런 뜻에서 아일랜드 문학가 오스카 와일드Oscar Wilde는 이렇게 썼다. "삶에는 두 가지 비극만 존재한다. 하나는 인간이 소망하는 것을 얻지 못하는 것이고, 다른 하나는 그것을 얻는 것이다."

그러나 쇼펜하우어에게는 고통에서의 탈출구가 있었다. 바로 의지를 거부하는 것이다. 아무것도 추구하지 않는 것, 거기에 인간 행복의 본질이 있다. 인간은 다음 세 가지를 통해 이기적인 충동과 소망으로부터 자유로운 상태에 도달할 수 있다. 그것은 미와 예술에 대한 자기 망각적 고찰, 동정심, 금욕적 삶의 방식과 결합된 명상이다. 에피쿠로스와 마찬가지로 쇼펜하우어에게도 행복은 고통의 부재와 다르지 않다. 즉, 행복은 의지의 성취가 아니라 무소망이다.

쇼펜하우어, 스토아학파, 에피쿠로스학파는 만족도 모르고 성공이나 실패도 경험하기를 원하지 않는, 불안하고 따분한 절제된 삶을 사는 기이한 사람들로 당신에게 보일지도 모른다. 그래서 당신은 밤에 집에서 고요히 지내기보다는 광란의 파티를 벌이고 술에 취해 해롱거리는 편이 낫다고 생각할지도 모른다. 아마 프리드리히 니체는 당신 생각에 동의할 것이다. 니체에게 삶은 속도, 긴장, 불안, 상승감에 구토까지 더해진 격렬한 롤러코스터 타기와 같다. 롤러코스터는 쉽게 끝나지 않는다. 한번 용감하게 타보자!

동일자의 영원회귀

–

당신의 생애가 무한히 반복된다고 상상해보자! 세세한 것까지 모두 반복된다. 첫 키스, 학교에서 한 대화, 연인과 보낸 격정의 밤, 상사와 벌인 논쟁, 이직, 배우자와의 결별, 진학 결정 등 모든 것이 반복된다. 당신이 삶은 무한히 반복된다는 견해를 가지고 살았다면, 과거에 다르게 결정하고 행동했을까? 삶이 무한히 반복된다는 것을 알았다면 미래에는 다르게 살까?

때로 우리는 "과거를 다시 살았으면." 하고 후회한다. 이런 평가가 확실한 삶 또는 성공한 삶의 시금석일까? 삶이 무한히 반복된다는 생각이 우리를 당황하게 하지 않고, 기쁨을 준비한다면 우리는 삶을 제대로 살게 될까?

이 사고유희는 위대한 파괴자 프리드리히 니체Friedlich Nietzsche에서 유래했다. 그는 망치를 치켜들고 철학을 했고, 신의 죽음을 선언했으며, 모든 가치를 전복하라고 선동하고, 초인을 기다렸다. 니체의 책은 그의 강직한 성품을 반영했고, 활력 넘치는 문체는 독자들에게 깊은 인상을 남겼다. 하지만 그는 장기간 고통과 질병에 시달렸고, 편두통으로 고생했으며 정신적인 어둠 속에서 죽음을 맞았다. 니체의 생애는 슬펐지만 그의 철학은 강한 인상을 주었는데, 철학에서는 동정심을 비웃은 니체도 토리노 광장에서 마부에게 채찍질 당하는 말을 보고는 눈물을 쏟았다고 한다. 과연 그에게 철학은 자기 보호였을까?

니체는 초기에 쇼펜하우어의 염세철학에 고무되었고 바그너의 음악을 찬양했다. 그는 위안과 구원은 예술에서만 발견된다고 생각하고, "음악이 없으면 세상은 오류다."라는 말을 남겼다. 우리는 음악에서 고통이 어떻게 즐거움으로 충만할 수 있는지를 볼 수 있다. 불협화음 속에서 음악 작품에 필요한 긴장, 강렬함, 기분 전환을 한층 더 느끼는 것이다. 삶에서의 불협화음도 같은 역할을 한다. 니체의 말대로, 삶이란 긴장과 이완의 미적 유희를 만끽하는 음악과 같으며, 그래서 고통스런 현존도 참을 수 있는 것이다. 니체는 "삶과 세계는 미적 현상으로서만 영원히 정당화된다."고 했다.

그러나 니체는 나중에 쇼펜하우어의 염세주의에서 등을 돌리고 자신만의 활력적인 처세 철학을 추구하여 위대한 긍정주의자가 되었다. 니체는 '아모르 파티Amor fati', 운명을 사랑하라고 했다. 그가 책에서 밝혔듯이 이 '심오한 생각'은 스위스 산에서 방황할 때 그의 뇌리를 스쳐갔다. '세계는 영원하고 모든 것은 무한히 반복될 것이다. 그러나 자신의 운명을 사랑하면 우리는 흔들리지 않고 행복할 수 있을 것이다.' 이 생각이 바로 성공한 삶의 시금석이다. 어떻게 살아야 하는가라는 질문에 니체는 이렇게 대답한다. "네 자신의 삶을 사랑하고, 모든 순간이 무한히 반복되기를 바랄 수 있게 살아라." 이것이 바로 동일한 것이 반복된다는 니체의 '영원회귀설'이다. 니체가 실제로 영원회귀를 믿었는지, 아니면 단지 삶의 행복을 위한 보조 수단으로 여겼는지는 불확실하다. 영원회귀에 대한 성찰의 근거가 부족하므로, 두 번째 해석이 더 타당하다고 보지만, 영원회귀가 그렇게 단순한 개념인가는 의심의 여지가 있다.

니체는 《자라투스트라는 이렇게 말했다》에서 "영원회귀의 동력은 즐거움이다. 즐겁기 때문에 영원회귀 하는 것이고, 영원회귀 또한 즐거움을 생산한다."고 썼기 때문이다. 사실 우리는 행복하고 즐거울 때, 그 순간이 멈추지 않기를 바란다. 친구들과의 치열한 대화, 연인과의 짜릿한 시간, 즐거운 파티, 몰입의 순간 등 행복한 순간에 대한 우리의 욕망은 한이 없다. 개별적인 순간뿐만 아니라 전 생애도 마찬가지다. 따라서 우리는 매번 결정하기 전에 물어야 한다. 나는 이것을 진정 원하는가? 나는 내가 결정한 것이 무한히 반복되기를 간절히 바라는가? 물론 이런 질문은 우리가 결정을 내릴 때마다 엄청난 중압감을 준다. 정말 매 순간은 영원을 위해 존재할지도 모른다. 그러나 이런 사상이 우리를 우울하게 하지 않는가? 아니다. 우리가 진짜로 결정하기를 원한다면, 또 우리가 행한 것을 전적으로 지지한다면, 그렇지 않을 것이다. 그러면 우리는 더 이상 혼자 우두커니 살아가지 않고, 의식적으로 살며 게으른 타협을 하지 않을 것이다. 많은 이들은 더 용감하게 살며 다른 사람을 더 배려할 것이고, 반대로 어떤 이들은 더 이기적으로 살 것이고 또 다른 이들은 자기를 더 희생하면서 살 것이다. 또한 삶의 행복은 모두에게 약간 달리 보일 것이다. 그래서 모두에게 타당한 행복 처방전 따위는 없다. 즉, "개인이 행복으로 가는 길을 우리는 규정해서는 안 된다. 왜냐하면 개인의 행복은 자신의 고유한, 즉 그 누구에게도 알려지지 않은 자신만의 법칙에서 샘솟기 때문이다. 그런데 행복은 외부 규정에 의해 저지되고 방해받을 수 있다."고 니체는 썼다. 니체 자신의 비밀스런 법칙은 위험을 무릅쓰고 강하게 살고, 지옥을 통과하며 저항을 극복하여 더욱 강한 자가 되라는 것이다. 그래서 그는 "행복은 무엇인가? 그것은 힘이 커지고 저항이 극복되는 느낌이다."라고 했고, 그것은 "나를 죽이지 못하는 것은 오히려 나를 더욱 강하게 만든다."라는 명제로 이어졌다. 등산 애호가였던 니체에게서 이 명제가 나온 것은 당연하다. 걸어서 산에 오른 사람은 정상에서 최고의 행복을 느낄 수 있으나, 기차를 타고 오른 사람은 정상에 있어도 똑같은 행복을 맛볼 수 없기 때문이다.

영원회귀의 사고실험을 끝까지 밀고 가면, 자기 소멸에 대한 생각과 비슷하다. "메멘토 모리memento mori, 너도 반드시 죽는다는 것을 명심하라." 우리 모두 언젠가 죽는다. 삶의 기회는 단 한 번이다. 따라서 그 순간을 움켜잡아야 한다. 그것이 바로 "카르페 디엠Carpe diem, 이 순간을 충실히 살아라."라는 격언이다. 지금이 우리의 마지막 현재일 수 있다. 그래서 이렇게 자문할 수 있다. "만약 내가 5년밖에 못 산다면, 나의 삶을 변화시켜야 하는가? 나는 무엇을 바꿀 수 있는가? 내가 지금의 삶을 변화시키면, 그것은 내가 지금 올바르고 중요하게 여기는 것을 행하지 않고 있다는 말인가?" 물론 강제성은 없다. 예컨대 나는 전 재산을 여행에 쓰기로 결정할 수 있다. 나는 지금 이런 결정을 하지만, 여행 뒤 5년간 땡전 한 푼 없을 수 있고, 그럼에도 생활은 계속되어야 한다. 그 생활은 순탄치 않게 지나갈 것이다. 내일 따위는 없는 듯 살면 불행한 결과를 볼 수도 있다. 우리가 어떤 것을 하려다가, 하지 않는다고 해서 삶을 허비하는 것은 아니다. 그것은 단지 장기적인 계획이 있다는 것을 의미할 수 있다. 언젠가 자신이 죽는다는 생각은, 실천하기 어려운 허황된 계획을 세우기에 앞서 자신이 살고 있음을 잊지 말 것을 일깨워준다. 언젠가 우리는 롤러코스터에서 내려야 하며, 천금을 내도 두 번째 표는 살 수 없기 때문이다.

시시포스와 바위

–

당신이 신에게 벌을 받아, 무거운 바위를 산꼭대기로 굴려 올려야 한다고 생각해보자. 선택의 여지없이 고된 노동을 해야 한다. 죽을힘을 다해 바위를 밀고 올라간다. 이마에서 비지땀이 흘러내리고, 손에서는 피가 나지만 쉬지 못하고 밀어 올려야 한다. 뺨이 바위에 쓸리고, 얼굴은 일그러진다. 그래도 계속해야 한다. 어떻게 해서든 바위를 밀며 한 걸음 한 걸음 올라가야 한다.

당신은 점점 주변에서 일어나는 모든 것을 잊고, 어제와 내일도 생각하지 못한다. 오직 당신과 바위뿐이다. 돌과 하나가 된 것처럼 느껴진다. 시간도 잊는다. 그러다 문득 산꼭대기에 도착했음을 깨닫는다. 결국 해냈다! 하지만 그 순간 바위가 산 아래로 굴러 내려간다. 지금까지 퍼부은 모든 노력이 물거품이 돼버렸다. 헛수고였다.

당신에게 천둥 같은 신들의 비웃음 소리가 들린다. "그것이 너의 숙명이다! 넌 계속 바위를 산꼭대기로 밀고 올라가야 해. 바위는 매번 다시 굴러 내려올 거야."

크게 좌절한 당신은 산 밑으로 내려가 다시 바위 앞에 선다. 한숨을 깊이 내쉬고 상황을 의식한다. '이 바위는 나의 운명이자 과제야.' 당신은 과제를 새롭게 받아들여 다시 일을 한다. 하지만 이제는 신이 요구했기 때문이 아니라 당신이 원했기 때문에 하는 것이다. 그러자 운명을 손아귀에 움켜쥔 당신은 갑자기 행복감을 느낀다.

이 성찰은 20세기의 프랑스 철학자 알베르 카뮈Albert Camus에서 유래했다. 그는 장 폴 사르트르Jean Paul Sartre, 시몬느 드 보부아르Simone de Beauvoir와 함께 가장 널리 알려진 실존주의자이다. 실존주의의 출발점은 인간은 홀로 서 있다는 것, 즉 인간은 신도 없고 운명과 계획도 없는 세계에 홀로 존재한다는 것이다. 실존주의자들은 인간의 실존에 대해 성찰하고, 죽음 · 불안 · 좌절 · 부조리 같은 삶의 어두운 면에 관심의 초점을 맞춘다. 그럼에도 인간의 절대적 자유는 이 모든 현상에서 빛을 발한다. 사르트르는 인간을 스스로 되고자 하는 목적으로 보았다. 인간은 본질이 없는 존재로, 모든 것을 자신으로부터 만들 수 있는 카멜레온과 같다. 그래서 우리들 각자는 직장을 그만두고, 인간관계를 끝내고, 방황하고 모든 것을 방치하기도 한다. 우리 삶은 자신의 재량권 안에 있을 뿐이다.

이런 배경에서 알제리 태생의 알베르 카뮈는 부조리의 철학을 썼다. 그에 따르면, 신은 없고 세계는 어떤 의미도 없다. 우리는 무한한 우주의 은하수 주변 어딘가에 있는 한 행성 위에 살고 있다. 우리는 매일 일하러 가서 책임을 다하고, 밤에는 맥주 한 잔 마시고 잠자리에 든다. 우리는 자신이 언젠가 죽는다는 사실을 모르는 것처럼 살고 있다. 그러나 죽음은 확실하다. 그 때문에 모든 것이 끝나고 세계는 우리가 없었던 것처럼 계속 돌아간다. 언젠가는 인류도 전멸할 것이고 그 누구도 곤경에 처하지 않을 것이다. 우리의 삶은 하루살이 같은 존재의 삶과 유사하다.

우리는 가끔 삶의 무의미성을 배제하고 망각한다. 우리는 마치 자기가 하는 것이 의미가 있는 양 행동한다. 우리는 자신의 계획을 중요시하고 목표에 따라 행동하고 미래를 염려한다. 우리는 다르게 하지 못할 것 같다. 그래서 그렇게 하는 것이다. 많은 사람이 본래 삶 자체가 무의미하다는 사실을 믿고 있을지라도 그렇게 한다. 카뮈에 따르면 이런 대조 속에 부조리가 있다. 즉, 인간은 의미를 추구한다. 그러나 의미 없는 무한한 우주에서 목적을 찾고자 하고, 그것에 대해 걱정한다. 이러한 부조리는 시시포스의 상황과 같다. 인간은 일상적인 노동에 억지로 의미를 부여한다. 그러나 결국 바위가 다시 아래로 굴러 내려간다는 것을 안다. 카뮈에 따르면, 우리 삶은 '시시포스의 과제'처럼 무의미한 노력이다. 목적도 없고 결코 성공하지 못한다.

그러나 바로 여기가 가장 흥미로운 지점이다. 카뮈는 "시시포스를 행복한 사람으로 생각해야 한다."고 말한다. 무의미하다고 해서 절망할 것도 없고, 환상으로 도피할 것도 없고, 자살할 이유도 없다. 오히려 그 반대이다. 우리는 자신의 실존을 모든 특성에서 만끽하고, 바로 지금 여기에서 최선을 다해 살아야 한다. 부조리의 의식은 동시에 자유의 발견이기도 하다. 우리는 어느 것도 상실해서는 안 된다는 것을 안다. 이제 규칙, 의무, 계획, 불안 따위는 무의미해진다. 그것들은 다른 모든 것처럼 임의로 작용할 뿐이다. 어느 길이 맞는가를 결정하는 것은 오직 자신이다. 우리는 자신의 운명에 책임을 진다. 이런 것들이 아주 기분 좋게 느껴진다.

시시포스는 바위를 밀어 올리는 것이 자신의 일임을 인식한다. 카뮈는 "그의 운명은 그의 것이다."라고 했다. 그 점에 시시포스의 행복이 있다. 우리 인간도 그렇다. 신이 없는 우주에는 어떤 계획도 없지만, 예외적으로 인간은 계획을 기도한다. 카뮈의 말처럼, 깨달은 인간은 "자신의 날을 사는 주인"이고 자기 운명의 개척자이다. 그는 스스로 깨어 있고 강한 호기심을 갖고 있으며, 열정을 다해 산다. 그리고 항상 부조리한 운명에 맞선다. 카뮈는 "어떤 운명도 경멸로는 극복될 수 없다."고 썼다. 이런 혁명적 태도에서 인간의 존엄성을 볼 수 있다. 동시에 이 혁명적 태도는 인간의 정서를 토대로 한 카뮈 윤리학의 기초이다. 즉, 비인간성과 고통에 직면하여 분노를 느끼면 인간은 고독에서 빠져나와서 동료와 연대 의식을 맺는다. 이 혁명을 통해 인간은 '외톨이solitaire'에서 '연대감을 가진 시민solidaire'으로 변한다. 이제 그는 자신을 동료와 연결하는 무언가를 위해 투쟁하기 시작한다. 인간의 존엄성을 위해 투쟁하는 것이다.

행복을 주는 기계

–

행복을 주는 기계를 상상해보자. 당신은 이 기계에 연결되어 건강 · 사랑 · 친구 · 섹스 · 자유 · 성공 · 부 · 명성 등 소망하는 모든 것을 체험할 수 있다. 그러면 당신은 완전히 행복할 것이다! 함정은 당신의 체험이 환상이라는 점이다. 하지만 당신은 그 기계에 연결되자마자 모든 것을 실재하는 것으로 느낀다. 이제 당신은 실재의 삶과 체험될 소망 중 하나를 선택할 수 있다. 무엇을 선택할 것인가? 기계에 연결할 것인가? 그렇다면 얼마 동안이나 그렇게 할 것인가?

이 유명한 사고실험은 2002년에 사망한 미국의 철학자 로버트 노직Robert Nozick에서 유래했다. 하버드 대학에서 철학을 가르친 그는 행복이 인간의 최고 가치라는 가정을 반박할 목적으로 이 사고실험을 만들었다. 니체도 이런 쾌락주의적 견해를 조롱하며 다음과 같이 썼다. "인간은 행복을 추구하지 않는다. 영국인만 그렇다."

인간은 대부분 기계에 의해 행복해질 수 있어도 자신을 그 기계에 연결하려 하지 않는다. 인간에게는 행복만 중요한 것이 아니기 때문이다. 왜 남은 삶을 이 기계에 의존하기를 원하지 않을까? 아쉬운 무엇이 있는가? 그것은 친구나 일일까? 하지만 그 기계에 연결되는 순간 마치 친구가 있는 것처럼, 일을 하는 것처럼 느낄 것이다. 아니면, 삶의 일부인 고통, 슬픔, 고뇌와 같은 것이 아쉬울까? 그러나 이런 삶의 불협화음이 우리를 행복하게 한다면, 그 기계도 그런 체험을 우리 내면에 불러들여, 쾌감이든 고통이든 우리가 소망한 모든 것을 체험하게 할 것이다.

하지만 좋은 삶이란 소망하고 싶은 일련의 체험 그 이상의 것이다. 우리는 진정으로 참된 삶을 살고 싶어 하고, 실재 세계와 참된 자아를 인식하기를 원한다. 또 진정한 관계를 맺고, 인격을 도야하고, 활동적으로 움직여서 세상에서 무언가 실현하고자 한다. 즉, 우리는 인식하길 원하고 행동하길 원하고 무언가가 되기를 원한다. 그래서 행복을 주는 기계에 연결되면 행복을 체험할 수 있더라도, 그렇게 하기를 원하지 않을 것이다. 어쩌면 기계가 약속하는 인생 여정을 믿지 못하기 때문일지도 모른다. 그러나 왜 한두 시간이나 며칠 동안만이라도 그렇게 하지 않는가? 왜 휴가 때 바다 대신 기계는 안 될까? 환상에 빠지는 것이 왜 그렇게 나쁠까? 백일몽은 아름답다고 하면서도 왜 그럴까? 우리는 기꺼이 영화와 책에서 환상의 세계로 들어가지 않는가? 그 차이는 무엇일까?

인식

우리는 세계에 대해 무엇을 알 수 있을까? 현실을 객관적으로 인식할 수 있을까? 아니면 단지 현상 파악에 만족해야 할까? 어떤 생각을 정당한 근거로 신뢰하고, 무엇을 비판적으로 의심해야 할까? 각양각색의 문화에는 자연과 세계를 보는 고유한 관점이 있을까? 사물을 보는 올바른 관점이 존재할까? 이와 같은 질문이 우리가 이 장에서 주로 다룰 주제이다. 이런 질문을 다루는 철학 분야는 '인식론'이다. 인식론은 인간이 만든 지식의 종류와 근원, 그리고 그 한계를 묻는다. 그런 시도의 배후에는 회의주의가 있다. 회의주의자는 모든 것을 의심하고 문제시하는 까다로운 철학자이다. 이제껏 수많은 회의주의자가 인간이 어떤 것을 알 수 있다는 사실 자체를 의심했다. 회의주의자들은 대체로 그런 의심에 그럴듯한 근거를 제시한다. 예를 들어, 인간의 지각 작용이 타당한지 의심하고, 동물은 우리와 다르게 세계를 지각한다고 주장한다. 그러면 우리는 사물을 보는 우리의 시각이 옳다는 것을 어떻게 알까? 또한 회의주의자는 지각뿐만 아니라 사고 작용에도 의심을 품는다. 그 의심이란 "이성이 세계를 있는 그대로 사고할 수 있는가를 우리가 어떻게 알까?" 하는 것이다. 우리는 모두 착각에 빠질 때가 있는데, 그렇다면 우리가 착각하지 않고 있음을 어떻게 확신할 수 있을까? 우리는 지금 꿈을 꾸고 있지 않다는 것을 어떻게 알까? 어떤 회의주의자들은 이런 의심에 동요하지 않고, 오히려 불확실성만이 우리를 행복하게 할 수 있다고 생각한다. 왜냐하면 독단적인 사람은 사람마다 달리 볼 수 있는 사물에 경직된 태도를 갖고, 격앙하고 화를 내기 때문이다. 그런 회의주의자들은 의심은 불안이 아닌, 방념으로 편안히 이끈다고 생각한다.

토론을 하다 보면 언제나 지식과 진리란 대체 무엇인가 하는 질문이 떠오른다. 우리는 언제 정당한 근거에 기초해서 어떤 것을 알고 있다고 주장할 수 있는가? 우리는 절대적 확실성으로 오류를 배제할 수 있는가? 사람들이 대부분 그것이 진리라고 주장하면 그것으로 충분한가? 과학 이론들은 언제 참인가? 만약 이론이 객관적 현실을 모사하거나 올바른 예측을 하면 그 이론은 참인가? 이런 질문에는 답을 내리기가 쉽지 않다. 그래도 우리는 그 질문에 답해야 한다. 그 답을 찾기 위해 플라톤의 동굴 비유로 들어가보자.

동굴 속 죄수들

—

당신은 태어날 때부터 동굴 안에서 쇠사슬에 묶여 한쪽 벽만 응시할 수 있다고 상상해보자. 따라서 당신은 벽에 비친 그림자만 보고, 벽에 반사된 소리만 들을 수 있기 때문에 마치 그림자들이 이야기하는 것처럼 보인다. 당신의 세계는 활발히 움직이는 그림자들로 이루어져 있다. 다른 것은 없다. 당신은 가상 세계의 포로인 것이다.

하지만 어느 순간 쇠사슬이 풀린다. 주변을 둘러본 당신의 눈에 믿을 수 없는 광경이 펼쳐진다. 당신은 처음으로 3차원의 사물을 보고 또 그림자를 만드는 불도 직접 본다. 그리고 여태까지 그림자를 실물로 착각했음을 깨닫고, 벽에 있는 그림자들은 다른 사람들이 당신 뒤에 가져다 놓은 생명 없는 동상들의 모사라는 것도 알아챈다. 또 그림자들이 말한다고 생각했지만 실은 사람들의 말소리였음도 안다. 당신은 동상의 그림자를—어떤 의미에서는 모사의 모사이지만—실제 인간으로 생각했으므로, 이중으로 속은 것이다. 하지만 당신은 이제 동굴 안의 실상을 꿰뚫어 본다. 그런데 자신이 동굴 안에 있다는 것을 여전히 알지 못하다가 동굴 안의 작은 불빛보다 훨씬 환한 빛을 보면서 비로소 그것을 깨닫는다. 당신은 더 밝은 빛을 쫓아 가파른 길을 올라가 마침내 동굴 입구에 다다른다. 그리고 햇빛이 눈부시게 내리쬐는 동굴 밖으로 나간다. 당신의 눈이 강렬한 빛에 적응하는 사이 고통을 느낀다. 시간이 어느 정도 지나자 동굴 속에서 그림자를 보던 것과 달리 사물들을 명료하게 보게 된다.

당신은 지금까지 살던 곳이 가상의 세계였음을 깨닫는다. 그래서 다시 동굴 아래로 내려가 묶여 있는 다른 죄수들에게 당신이 본 것을 이야기해주고 싶어졌다. 하지만 다시 동굴 안으로 들어갔을 때 사방이 깜깜해서 벽에 비친 그림자조차 감지할 수 없다. 그 때문에 다른 죄수들은 당신을 정신이 이상한 사람으로, 또 다른 세계, 이해할 수 없는 세계에 대해 헛소리를 지껄이는 몽상가로 간주해버린다.

너무나 유명한 이 동굴의 비유는 기원전 4세기 그리스 아테네의 철학자 플라톤에게서 나왔다. 플라톤은 오늘날 대학의 기원이라 할 수 있는 아카데미를 최초로 설립했다. 플라톤의 스승이자 위대한 철학자 소크라테스는 아테네 광장을 돌아다니며 아테네 시민들에게 진선미에 관한 철학적 질문을 던졌고, 또 그들을 심원한 토론의 장으로 끌어들여 인생관, 가치관, 신념의 배후에 관해 토론했다. 생활의 지혜를 변론술을 펼쳐 돈을 받고 팔던 소피스트들과 달리, 소크라테스는 겸손하게 "나는 내가 모른다는 것을 안다."고 말하곤 했다. 소크라테스의 이런 무지의 고백은 전염성이 있었다. 그리고 흔히 소크라테스는 자신의 질문법으로 대화 상대들을 깊은 회의에 빠져들게 했고, 그 때문에 그들은 마치 마비된 듯했다. 플라톤은 이런 소크라테스를 전기로 먹이를 마비시키는 전기메기에 비유하기도 했다. 또 소크라테스는 산파에도 비유되었다. 노련한 질문으로 대화 상대가 자신의 생각을 형성하고 적절한 개념을 낳는 데 도움을 주었기 때문이다. 플라톤은 《대화편》에서 소크라테스의 대화가 이렇게 중요한 역할을 했다고 서술했다. 소크라테스 본인은 정작 어떤 저작도 남기지 않았으므로 《대화편》이 없었다면 우리는 소크라테스에 대해 전혀 알 수 없었을 것이다. 소크라테스는 좋은 철학이란 대화를 통해서만 가능하다고 생각했던 것 같다. 물론《대화편》은 허구의 이야기이지 소크라테스가 실제로 이끈 대화의 기록이 아니다. 따라서 《대화편》을 해석할 때에는 유의해야 한다. 그럼에도《대화편》은 소크라테스가 대화 상대들과 철학을 전개하는 장면을 잘 보여준다. 우리는《대화편》에서 대화에 참여한 사람들을 통해 플라톤 자신의 이론도 어느 정도 구체적으로 알 수 있다.

플라톤에 따르면, 지각할 수 있는 세계는 현실이 아니라 순수 가상의 세계이다. 그는 보다 차원 높은 세계인 이데아의 세계가 존재한다고 믿었다. 그의 이데아론은 다음의 예로 쉽게 이해할 수 있다. 연필을 쥐고 원을 그려보자. 완성됐는가? 그런데 당신이 그린 원은 완전한 원일 수 없다. 원을 이루고 있는 모든 점이 원의 중심에서 같은 거리로 있을 수 없기 때문이다. 따라서 그 원은 부정확하고 약간 삐뚤어진 것으로, 본래 원의 모상에 불과하다. 다시 말해, 수학적인 원은 원의 중심에서 동일한 거리에 있는 연장할 수 없는 선으로서, 결코 지각될 수 없다. 진정한 원은 사고 속에만 있는 이데아이다. 우리가 지각할 수 있는 원은 모두 크건 작건, 두껍건 가늘건, 검정색이건 녹색이건, 정확하건 부정확하건, 원 이데아의 모상이거나 표현으로서, 진정한 원에 가까운 것이다. 원 이데아는 정신적인 원형으로서 우리 머릿속에 존재하며, 그 이데아와 비교하여 그려진 도형이 원인지 육각형인지를 판단한다. 우리는 원 이데아를 알고 있으므로 여러 그림에서 원을 인식할 수 있다. 따라서 원 이데아 자체를 지각할 수는 없지만, 지각할 수 있는 원을 인식하는 데 도움이 된다. 요컨대 이데아는 원형과 같은 것이다.

플라톤에 따르면, 사물과 이데아의 관계는 다른 모든 대상에서도 마찬가지이다. 나무 · 인간 · 아름다운 물체 · 좋은 행위 모두가 그렇다. 그래서 플라톤은 모든 나무에 공통적인 것을 모은 나무 이데아가 존재하며, 그 이데아는 나무를 나무로 만드는 어떤 것이라고 보았다. 그런데 나무 이데아는 볼 수도 만질 수도 없고, 사고 속에만 있다. 선 이데아도 그렇다. 모든 선한 것에는 공통된 어떤 것이 있는 바, 그것이 바로 선 자체이다. 이런 선의 추상적인 이데아는 개별적인 사물, 행위, 성격 특징에서 선한 것과 그렇지 않은 것을 식별할 수 있게 한다. 그 이데아가 우리의 행위와 사고를 이끈다.

플라톤은 선 이데아 자체가 인간이 행해야 할 목적이고, 또한 선을 인식한 사람만이 그것을 행한다고 생각했다. 그러나 인간이 진정으로 선을 인식하려면 적어도 50년이라는 긴 시간 동안 많은 노력을 기울여 철학을 공부해야 한다고 보았다. 그런 다음에야 고매한 통찰력을 얻어 성숙해지며, 비로소 정치를 할 수 있다는 것이다. 이렇듯 철학자만이 좋은 왕이자 지배자가 될 수 있으며, 따라서 그들은 시민에게 올바른 길을 제시해야 한다. 그러나 주의해야 한다. 동굴의 비유에서, 당신은 쇠사슬에서 풀려나 가상 세계인 동굴을 벗어났지만, 동굴에 남아 있는 다른 죄수들은 당신을 몽상가로 여긴다. 바로 그것이 위험이다. 플라톤의 스승 소크라테스는 기원전 399년 자신의 철학 때문에 사형선고를 받고 독배를 마셨다. 그렇게 그의 철학도 발전을 멈추었다.

진선미에 대한 소크라테스의 질문은 오늘날에도 철학의 이정표역할을 한다. 비록 지각의 신뢰성에 대한 플라톤의 의심은 여전히 유효하지만, 그의 이데아론은 거의 동의를 얻지 못한다. 그러면 우리는 이 세계가 우리의 감각에 나타나는 것과 똑같이 존재한다는 것을 어떻게 알 수 있을까? 우리의 감각이 우리를 속일 수도 있지 않을까?

통 속의 뇌

—

아주 영리하고 교활한 신경학자가 간밤에 당신 침대로 와서 당신을 마취한 뒤 뇌를 꺼내는 수술을 했다고 상상해보자. 그는 당신의 뇌를 배양액에 넣고 거대한 컴퓨터에 연결한 뒤 조작한 신경 자극을 무수히 보낸다. 그는 특정한 목적의 자극을 당신의 뇌로 보낼 수 있어서 당신은 그가 원하는 것을 그대로 체험한다. 그는 전기신호를 보내 당신에게 지각 인상을 생성하는데, 그 때문에 당신은 곧 익숙한 환경에 있다고 생각하게 된다. 그는 그렇게 실행했다! 그래서 당신은 오늘 아침부터 완벽한 환상을 경험한다. 이제 당신은 자신의 신체가 책을 읽고 있다고 믿는다. 하지만 당신의 뇌는 실험실의 배양액 속에 담겨, 컴퓨터에 연결되어 있다. 당신이 보고 싶은 책의 책장을 넘기길 원하면, 컴퓨터는 당신의 뇌가 손을 움직여 책장을 넘기는 것처럼 느끼게끔 특정 신호를 만든다. 그러나 사실 당신은 책장을 넘기는 것이 아니고, 책을 읽고 있는 것도 아니고, 앉아 있지도 않을뿐더러 숨도 쉬고 있지도 않은 상태이다. 당신은 전선에 연결된 통 속에 있는 뇌일 뿐이다. 당신은 그것을 믿을 수 있을까? 그럴 가능성을 배제할 수 있을까?

이 사고실험은 1926년에 태어난 미국의 철학자 힐러리 퍼트넘 Hilary Putnam이 고안해낸 것이다. 그러나 그 배후에 있는 생각은 더 오래되었다. 우리 삶이 환상일 수 있다는 생각은 고대 회의론자들 사이에도 있었다. 착시에 빠지거나 시야가 흐리거나 약에 취해 있을 때 우리의 감각이 우리를 속이는 상황이 발생한다. 그때 우리는 그런 속임을 의식하지 못하고 가상과 현실을 혼동한다. 회의론자들은 우리가 항상 그런 착각에 빠져 있는 것은 아닐까 하고 묻는다. 만약 그렇다면 우리는 어떻게 그것을 깨닫는가? 다른 생물들은 우리와 다르게 세계를 지각한다. 개, 거미, 박쥐 들을 생각해보자. 그러나 무엇이 올바른 관점일까? 우리가 언제나 세계에 대한 감각 인상만 갖는다면 어떻게 객관적인 세계를 파악할 수 있을까? 현상의 이면을 꿰뚫어 볼 수 있을까?

17세기 프랑스 철학자 르네 데카르트 René Descartes는 세계에 대한 객관적 인식 가능성을 철저히 의심했다. 그리고 더 이상 의심할 수 없는 확고한 학문적 기초를 세우고자 했다. 그는 이 목적을 위해 의심할 수 있는 모든 것을 의심했다. 예를 들어, "우리 삶이 한낱 꿈에 지나지 않는다면 그것을 어떻게 알 수 있는가?" 하고 물었다. 우리는 종종 꿈속에서 우리가 꿈꾸고 있다는 사실을 모르고 꿈의 체험을 현실로 간주한다. 데카르트가 행한 회의의 정점은 통 속의 뇌와 비슷한 사고실험이었다. 그는 사악한 악마의 존재를 생각할 수 있다고 보았다. 그 악마는 우리를 기만하여 진정한 세계를 감추는 지각과 생각을 우리 내면에 일으킨다. 또한 아주 단순한 일에서조차 우리를 속일 수 있어서, 1 더하기 1은 3이라고 믿게 할 수 있다. 그러나 우리는 그 실수를 알아채지 못한다. 데카르트는 여기서 그 악마조차 우리를 속일 수 없게 하는 어떤 것이 있는가라고 묻는다. 그 악마가 자신의 능력으로 우리를 오류에 빠지게 해도 더 이상 의심할 수 없는 어떤 것이 존재하는가? 그것에 대해 데카르트는 그렇다, 더 이상 의심할 수 없는 확실한 것, 즉 내가 사고한다는 사실이 존재한다고 생각했다. 비록 내가 생각한 모든 것에 속더라도 내가 생각하고 있다는 사실은 여전히 타당하다. 체험이 나를 속이고, 내 생각이 잘못일지라도 나는 어떤 것을 체험하고 사고하고 있는 것이다. 요컨대 내 안에 어떤 것이 일어나고 있는 것이다. 나는 그것을 확실히 안다. 그리고 그다음 나는 존재하는 것이다. 이것을 데카르트는 "나는 생각한다. 고로 존재한다."고 썼다. 의식에서 행해진 나의 체험 활동은 더 이상 의심할 수 없는 인식의 기초이자 내가 실제로 존재한다는 것에 대한 증거이다.

힐러리 퍼트넘은 데카르트의 사고실험에 나오는 악마를 우리 시대로 옮겨놓았다. 오늘날 과학은, 인간의 의식 체험은 뇌에서 일어나는 과정을 거쳐 형성된다는 점에서 출발한다. 따라서 원리적으로는 특정한 목표를 가지고 뇌를 자극해서 특정한 체험을 유발할 수 있다. 그때 육체가 꼭 필요한 것은 아니다. 체험은 뇌에서 생기기 때문이다. 가령 붉은 장미를 보면 우리 눈은 계속 뇌로 정보를 보내고, 뇌는 붉은 장미라는 상을 만든다. 그런데 기술을 사용해서 그와 같은 뇌 상태를 만든다면, 눈에서 뇌까지의 경로는 생략될 것이다. 그렇게 뇌가 자극된 인간은 실제로 보지 않아도 붉은 장미를 본다. 석양도, 산책도, 키스도 마찬가지로 체험할 수 있다. 원리적으로는, 뇌를 자극해서 모든 것을 믿게 만들 수 있다. 그리고 우리에게 이미 행해지고 있을지도 모른다! 우리 뇌는 배양액에 담겨 있고, 특정한 목적을 위해 많은 전선에서 자극을 받고 있기 때문에 우리는 자신이 육체를 갖고 있고, 책을 읽는다고 믿고 있을 수도 있다. 어떻게 그럴 가능성을 배제할 수 있을까? 어떻게 자신이 통 속에 있는 뇌가 아님을 알 수 있을까?

퍼트넘은 그럴 가능성을 배제할 수 있다고, 우리가 통 속의 뇌가 아님을 알 수 있다고 대답한다. 그의 논거는 굉장히 복잡해서, 적지 않은 철학자들이 그것을 비판하려다가 쓰디쓴 실패를 맛보았다. 그는 계속해서 다음과 같은 사고실험으로 고찰을 시작한다. 개미가 모래 위에서 기어 다니다가 처칠을 닮은 초상을 남겼다고 상상해보자!

당신에게 묻는다. 과연 그 개미가 처칠을 그렸을까? 결코 아닐 것이다. 그 자국은 우연의 일치일 뿐, 개미가 의도적으로 그린 것이 아니다. 그것이 가능할까? 개미는 처칠이 누군지 모른다. 또 한 아이가 우연히 종이에 아인슈타인의 공식인 'E=mc²'과 비슷한 글자를 썼다고 하자. 그렇다고 해서 그 아이가 아인슈타인의 공식을 썼다고 말할 수 없을 것이다. 그 아이는 아인슈타인도 모르고, 일반상대성이론도 이해할 수 없다.

이 정도 예면 충분하다. 퍼트넘은 이 예에서 무엇을 말하고자 했을까? 그는 위의 두 예에서 상관관계를 발견하지 못할 것이라고 말한다. 개미의 그림은 처칠과 관계가 없고, 아이의 낙서도 아인슈타인의 에너지 법칙과 관계가 없다. 개미가 남긴 자국이 처칠의 초상과 매우 비슷하고 아이의 낙서가 아인슈타인의 공식처럼 보일지라도, 묘사한 것과 묘사된 것 사이에 연관성이 없다. 단지 양쪽이 유사하다고 해서 의미가 있다고 보기는 어렵다. 이러한 견해는 우리가 단지 통 속의 뇌에 불과한가라는 질문과 무슨 관계일까?

퍼트넘에 따르면, 우리는 우리와 인과관계가 있는 사물과만 관계할 수 있다. 만약 내가 광야에서 떠도는 도중 갑자기 눈앞에 나무가 나타나면, 그 나무는 나의 내면에서 '앞에 나무가 있구나.'라는 지각을 일으킨다. 그러므로 '나무'라는 단어는 나의 지각 인상이 일어난 원인과 관계 있다. 만약 오스트레일리아의 숲에 불이 나서 원주민들이 "와!" 하고 소리친다면 우리는 "와"라는 표현이 불을 의미한다고 생각할 것이다. 불은 그들이 표현한 것의 원인이기 때문이다. 이제 이러한 견해를 통 속의 뇌에 적용해보자. 뇌가 통 속에 담긴 사람이 앞에 있는 나무를 보고 있다고 생각한다고 가정하자. 물론 이런 지각 인상은 나무가 아니라, 전선으로 연결된 슈퍼컴퓨터에서 나왔다. 그가 출생 후 줄곧 그 컴퓨터에 연결되어 있었다면, 결코 진짜 나무를 본 적이 없었을 것이다. 그가 가진 나무에 대한 지각은 모두 나무가 아닌 컴퓨터에서 나온 것이다. 따라서 '나무'라는 단어가 나무 지각의 원인과 관련이 있다면, 통 속의 뇌인 그에게 '나무'라는 단어는 컴퓨터의 명령과 관계 있는 것이다. 따라서 그는 실제의 나무들과 결코 관계를 맺을 수가 없다.

따라서 개미가 결코 처칠과 관계가 있을 수 없는 것처럼, 통 속의 뇌도 외부 세계의 대상과 관계를 맺을 수 없다. 그의 세계는 단지 연결된 컴퓨터이다. 그렇게 컴퓨터와 연결된 사람이 우리와 같은 체험을 할지라도, 그는 결코 나무, 인간, 일출, 일몰과 관계를 맺을 수 없다. 그의 모든 지각 인상은 컴퓨터 명령의 산물이다. 그리고 만약 그가 '나무', '일몰', '백조'에 대해 말할지라도 그것은 단지 컴퓨터 명령과 관계있는 것이다. 그가 '뇌'에 대해 이야기해도 마찬가지다. 그는 실제의 뇌와 통에 대해 사고할 수 없을 것이다. 또한 자신이 통 속의 뇌라는 것도 생각할 수 없을 것이다. 통 속의 뇌가 아닌 우리만 통 속의 뇌에 대해 사고할 수 있다. 따라서 내가 통 속의 뇌라는 생각은 항상 오류임에 틀림없다! 내가 통 속의 뇌라면, 나는 내가 통 속의 뇌라는 생각을 할 수 없다. 즉, 내가 통 속의 뇌인데, 그런 생각을 했다면 그것은 잘못된 것이다. 그렇지만 다른 질문이 남아 있다. 그것은 내가 통 속의 뇌라는 것을 생각할 수 있는지를 어떻게 아느냐이다. 나는 어디서 나의 단어가 실제 나무와 뇌에 관계가 있는지, 아니면 단지 컴퓨터 명령과 관계가 있는지를 알까?

퍼트넘이 제기한 통 속의 뇌에 대한 반대 논거들이 강력히 제기되었지만, 그것들은 철학 논쟁에서 종종 그렇듯 각자의 길을 갔다. 또 회의주의는 절대로 극복되지 않는다는 견해를 가진 사람들이 있다. 그들은 우리 인생이 오래 지속되는 꿈이거나 통 속의 뇌일 수 있다고 생각한다. 그러한 가능성은 완전히 배제되지는 않을 것이다. 그렇다고 해서 특별히 달라지는 것도 없다. 말하자면, 이렇게 불확실성 속에 있어도, 우리는 좋든 싫든 살아야 한다. 어떤 회의주의자는 불확실성을 불쾌한 것으로 생각하기보다는 오히려 잘된 것으로 생각한다. 행복하려면 불확실성의 느낌이 필요하기 때문이다. 이런 '피론주의자'의 문제를 다음에서 살펴보자.

뮌히하우젠의 트릴레마

—

4살 난 아이가 하루 종일 "왜요?"라는 질문만 한다고 상상해보자. 엄마가 "신발 신어야 해!" 하니까 아이가 "왜요?"라고 묻는다. "외출해야 되니까."라고 답하자 또 "왜요?"라고 묻는다. "냉장고가 비어서." 그러자 또 "왜요?" 지면을 아끼기 위해 여기까지만 하자. 아마 당신은 이 난제를 경험해봤을 것이다. 당신이 무엇을 근거로 제시하든지, 아이는 계속 묻고, 근거의 사슬은 끝없이 이어진다.

논리적 관점에서 보면, 세 가지 선택지가 있다. 첫째, 당신은 매번 질문에 다른 근거를 제시하는데, 그러면 아이와 끝없이 대화를 나누어야 하고 결국 시장에 못 갈 것이다. 둘째, 어디서인가 질문을 끊고 이렇게 말하는 것이다. "아주 간단해! 그냥 근거가 없어." 셋째, 당신은 순환적인 근거를 대며, 아이에게 이렇게 말하는 것이다. "시장에 가는 건 네가 배가 고프기 때문이야. 네가 배고픈 건 냉장고가 비었기 때문이고, 냉장고가 빈 건 시장에 가야 한다는 거야." 이 경우 A는 B 때문에, B는 C 때문에, C는 다시 A 때문인 것이다. 불행히도 이 세 가지 선택 모두 불만족스럽다. 무한한 근거 사슬은 끝날 줄 모르고, 독단적 결정은 자의적이며, 순환논증은 근거가 타당하지 않다. 이 세 가지 딜레마에 빠진 당신은 결국 아이에게 신발을 신어야 하는 타당한 이유를 설명하지 못한다.

이런 근거 놓기 딜레마의 역사적 연원은 고대 로마의 회의주의자 아그리파Agrippa로 올라간다. 그리고 독일의 철학자 한스 알베르트Hans Albert는 이 딜레마를, 자신의 머리카락을 위로 잡아당겨서 진흙탕에서 빠져나왔다는 허풍쟁이 남작 바론 뮌히하우젠Baron Münchhausen의 이야기에서 착안하여 "뮌히하우젠의 트릴레마"라고 불렀다. 그것은 한마디로 해결 불가능한 과제이다. 그러나 그것이 머리카락을 잡아당겨서 진흙탕에서 빠져나오는 것만큼 불가능한 일일까? 고대 그리스의 회의주의자 피론Pyrrhon은 그렇다고 생각했다. 그는 출생지의 이름을 따서 "엘레스의 피론"이라고도 한다. 그는 모든 것을 의심했고, 그럼으로써 영혼의 평온을 유지할 수 있었다. 그와 관련된 다음과 같은 이야기도 있다. 피론이 탄 배가 바다에서 폭풍우를 만나 요동치자 사람들이 어쩔 줄 몰라 우왕좌왕할 때, 그는 조용히 먹이를 먹는 돼지를 가리키며 사람도 그 돼지를 모범으로 삼아 영혼의 평정을 찾아야 한다고 말했다.

피론은 끝까지 철저하게 회의를 했다고 한다. 피론주의자들은 사물의 현상은 판단할 수 있지만 사물의 본질은 판단할 수 없다고 생각했다. 그래서 모든 주장에 앞서 "그것은 나에게 ○○○하게 보인다."라고 말을 해야 하며, 그 밖의 모든 것은 오판이거나 모순으로 끝난다고 보았다. "나는 내가 모르고 있다는 것을 안다."는 소크라테스의 명제도 엄밀히 생각하면 자체로 반박된다. 즉, 아무것도 모르는 사람은 자신이 모르고 있다는 것도 알지 못한다. 그렇지 않다면 그는 동시에 무지하면서 어떤 것을 안다는 것이고, 그것은 논리적으로 불가능하다. "모든 것은 상대적이다."라는 것도 마찬가지다. 이 주장 자체는 상대적인가 절대적인가? 상대적이라면 그 주장은 힘을 잃으며, 절대적이라면 그것은 자체로 모순이다. 피론주의자들은 이런 경우에서 벗어나기 위해 사물이 그들에게 직접 어떻게 드러나는지를 이야기한다. 즉 "나에게 우리는 그 어떤 것도 알 수 없는 것 같다.", "모든 것은 나에게 상대적인 것 같다."라고 말한다.

피론주의자들은 모든 생각에 찬성이나 반대하는 근거를 똑같이 놓을 수 있다고 생각한다. 그래서 어떤 문제든 균형추는 찬성과 반대의 중간에서 유지된다. 우주는 유한한가 무한한가? 신은 존재하는가 존재하지 않는가? 원자력은 좋은가 나쁜가? 히잡은 허용해야 하나 금지해야 하나? 동물은 가두어 길러야 하나 방목해야 하나? 민주주의는 폐지돼야 하나 보호돼야 하나? 이성과 감정 중 어느 것을 더 믿어야 하나? 물리학과 신비주의 어느 것을 믿어야 하나? 피론주의자들은 이 모든 질문을 근본적으로 결정할 수 있는 근거 따위는 없다고 생각한다. 그때그때 이런 면 저런 면에 찬성해서 말할 뿐이다. 이런 충돌하는 견해의 균형점을 "동등한 논변들의 대립Isosthenie"이라고 부른다.

모든 질문에 찬성과 반대가 동등하게 균형 잡혀 있음을 통찰한 사람은 자신의 판단에 소극적인 태도를 취한다. 피론주의자들은 이런 판단 유보를 "판단 중지Epoche"라고 한다. 판단 중지 뒤에는 영혼의 평온인 '평정심Ataraxie'이 따라온다. 다시 말해 확고한 견해에서 해방된 사람은 모든 걱정, 격앙, 열망에서 벗어나게 된다. 만약 원자력발전소가 나쁜지 아닌지 불확실하다면 당신은 집 근처에 그것이 건설된다는 것을 알게 되더라도 격앙할 필요가 없다. 절대적인 진리는 존재하지 않는다고 생각하면, 당신과 생각이 다른 사람과 진실되게 교제할 수 있고, 다른 문화권에 여행을 가도 쉽게 당황하지 않는다. 하지만 이렇게 거리를 두는 태도 때문에 무관심이라는 위험에 처할 수도 있고, 결단력이 약해질 수도 있다. 피론주의자들에게는 이 문제에 대한 해답이 있다. 그들은 사고뿐 아니라 실천에서도 사물에서 받는 주관적인 인상을 기준으로 태도를 결정한다. 그래서 그것에 찬성이나 반대하는 논거가 동등해 보여도, 근거 없이 즉 그들이 받은 교육, 그들이 속한 문화, 순간적인 기분 등에 따라 논거의 방향을 결정한다. 이런 근거 없는 경향에 거역하지 않는 것이다.

피론주의자들은 판단 중지를 거쳐 평정심에 도달한다고 생각하는데, 판단 중지는 모든 확신은 그 반대 확신과 비중이 동일하다는 전제에서 나온다. 그들은 이 동등한 논변들의 대립을 어떻게 보는가? 서로 모순되는 확신들의 비중이 동일함은 어떻게 알 수 있는가? 피론주의자들은 그 논변들을 회의적으로 본다. 또한 세 가지 딜레마 다음으로, 상대성에 관한 논의를 가장 중요한 의심의 근거로 간주한다. 항상 한 사태를 바라보는 관점은 두 가지 이상이 있다. 사물은 관점과 맥락에 따라서 다르게 보인다. 언제나 사물에 대한 많은 해석이 있다. 만약 우리가 한 가지 해석만 고집하면 미래 세대는 우리를 조롱할지도 모른다. 과거에 사람들은 지구가 평평하고, 마녀가 있고, 흑인은 열등하고, 기술 발전은 인류를 행복으로 안내할 것이라고 믿었다. 오늘날에도 동물은 열등하고, 로봇은 감정이 없고, 인간은 영원히 살 수 없다고 믿는다. 과연 앞으로도 그럴까?

사람들이 상이한 견해를 갖는다는 사실 때문에 옳고 그른 견해가 없다거나 모든 것은 상대적이라는 결론으로 귀결되어서는 안 된다. 한편은 옳고 다른 편은 틀릴 수 있다. 이제 여성의 평등권에 관해 질문해보자. 과거에는 여성은 남성과 평등한 권리를 가질 수 없다고 생각하는 사람들이 훨씬 더 많았다. 하지만 그들은 분명히 틀렸다. '그러나 그들의 관점에서 그 주장은 옳았다.'는 것은 '그들은 틀린 것을 올바른 것으로 간주했다.'는 것 이외의 다른 것이 아니다. 그러나 오늘날 우리는 우리가 옳다고 어떻게 확신할 수 있을까? 우리에게는 남녀평등을 반대하는 것보다 옹호하는 것이 더 낫다는 근거들이 있다. 그러나 과연 어떤 근거가 좋은 것인가? 코란과 일치한다는 사실이 좋은 근거일까? 이슬람 원리주의자는 그렇다고 대답할 것이다. 당신에게 당신의 신념과 배치되는 것을 확신시키려면 인내, 감정이입 능력, 통찰력 등이 필요할 것이다. 당신이 신념을 버리고, 당신의 세계관을 뒤집게 하려면 무엇이 필요한가? 어떻게 해야 당신이 더 이상 물리학과 인권이 아닌, 부두교의 주술을 믿고 노예제를 도덕적으로 인정할까? 논증으로 충분할까?

다시 한 번 뮌히하우젠의 트릴레마에 대해 이야기해보자. 그것은 모든 근거 놓기 시도는 애당초 실패할 수밖에 없다고 주장한다. 우리는 어디에선가 근거의 사슬을 끊어야 하지만 그 역시 근거가 없다. 따라서 우리의 신념은 사상누각이며, 매번 붕괴될 수 있다. 그러나 과연 그것이 맞는 주장일까? 모든 근거 놓기의 끝은 자의적이고 근거가 타당하지 않을까? 다음의 예를 살펴보자. 리사는 기분이 별로 좋지 않다. 우리는 어디서 그것을 아는가? 그녀가 말했기 때문이다. 그 말을 믿을 수 있는가? 나는 그렇다고 생각한다. 나는 리사가 거짓말을 한다고 느껴지지 않고, 그녀가 나를 속일 이유도 없다. 그러나 그녀가 거짓말을 했을 가능성을 배제할 수 있는가? 절대적이지는 않다. 그럼에도 나는 그녀의 기분이 좋지 않음을 안다고 주장할 것이다. 그녀가 내게 그렇게 말했기 때문이다. 내가 그것 외에 무엇에 더 기댈 수 있겠는가? 그녀의 마음속으로 들어갈 수도 없고, 그녀의 느낌을 똑같이 느낄 수도 없다. 어떤 경우에도 우리는 타인의 내적인 삶에 대해 제대로 알 수 없을 것이다. 결코 알지 못할 것이다. 그러나 이 주장은 불합리하다. 그것은 마치 올바른 의사라면 환자를 1분 안에 고칠 수 있어야 하므로 이 세상에는 진정한 의사가 없다고 주장하는 것과 같다. 이런 요구는 분명히 잘못된 것이고, 비현실적이고, 누구도 그런 것을 요구하지 못한다. 우리는 그렇게 말해서는 안 된다.

다른 주장을 또 살펴보자. 어제 저녁 식사에 스파게티가 나왔다. 나는 그것을 어떻게 아는가? 기억하기 때문이다. 기억이 나를 속일 수 있지 않을까? 그럴 수 있지만 기억은 대체로 문제없이 진행된다. 그러나 기억은 근거 놓기에 필요한 지식으로서 충분한가? 그렇지 않다면 우리는 오늘 자신이 했던 것을 알기 위해 모든 것을 기록해야 할 것이다. 그것은 불합리하다.

결론적으로, 다음의 주장을 살펴보자. "내일 눈이 올 것이다." 그것을 어디서 알게 됐는가? 일기예보를 보았다. 그 일기예보가 맞을 거라는 것을 어디서 알게 됐는가? 지금까지 대부분 일기예보가 적

중했다. 사실, 그것에서 내일 일기예보가 또 맞을 것이라는 논리가 추론되지는 않지만, 그럴 개연성은 높다. 18세기 스코틀랜드의 철학자 데이비드 흄David Hume은, 내일 태양이 다시 떠오를 것이란 확신을 결코 할 수 없다고 지적했다. 그 말은 옳다. 그렇지만 그 때문에 판단을 유보해야 하는가? 그렇지 않을 것이다. 모두 이 점에 찬성하고 반대하지 않을 것이다. 그 밑바탕에는 소위 "내일은 내일의 태양이 떠오를 것이다."라는 주장이 깔려 있다. 그러나 우리는 항상 잘못을 저지르고 실수할 가능성이 있다. 이런 입장을 "오류 가능주의Fallibilismus"라고 하는데, 오늘날 가장 중요한 입장일 것이다. 그 입장은 점진적인 앎(지식)과 절대적인 앎(확신)을 구별한다. 절대적으로 확실한 앎이란 존재하지 않으며, 우리는 보다 나은 앎을 추구하면서 현재의 앎을 잠정적 진리로 받아들인다. 이 주장은 회의주의로부터 나온 것이다.

사라진 푸른색 색조

—

재단사에게 푸른색 외투를 맞춘다고 생각해보자. 재단사가 당신의 몸 치수를 잰 뒤 원하는 색을 묻는다. 그에게는 스무 가지의 푸른색 견본이 있었지만 열아홉 가지만 제시한다. 13번 견본이 없어진 것이다. 그래서 12번과 14번의 중간 색조가 문제가 됐는데, 당신은 12번과 14번 색조가 모두 마음에 들었다. 그래서 정말 마음에 드는 것은 13번일 수 있다고 얘기한다. 그 말에 재단사는 이렇게 말한다. "문제없습니다. 12번과 14번을 눈여겨보고, 중간 색조를 상상해보세요! 상상력을 잘 발휘하세요." 당신은 상상하려고 무진 애를 써보지만 잘 안 된다. 그것을 본 적이 없기 때문이다.

그러자 재단사가 또 거든다. "12번 견본보다 녹색을 약간 더하되 14번만큼은 더하지 마세요." 그랬더니 없어진 13번의 색조가 눈앞에 선명히 떠오른다. "이 색이 정말 어울리겠어요!" 당신은 재단사에게 말하고 기쁜 마음으로 귀가한다. 그런데 집에 도착하니 다시 의구심이 생긴다. "한 번도 본 적 없는 색을 어떻게 생각해냈지?" 우리의 생각은 언제나 과거에 알았던 것의 합성이나 변종이 아닌가?

이 예는 스코틀랜드 태생의 철학자 데이비드 흄1711~1776에서 유래했다. 그는 존 로크1632~1704와 더불어 대표적인 경험주의 철학자이다. 경험주의는 모든 지식은 감각 지각에 의해 매개된다는 사실에서 출발한다. 경험주의자는 "과거에 감각에 존재하지 않았던 것은 현재 지성에도 존재하지 않는다."는 주장을 내세운다. 영국 경험주의의 창시자인 존 로크는 인간이 태어날 때의 정신을 아무것도 쓰이지 않은 종이, '백지tabula rasa'에 비유한다. 그럼으로써 그는 선천적인 관념과 인식이 있다고 보는 합리주의에 단호하게 등을 돌린다. 합리주의의 원조인 플라톤은 철학적 견해는 경험과 지각이 아닌, 오로지 순수 사고 즉, 일종의 기억을 통해 획득된다고 했다. 따라서 학습은 기억을 되살리는 것으로 이해했다. 그는《대화편》가운데 유명한〈메논〉에서 소크라테스가 무지한 노예에게 어떻게 기하학을 가르치는지를 서술했다. 거기서 소크라테스는 질문을 던지고 노예는 스스로 올바른 대답을 찾아간다. 플라톤은 노예의 인식 과정을, 이미 알았지만 잊었던 것을 다시 기억해내는 것으로 표현했다. 플라톤에 따르면, 인간의 영혼은 이미 모든 수학적 진리와 철학적 진리를 알지만 태어나 육체를 가지면서 모든 것을 망각한다.

후에 르네 데카르트[1596~1650], 바루흐 드 스피노자[1632~1677], 고트프리트 빌헬름 라이프니츠[1646~1716] 등의 합리주의자들도 마찬가지로 어떤 견해와 생각은 경험을 통해 비로소 정신에 각인되는 것이 아니라, 처음부터 이미 존재한다는 생각을 옹호했다. 이런 생래적인 것에는 논리 법칙, 자아, 동일성에 대한 생각, 계산, 선 이데아, 신의 관념 등이 있다. 데카르트는 인간에게는 태어날 때부터 무한 존재에 대한 생각이 있다고 주장하며 신의 존재를 옹호했다. 무한성에 대한 생각은 우리 자신에서 연유하는 것이 아니다. 우리는 유한한 존재이기 때문이다. 그것은 오직 신 자체로부터 연유하는 것이다.

경험주의자는 합리주의자에 반대하여, 모든 생각과 표상은 경험을 통해 획득된다는 것을 보이고자 했다. 경험주의자는 우리가 어떤 곳에서 지각하지 못했던 것은 생각할 수 없으며, 그 비슷한 것도 생각할 수 없다고 주장한다. 경험주의자 흄에 따르면, 우리가 존재하지도 않고 지금까지 보지 못한 '황금산'을 생각할 수 있는 것은, 황금과 산을 보았기 때문이다. 즉, 황금산은 황금색과 산을 결합한 생각일 뿐이라는 것이다.

감각 인상들을 결합하고 변형하면, 인간은 상상의 날개를 무한히 펼 수 있다. 위의 예에서 푸른색 색조 13번은 특수한 경우로, 어려운 문제이다. 흄은 그 예를 통해 자신이 만든 이론의 난제를 지적하려 했을 것이다. 즉, 한 생각이 이미 아는 감각 인상의 변형인지 아니면 실제로 새로운 것인지 하는 문제는 명료하지 않다. 그럼에도 확실한 것은, 맹인은 황금산을 생각할 수 없고 또한 13번 푸른색 견본도 생각할 수 없다는 것이다. 그 생각에 필요한 황금, 산, 푸른색의 감각 인상이 결여됐고, 그 외에도 감각 인상 자극과, 감각 인상의 모사인 관념도 결여됐기 때문이다. 감각 인상 없이는 어떠한 생각도 있을 수 없다. 그러면 감각 인상은 어디에서 올까? 감각 인상이 사물을 올바로 재생하는지를 어떻게 알까? 과연 감각은 있는 그대로의 세계를 우리에게 보여줄까?

존 로크는 어떤 감각 인상은 단지 사물의 객관적 성질을 반영할 뿐이라고 생각했다. 그는 크기 · 형태 · 밀도 · 운동 같은 1차적 감각 성질과 색 · 냄새 · 맛 · 강도 · 온도 같은 2차적 성질을 구별하고, 1차적 성질은 사물의 객관적 성질을 보여주는 데 반해 2차적 성질은 주관적이며, 인간 정신의 산물이라고 했다. 그리고 현실 세계에서는 색도 냄새도 없으며, 서로 충돌하는 가장 작은 미립자만 있다고 보았다.

조지 버클리George Berkley는 로크의 이런 분류를 비판하고, 1차적 성질도 주관적이라고 생각했다. 우리는 사물이 우리에게 어떻게 보이는가를 알 뿐, 우리 지각과 무관한 사물이 어떻게 존재하는지는 알 수 없다는 것이다. 심지어 형태, 크기, 운동도 결국 우리 정신 안에 존재하는 것이다. 흄 역시 이런 회의적인 결과를 도출했다. 즉, 사람은 세계 자체가 어떠한지에 관해 사변적일 수밖에 없다는 것이다. 그러나 우리의 확신과 모델이 제대로 기능하고 그 세계에 익숙해지는 한, 이런 불확실성을 염려하지 않아도 된다.

경험주의자는 인간의 지성은 단순한 감각 지각에서 출발하여 보다 복잡한 관념, 구체적으로 말해 금속·생명·자아·자연법칙·신 등의 관념을 만든다고 보았다. 흄은 이런 관념을 만들 때 실수를 범할 수 있다고 생각했다. 즉, 많은 관념은 감각 인상들의 결합이나 추상 이상의 것이어서 단지 지각으로 환원될 수 없다는 것이다. 지성은 감각에서 벗어나 스스로 자유롭게 이야기를 만들어내고 환상을 만들기도 한다. 흄에 따르면, 자아·인과성·신의 관념 등도 지성이 자유롭게 만들어낸 경우이다.

좀 더 상세히 살펴보자. 우리가 내면으로 들어가 자신을 관찰해도 아무 자아도 발견하지 못한다. 다만, 지각과 인상 들의 묶음, 요컨대 의식된 체험들의 부단한 흐름을 발견한다. 흄은 그 이상의 것은 없다고 생각했다. 인과성도 그렇다. 어느 누구도 원인에서 결과로 가는 힘의 이동을 관찰할 수 없다. 가령, 굴러가는 당구공이 정지해 있는 공에 부닥치면, 우리는 한 공이 멈추고 다른 공이 굴러가기 시작하는 것을 관찰할 수 있다. 하지만 그때 작용하는 힘은 보지 못한다.

물론 공에는 모터가 없다. 혹시 공에 모터가 있으면, 정지해 있는 공의 모터는 굴러가는 공에 접촉할 때 움직이기 시작하고 굴러가는 공의 모터는 다른 공에 부닥칠 때 정지할 것이다. 그러나 여기서 어떤 힘도 이동한 것이 아니다. 흄에 따르면, 인과성이란 지각에 어떤 토대도 없는 단순한 관념에 불과하다. 인과성이란 단지 습관에 의해 생성된다는 것이다. 다시 말해, 우리는 특정한 사건이 항상 다른 특정한 사건 뒤에 일어나는 것을 관찰할 뿐인데, 우리는 순서만 보고도, 처음의 것이 두 번째 것을 일으켰다고 착각하는 것이다. 우리는 이런 잘못된 심리적 경향을 자연스럽게 여기고, 그 안에 사물을 움직이게 하는 것과 멈추게 하는 강제성과 법칙성이 지배하고 있다고 생각할 뿐이다. 흄에 의하면, 그런 '자연법칙'은 우리에게 익숙해진 단순한 규칙성에 지나지 않는다.

신의 관념도 자아나 인과성에 관한 것보다 나을 것이 없다. 신의 관념은 충분한 지각적 토대 없이 잘못된 유추와 소망에 기초한다. 그러나 경험주의에 따르면 관찰은 확신의 시금석이다. 그러므로 초감각적인 것에 대한 언급은 실체 없는 헛소리라는 혐의를 받는다. 사실, 경험주의자의 큰 관심사는 사변적인 형이상학의 토대를 붕괴하고, 실험과 관찰을 토대로 한 건전한 학문을 신뢰하는 것이다. 20세기 오스트리아 태생의 영국 철학자인 칼 포퍼Karl Popper가 학문적 이론은 관찰을 통해 붕괴될 수 있어야 한다고, 즉 반박될 수 있어야 한다고 주장했을 때, 그것은 바로 이 전통을 잇는 것이다. "모든 것은 운명이다.", "당신의 삶은 곧 결정적인 전환을 맞이할 것이다." 같은 명제는 반박할 수 없기에 비학문적이다. 점성술을 믿는다면, 거기에 있는 문장들은 반증 가능성이란 면에서 검토돼야 하는데, 대부분의 명제가 반박할 수 없거나, 모든 사람에게 타당하지 않으며, 애매하고 해석이 필요하다는 사실을 알게 될 것이다.

오늘날 자연과학에서는 관찰 결과와 일치하는가가 가장 중요한 이론 성립의 요건이다. 그러나 이따금 이론이 가정하는 대상과 법칙들은 직접 관찰할 수 없고 그 작용만 관찰되는 경우가 있다. 지금까지 쿼크나 암흑 에너지를 본 사람은 없다. 그럼에도 모든 물질적 대상은 쿼크로 이루어져 있고 전 세계의 70%는 암흑 물질로 이루어져 있냐고 가성한다.

물리학은 현상을 설명하고 예측하는 모델을 제공한다. 그 모델이 객관적인 현실을 정확히 반영하는지는 아무도 알 수 없다. 우리가 알고 있는 모든 것은 현상이다. 그러나 옛날 그리스신화는 번개가 치는 이유를 설명할 수 있었다. 제우스 신이 화가 나서 번개를 던지기 때문이다. 그런데 왜 그리스신화를 믿으면 안 될까? 왜냐하면 전기장 이론이 더 정확하게 예측할 수 있게 하고, 더 단순하고 덜 신비로운 존재를 가정하기 때문이다. 이른바 우수한 이론의 기준에는 경험적 적합성 외에도 예측성, 단순성, 절약성 등이 포함된다.

이제 우리는 언제 한 이론이 다른 이론보다 더 우수한지는 알지만, 그렇다고 항상 그에 대한 지식을 갖고 있는 것은 아니다. 이 장의 결론으로, 지식의 개념을 보다 자세히 들여다보자. 대부분의 철학적 개념이 그렇듯 지식의 개념에도 빠지기 쉬운 함정이 많이 숨어 있다.

고장 난 시계가 정확한 시간을 보여준다면

–

긴 여름휴가에서 녹초가 되어 돌아오다가 동네 어귀에 섰다고 생각해보자. 핸드폰과 시계는 집에 두고 떠났기에 몇 시인지 모른다. 그때 당신은 교회 종탑의 시계가 7시 30분을 가리키는 것을 보고 시간을 알게 된다.

그러나 그 시계가 정확히 12시간 전에 멈추었다고 하자. 그러면 그 시계는 우연히 정확한 시간을 보여준 것이다. 만약 당신이 10분 뒤 7시 40분에 그 시계를 봤다면 그것은 잘못된 시간을 알려주었을 것이다. 여전히 7시 30분을 가리키고 있기 때문이다.

당신이 7시 30분을 가리키는 고장 난 시계를 7시 30분에 봐서 현재 시간이 7시 30분이라고 생각한다면, 그래도 당신은 7시 30분임을 알게 되는 것일까? 당신이 몇 시인지 알 때 당신은 참이고 정당하다고 생각할 것이다. 그래서 그 생각을 따르고, 그에 대한 타당한 근거를 갖는다. 당신은 7시 30분이라고 단순히 믿은 것이 아니라 시계를 쳐다보았기 때문에 안 것이다. 만약 시계가 고장 나지 않았다면, 그것은 타당한 근거가 되고, 당신이 몇 시인지 알게 되었다고 할 수 있을 것이다. 그러나 멈춰 있다가 우연히 정확한 시간을 나타내는 시계의 경우는 다르다. 이 경우 당신이 몇 시인지를 알고 있다고 보기는 어렵다. 지식이란 참이고 정당화된 신념 그 이상의 것이 아닐까?

플라톤 이후 많은 철학자들이 지식은 참이고 정당화된 신념과 다르지 않다고 믿었다. 즉, 어떤 것을 아는 것은 정당한 근거가 있어서 참이라고 확신하는 것과 같다는 것이다. 우리는 일반적으로 참인 것을 알 수 있다고 생각한다. 그런데 사실, 당신은 지구가 평평하다고 믿을 수 있지만 과연 그런지 알 수는 없다. 이따금 우리는 "중세 사람들에게는 지구가 평평하다는 것이 지식이었다."와 같은 말을 한다. 하지만 우리는 그 말이 중세 사람들은 지구가 평평하다는 것을 안다고 믿었다는 것을 의미한다고 생각한다. 그들은 사실을 잘못 알았고, 추정된 지식은 지식이 아니다. 따라서 지식에는 반드시 진리가 필요하다. 어떤 것을 알려면 주관적인 참인 확신만으로는 불충분하다. 지식에는 근거가 필요하다. 로또 복권에 당첨된 사람은 지식을 가진 것이 아니라 행운이 따른 것이다. 지식은 예감, 추측, 충고와 다르다. 지식에는 정당화가 필요하다. 지식은 참이고 정당화된 신념이다. 사람들은 2000년 이상 그렇게 믿어왔다.

이런 확고한 정의가 1963년 미국의 철학자 에드먼드 게티어Edmund Gettier에 의해 반박되었다. 본래 그는 그런 주장을 하려고 하지 않았다. 그러나 사람들의 강요로 그는 결국 3쪽 분량의 소논문을 썼다. 그 논문의 내용은 20세기 철학에서 가장 위대하고 중요한 것으로 평가된다. 게티어는 두 가지 간략한 사고실험을 통해 오래도록 소중히 믿어온, 지식은 참이고 정당화된 신념이라는 견해를 반박했다. 그 이후 수천 편의 논문이 그것을 주제로 다루었고, 지식에 관한 새로운 이론들이 제시됐다. 3쪽짜리 논문 한 편 때문에 모든 일이 벌어진 것이다!

앨빈 골드먼Alvin Goldmann도 다른 많은 철학자처럼 게티어 사례들, 즉 참이고 정당화된 신념을 가졌지만 지식이 아닌 사례들을 만들었다. 한 가지 살펴보자. 헨리는 아들과 함께 차를 타고 농촌 마을을 지나고 있었다. 한 건물 앞에서 아들이 "아빠 저게 뭐야?"라고 묻는다. 헨리는 "응, 곡물 창고야." 하고 대답한다. 헨리의 대답은 맞았지만, 문제가 그리 간단하지 않다. 왜냐하면 헨리가 대답한 그 창고를 제외하고, 그 마을에 있는 다른 모든 곡물 창고는 외관만 완벽한, 종이로 만든 가짜 창고였기 때문이다. 그것은 관광객을 위해 만든 모조품이었으나, 헨리는 그 사실을 몰랐다. 다행히도 진짜 창고를 지날 때 아들이 물었던 것이다. 만약 아들이 그 전이나 후에 물었다면 헨리는 잘못된 대답을 한 꼴이 되었을 것이다. 가짜 창고는 눈으로는 진짜와 구별할 수 없었다. 헨리는 곡물 창고에 모조품이 있으리라고 생각할 어떠한 근거도 가정할 필요가 없었다. 다만, 그의 대답에서는 다른 모든 건물 중에서 그것이 곡물 창고인지 아닌지가 중요한 문제였다. 그러므로 그의 확신은 참이고 정당화되었다. 이제 참이고 정당화된 확신을 갖게 된 것이다. 하지만 그는 자신이 생각한 대상인 곡물 창고가 문제가 될 수 있다는 것을 알았을까? 골드먼은 아니라고 생각한다. 여기에는 큰 행운이 작용한 것이다. 헨리는 아주 쉽게 착각했을 것이다. 가짜 창고가 아주 정밀한 모조품이어서 헨리는 속았을 것이다. 그의 참된 확신은 로또 복권 당첨처럼 우연히 얻은 것이다. 곡물 창고와 모조품을 구별하는 것이 문제가 된 경우, 헨리에게 근거가 된 지각은 그다지 신뢰할 만하지 못했다. 그러나 골드먼은 그 신념이 신뢰할 만한 방법에서 나오면 비로소 그 신념이 지식으로 간주될 것이라고 말했다. 헨리의 경우는 그렇지 않았다. 그러면 신념의 형성 과정이 언제 신빙성을 갖게 될까? 대부분의 경우 참된 확신에 도달된 다음이다. 그러나 그것으로 충분할까?

여기서 또 하나의 사고실험을 살펴보자. 당신이 마취된 상태에서 당신의 뇌에 은밀하게 작은 온도계가 설치되었다고 가정해보자. 그 온도계는 아주 신뢰할 만해서 언제나 현재 기온에 대한 참된 확신을 가질 수 있다. 그러나 당신은 그것이 뇌에 설치됐는지 모른다. 현재 기온에 대한 당신의 생각은 항상 참이다. 하지만 당신은 기온에 대한 직관이 뇌에 있는 온도계에서 나온 줄 모른다. 그냥 알아맞히고 있다고 느낀다. 사실 당신은 맞게 대답하는 것이다. 내가 당신에게 지금 기온이 몇 도냐고 물으면 당신은 직관적으로 "25도."라고 대답한다. 정확하다. 그렇지만 과연 당신은 기온이 25도라고 알고 있는 것일까? 근거를 제시할 수 없어도 당신의 생각이 옳은 것일까?

이 질문과 그에 따른 고찰은, 우리는 결코 지식이 무엇인지 알지 못한다는 것을 보여준다. 이런 개념적인 질문이 해명된 뒤에야 비로소 우리는 세계에 대해 무엇을 알 수 있는가를 물을 수 있다. 따라서 우리가 현실을 인식할 수 있는가라는 질문에 대한 대답은 우리와 세계에 달려 있을 뿐만 아니라 인식의 개념에도 달려 있다. 우리는 다시 한 번, 질문을 이해하기 위해 개념을 해명해야 함을 알았다. 그다음에야 비로소 대답을 찾을 수 있을 것이다.

도덕

> ⟩

당신의 절친한 친구가 절망의 나락에 떨어졌다. 여자 친구가 결별을 고했기 때문이다. 그런데도 당신은 괴로워하는 친구를 홀로 남겨 두고 계획대로 여행을 떠나도 좋을까? 우리는 이런 도덕적 문제에 직면하면서 살아간다. 이를테면, 병든 어머니를 돌봐야 할까? 위기에 처한 회사를 구해야 할까? 동료를 속여도 될까? 수입의 10퍼센트를 기부해야 할까? 비인간적인 조건에서 만든 옷을 사야 할까? 고기를 먹어야 할까? 국가는 테러 방지를 명목으로 시민의 개인적인 비밀을 캐내도 좋을까? 기형아를 낙태해도 좋을까? 얼마나 자주 휴가를 신청해야 좋을까? 자신을 혹사해도 좋을까? 히틀러를 죽여도 좋을까? 폭탄 테러 용의자에게 자백을 받아 수천 명의 무고한 인명을 구하기 위해, 그의 어린 딸을 고문해도 될까?

우리는 모두 이런 질문에 대해 자문해본 적이 있을 것이다. 이런 질문에 해답을 찾고자 하는 철학 분야가 도덕철학 즉, 윤리학이다. 윤리학은 도덕규범을 정당화한다. 예컨대 "살인하지 마라.", "약속을 지켜라." 같은 당위 명제의 근거를 세우려 하고, 일반 타당한 원칙으로 되돌아가고자 한다. 즉, 인간이 해야만 하는 것과 어떤 행위가 도덕적으로 올바른지 그른지 그 이유를 찾고자 한다.

20~30년 전에 응용 윤리학 분야가 탄생했다. 이 분야는 구체적인 삶의 영역에서 나타나는 윤리 문제를 깊이 있게 다룬다. 예컨대 생명윤리학은 유전공학, 낙태, 안락사, 대리모, 장기 기증 등에서 나타나는 도덕적 허용 문제를 연구한다. 동물 윤리학은 동물 다루는 법, 동물의 행동, 실험용 동물 문제, 동물의 죽음 등을 연구한다. 또 미디어 윤리학은, 파파라치가 유명인의 사생활을 염탐해도 좋은가와 같은 문제를 다룬다.

한마디로, 윤리학은 도덕적으로 옳은 것이 무엇인가를 묻는다. 그러나 과연 도덕에 옳고 그름이 존재할까? 나는 이웃에게 어떻게 살아야 하는지 충고해도 좋을까? 도덕은 근거를 이성에 둘까 감정에 둘까? 철학은 이런 질문을 메타 윤리학이라는 이름으로 제기한다. 메타 윤리학은 윤리학의 전체 범위의 배후를 묻고, 도덕적 규범이 참인가를 따지며, 또 도덕적 규범을 이성적으로 정초할 수 있는가를 탐구한다.

윤리학은 철학의 여러 분야 중 가장 매력적으로 보인다. 삶에 직접 관계할 뿐만 아니라 삶의 많은 문제에 답을 주기 때문이다. 그렇지만 윤리적인 문제를 합리적으로 매끈하게 논의하기는 쉽지 않다. 도덕이 문제가 되는 곳에는 어디나 감정이 개입되기 때문이다. 누구나 가슴속 깊은 곳에 자신의 도덕적 신념이 자리 잡고 있고, 생각이 다른 사람에게는 마음의 문을 잘 열지 않는다. 그 때문에 윤리 문제에 접근할 때에는 무지의 고백이라는 소크라테스의 덕을 갖추는 것이 매우 중요하다. 편견 없이, 호의를 가지고, 자기 비판적으로, 호기심을 가지고 문제에 접근해야 한다. 이제 그 여행의 종착점이 어디든 당신 스스로 더 나은 논의들을 따라가보자. 대화의 문은 이미 열려 있다. 미리 결정한 생각이 없는 사람은 아무것도 잃을 것이 없다. 그리고 이미 생각을 갖고 있는 사람이라도 대화의 끝에서 다른 견해에 도달할 수 있다. 아무튼 그것은 선입견에서 해방되기 위해 필요한 개인적 전략이다. 또 한 가지 중요한 전략은 근거가 없으면 어떤 생각도 말하지 않는 것이다. 그래야 우리는 많은 생각을 하지만 좋은 근거를 가진 경우는 그다지 많지 않다는 것을 빨리 깨달을 수 있다.

이제 당신이 시작할 차례이다. 다리 위에 있는 뚱뚱한 남자를 떠밀 수 있을까?

전차와 뚱뚱한 남자

—

운전사 없는 전차가 철로에서 일하는 다섯 노동자 쪽으로 돌진한다고 생각해보자. 그들은 귀마개 때문에 전차 소리를 못 듣고, 전차를 피할 곳도 없다. 전차는 곧 다섯 노동자를 쳐서 죽일 것 같다. 그런데 당신만이 그 불행을 막을 수 있다. 당신 바로 옆에 있는 선로 전환 장치를 작동하면 그들을 구할 수 있는 것이다. 그런데 또 다른 문제가 있다. 그 장치를 작동하면 전차는 옆 선로로 가지만 그곳에 또 한 명의 노동자가 일하고 있다. 그 역시 전차에 치여 죽을 것이다. 당신에겐 두 가지 선택지밖에 없다. 다섯 명이 죽게 내버려두거나 장치를 작동해서 다른 한 명을 죽게 하는 것이다. 어떻게 할 것인가? 전차 선로를 바꾸어 한 명을 죽이고 다섯 명을 살리는 것이 옳은가?

혹시 한 명의 생명이 다섯 명의 생명보다 중요하다고 생각한다면, 앞 상황과 비슷하지만 섬뜩한 다음 상황을 생각해보자. 이번에도 운전사 없는 전차가 다섯 노동자를 향해 돌진하는데, 이 경우에는 선로 전환 장치는 없고, 옆 선로도 없다. 그런데 당신은 전차가 지나가는 다리 위에 서 있다. 그리고 당신 옆에 있는 뚱뚱한 남자를 밀어서 철로로 떨어뜨리면 전차를 세울 수 있고, 그러면 다섯 명의 목숨을 구할 수 있다. 하지만 뚱뚱한 사람은 죽는다. 어떻게 할 것인가? 다섯 명을 구하기 위해서 한 명이 죽어야 할까?

사실 우리는 이런 상황에서 어떻게 반응해야 할지 잘 모른다. 무엇이 더 중요한지도 잘 모른다. 그런 경우 우리는 무엇을 해야 할까? 도덕적으로 무엇이 옳고, 무엇이 더 나은 해결책일까? 현실에서는 그런 상황이 벌어지지 않는다는 것은 중요하지 않다. 철학자들은 이와 비슷한 예들을 통해 무엇이 행위를 도덕적으로 옳거나 그릇된 것으로 만드는지를 밝히려 한다. 즉, 어떤 행위는 좋고 어떤 행위는 나뿐지, 그리고 그 이유는 무엇인지 알고 싶은 것이다. 이 사고실험에서 우리는 우리의 도덕적 방향키가 어떻게 기능하고, 어디서 그 방향키를 수정해야 하는지를 볼 수 있을 것이다.

이 철로의 예는 1960년대 영국의 철학자 필리파 푸트Philippa Foot가 만든 것으로, 후에 미국의 철학자 주디스 자비스 톰슨Judith Jarvis Thompson이 여러 가지로 변형했다. 이 예들은 오늘날에도 여전히 연구 과제인데 특히 심리학적 관점에서 그렇다. 두 번째 예는 얼마 전 외국어로 번역되어 여러 나라 사람들에게 대답을 들었는데, 뚱뚱한 사람을 밀어야 한다는 대답이 많았다고 한다. 어쩌면 외국어로 번역하면서 원래 취지가 제대로 전달되지 않아 합리적이고 계산적인 사고가 작동했을 수 있다. 그러나 어디까지나 추측일 뿐이다. 여기서 심리학은 미뤄두고 철학적인 질문으로 접근해보자.

톰슨은 전차 예를 다루면서, 능동적 행위와 수동적 방치를 도덕적으로 구별하는 문제에 특히 흥미를 가졌다. 우선, 나쁘게 행동하면 선한 행동을 안 하는 것보다 더 많은 비난을 받는 것 같다. 행위의 결과가 동일해도 그렇다. 미인 대회 참가자인 당신이 경연 시작 전에 무대 뒤에서 경쟁자와 함께 대기하고 있다고 생각해보자. 옆에 있던 경쟁자가 먼저 무대로 나가려는데, 그녀 옷에 묻은 커피 얼룩이 당신 눈에 띈다. 당신은 그녀에게 얘기할 수 있지만 침묵을 지킨다. 그래야 당신의 우승 확률이 높아지기 때문이다. 그 정도로도 충분히 나쁜데, 이제 한술 더 떠서 경쟁자의 옷에 몰래 커피를 쏟는다. 그러면 이 행위가 더 나쁜 것일까? 왜 그럴까?

어린이를 직접 살해하는 것이 굶겨 죽이는 것보다 더 나쁜 이유는 무엇일까? 아무도 어린이를 직접 죽이려고 하지 않을 것이다. 하지만 매일 수많은 어린이들이 굶어 죽는다. 직접 죽이는 것과 굶어 죽게 방치하는 것은 물론 도덕적으로 차이가 있다. 그러나 "아무 짓도 하지 않은 사람은 책임도 없다."고 하는 것으로는 불충분하다. 기르는 고양이에게 물을 주지 않아서 죽게 만든 사람은 아무것도 하지 않았지만 죄를 저지른 것이기 때문이다. 비록 아무 짓도 안 했어도, 많은 사람이 그가 고양이를 죽게 했다고 비난할 것이다. 능동적인 행위와 수동적인 방치를 구별하기는 대단히 어려우며, 왜 그중 하나가 다른 것보다 더 나쁜지도 불분명하다.

당신이 부모의 유산을 독차지하기 위해 동생이 물에 빠져 죽기를 바란다고 생각해보자. 당신이 동생의 집에 갔을 때 동생은 수영장에서 수영을 하고 있었다. 그런데 동생이 갑자기 비명을 지른다. 심근경색이다. 하지만 당신은 경련으로 고통스러워하는 동생을 바라만 보고 구조하지 않아, 결국 동생은 익사하고 만다. 이런 당신의 행위는 강제로 동생을 익사시키는 것과 똑같이 나쁘지 않을까? 아니면 능동적인 행위는 도덕적으로 더 비난을 받아 마땅할까? 법적으로는 그렇다. 우리의 직관뿐 아니라 형법도 대부분의 경우 살인과 죽음을 방치하는 것의 구별을 중요시한다. 그러므로 해결책은 매우 명료해 보인다. 즉, 살인은 죽음을 방치하는 것보다 더 나쁘다. 살인은 여하간 죽이는 것이기 때문이다. 만약 내가 어린이를 밀어 익사시킨다면, 두 가지 잘못을 범한 것이다. 즉, 민 것과 방관한 것. 반대로, 어떤 이가 애를 밀어서 죽게 한 것을 내가 보기만 했다면, 한 가지 잘못만 저지른 것이다. 방관이다. 방관도 나쁘지만 능동적 살인보다는 덜 나쁘다.

능동적인 행위와 방치 사이의 까다로운 구별은 잠시 놔두고, 다시 전차의 예를 다루어보자. 당신은 어떻게 하겠는가? 첫 번째 경우에는 선로 교환 장치를 작동하고 두 번째 경우에는 뚱뚱한 사람을 다리에서 밀지 않겠는가? 사람들은 대부분 첫 번째 경우에는 한 사람이 죽더라도, 장치를 작동하는 것이 옳다고 생각한다. 근거는 "다섯 사람보다는 한 사람이 죽는 게 낫다."는 것이다. 하시만 두 번째 경우 사람들은 대부분 뚱뚱한 사람을 다리에서 밀어서는 안 된다는 데 동의한다. 다섯 명을 구할지라도 그렇게 해서는 안 된다는 것이다. 왜 첫 번째 경우에는 한 명을 희생하고, 두 번째 경우에는 다섯 명을 희생할까? 차이점은 어디에 있을까? 두 경우에 모두 '나'는 능동적으로 행위를 한다. 첫 번째 경우에는 장치를 작동하고, 두 번째 경우에는 뚱뚱한 사람을 민다. 그 결과는 똑같이 한 사람이 다섯 사람을 대신해서 죽는 것이다. 그러면 구별의 본질은 어디에 있을까? 그 대답은 "두 번째 경우 내가 어떤 이를 직접 의도적으로 죽인다!"는 것이다. 나는 뚱뚱한 사람을 내 손으로 밀어서 의도적으로 죽음으로 몰아가는 것이다. 요점을 보다 정확히 살펴보자.

두 번째 경우에는 신체 접촉이 심리적 부담을 더할지도 모른다. 그러나 그것이 도덕적 평가에 적합한지는 의문이다. 즉, 한 명을 내 손으로 직접 죽이는 것보다 십만 명을 죽이는 폭탄을 발사하는 것이 도덕적으로 더 나을까? 폭탄 발사는 심리적 부담이 더 적겠지만 도덕적으로는 똑같이 비난받아야 할 것이다. 그런데 뚱뚱한 사람의 예에서 도덕적 문제와 심리적 문제를 깔끔하게 분리하는 방법이 있다. 뚱뚱한 사람이 멀리서 지렛대로 여는 뚜껑 위에 서 있다고 하면 된다. 그러면 그다음 행위는 두 경우 모두 손 운동만 남는다. 즉, 장치를 작동하는 행위뿐이다. 첫 번째 경우, 당신은 전차의 선로를 바꿔 한 사람만 죽게 한다. 두 번째 경우에도 당신이 지렛대를 움직여 뚜껑을 열면 뚱뚱한 사람이 기차 앞에 떨어져 기차는 멈추지만 그는 죽는다. 생각해보자. 이 경우 뚜껑을 열어야 할까? 아니면 아까처럼 다섯 사람을 죽음으로 몰고 가야 할까? 그런데 이번에도 사람들은 대부분 뚱뚱한 사람을 그대로 서 있게 한다. 마치 전환 장치의 예와 뚜껑의 예 사이에 중요한 차이가 있는 것 같다. 그것이 무엇일까?

여기 제법 훌륭한 대답이 있다. 그것은 전환 장치를 작동할 때에는 내가 한 사람의 죽음을 의도하지 않으므로 그 죽음을 감내할 수 있다는 것이다. 반대로, 뚱뚱한 사람을 떨어뜨리는 경우, 나는 다섯 사람을 구하기 위해 의도적으로 그를 죽음으로 몰아가는 것이다. 그런데 여기에는 어떤 잘못이 있다. 그것을 보다 정확히 고찰해보자. 윤리학자들은 '이중 효과의 원리doctrine of double effect'를 말하는데, 그것은 한 행동에 두 가지 결과가 결합하는 것이다. 한 가지 결과는 사람이 목표로 하는 것이고, 다른 결과는 피하고자 하는 것이다. 그런데 선한 것과 나쁜 것이 동시에 일어날 수 있다. 예를 들어, 전쟁을 끝내기 위해 군사 요충지에 폭탄을 투하하지만 그때 무고한 시민의 희생이 따른다. 이때 유일한 선택은 싸워서 끔찍한 전쟁을 빨리 끝내는 것일지도 모른다. 그러려면 무언가를 의도해야 하고 그때 나타나는 손실을 찬성하지는 않지만 감수해야 한다. 그와 비슷하게 전환 장치를 작동할 때도, 다섯 명을 구하고 한 명을 죽이는 것을 감수해야 한다. 그런데 뚱뚱한 사람의 죽음은 상황이 좀 다르다. 그의 죽음은 '감수되지 않는다.' 여기서는 인간을 물질적인 육체로 환원하여 목적을 위한 수단으로 만드는 것이다. 이런 도구화에 도덕적 분노가 일어나 반대를 하는 것이다. 저울의 균형이 한 명에게로 기운다. 다섯 명이 죽든 말든 상관없다. 그런데 여기서 이중 효과의 원리는 타당하지 않다. 그 원리는 나쁜 결과라도 선한 목적의 수단으로서 고려되어선 안 된다는 것을 요구하기 때문이다.

어떤 외과 의사가 장기이식수술을 잘하여, 언제나 환자들이 대기하고 있다고 생각해보자. 긴급 수술이 필요한 다섯 환자가 대기자로 등록했다. 두 명은 폐가, 두 명은 콩팥이, 나머지 한 명은 심장이 필요하다. 다섯 사람 모두 같은 희귀 혈액형이다. 그런데 우연히 건강한 청년이 건강검진을 받으러 그 병원에 왔는데, 그도 같은 희귀 혈액형이었다. 그러면 의사는 다섯 환자를 위해 청년을 살해하여 장기를 나누어 주어도 괜찮을까? 물론 아니다. 그 이유는 인간을 도구화해서는 안 되기 때문이다. 인간은 결코 목적을 위한 수단으로 이용돼서는 안 된다.

그러면 다음의 경우는 어떤가? 한 테러리스트가 베를린을 초토화할 수 있는 시한폭탄을 설치했다. 시민들이 탈출하기에는 시간이 부족하다. 그렇다면 폭탄 설치 장소를 자백받기 위해 그를 고문해도 좋을까? 그리고 그의 어린 딸을 고문하여 그의 자백을 강요한다고 가정해보자. 그렇게 해도 좋을까? 우리는 고문이 금지되어 있음을 안다. 고문 금지는 국제연합의 세계인권선언과 유럽연합의 인권선언에 들어 있으며, 독일 헌법에도 명시되어 있다. 반면, 스위스에서는 고문이 범죄구성요건으로 간주되지 않는다. 그 문제에 관해서는 이론이 분분하고 윤리적으로 논란의 소지도 있다. 공리주의와 의무 윤리라는 두 가지 영향력 있는 도덕 이론이 충돌하고 있기 때문이다. 여기서 어려운 점은, 우리는 두 이론 모두에 공감하지만, 한 이론의 유리한 편을 따를 수밖에 없는 경우가 있다는 것이다.

공리주의는 한 행위의 도덕적 가치를 행위에서 기대할 수 있는 결과로만 평가한다. 쉽게 말해, 한 행위가 좋은지 아닌지를 알려면, 행위의 결과를 보면 된다는 것이다. 그 말의 실천적 의미는, 관계된 사람들의 행복을 최대화하고 고통을 최소화하게끔 행동하라는 것이다. 최대 다수의 최대 행복. "다섯 명보다 한 명이 죽는 것이 더 낫다."는 것이 바로 공리주의의 논거이다.

의무 윤리는 그와 다르다. 즉, 한 행위의 가치는 그 결과뿐만 아니라 행위 자체에도 있다는 것이다. 그 결과가 많은 선을 가져오는 것과는 관계없는 나쁜 행위들이 있다. 살인, 고문, 절도 등이 그렇다. 이런 행위는 잘못된 행위의 범주에 속하며, 비용—유용성—계산의 도식으로 평가될 수 없다. 어떤 상황에서도 사람이 해서는 안 될 일이다. 이런 도덕적 금지 사항은 인간의 존엄을 보호하고, 이해관계 때문에 또는 공공복지를 위해 인간이 희생되는 일이 일어나지 않게 한다.

공리주의의 대표자는 영국의 철학자 제레미 벤담Jeremy Bentham, 1748~1832과 존 스튜어트 밀John Stuart Mill, 1806~1873이며, 현대의 대표적인 공리주의 철학자는 오스트레일리아 태생의 피터 싱어Peter Singer이다. 한편, 대표적인 의무 윤리학자는 임마누엘 칸트Immanuel Kant, 1724~1804로, 그는 독일 쾨니히스베르크 태생의 계몽주의자이자, 유명한 정언명법의 창시자이다.

윤리학에서는 칸트를 간과할 수 없으므로, 그의 이론을 잠시 들여다보자. 칸트에 따르면, 행위는 선한 의지에서 나올 경우에만 선하다. 요컨대, 행위의 배후에 선한 의지가 있을 경우에만 선한 행위인 것이다. 그런데 의지는 언제 선한 것일까? 칸트의 대답은 놀라울 정도로 단순하다. 내가 누구나 이런 선한 의지에 따라 행동하는 것을 원할 수 있을 경우에만 나의 의지는 선한 것이다. 칸트는 우리의 행위 원칙들이―칸트는 "준칙"이라고 한다.―일반화될 수 있어야 한다고 생각한다. 하나의 행위 원칙은 이 원칙에 따라 행동하는 것을 다른 모든 사람이 원할 수 있을 경우에만 나에게 선하다는 것이다. 왜 우리는 쓰레기를 길에다 버리면 안 되고, 약속을 어기거나 친구에게 거짓말을 하면 안 될까? 칸트에 따르면, 우리 모두가 그렇게 하는 것을 진심으로 바라지 않기 때문이다. 이것이 칸트의 유명한 정언명법이다. 그의 말을 그대로 인용하면 이렇다. "너는 자신의 준칙이 일반 법칙이 되는 것을 원할 수 있는, 그런 준칙에 따라 행동하라!" 이런 요구는 가정적이지 않고, 확정적이다. 그것이 예외 없이 타당하기 때문이다. 즉, 모든 사람은 항상 개인적 이해나 목적과 무관하게, 동서고금을 막론하고 정언명법에 따라 행동해야 한다.

칸트에 따르면, 행위 원칙의 도덕적 질을 가늠하는 시험대는 바로 보편화 가능성이며, 동시에 보편화 가능성과 비당파성의 이념은 도덕적으로 옳음이 일상적으로 이해되는 경우에만 자격이 있다. 우리가 같은 실수를 반복했을 때 이렇게 호소했던 어머니를 떠올려보자. "그래, 모두가 그렇게 했으면, 어떻게 됐겠는지 생각해봐." 바로 이것이 칸트 윤리학의 토대를 만드는 사상이다.

그러나 정언명법은 기독교의 황금률과 같지 않다는 것에 유의하라! 황금률은 "다른 사람이 네게는 하더라도, 네가 원하지 않는 것을 너는 다른 사람에게 하지 마라."라는 가르침이다. 이것을 긍정적으로 바꾸면, "남에게 대접을 받고자 하는 대로 남을 대접하라."이다. 이 황금률은 상이한 관심을 갖는 사람들에게 상이한 행동을 하기를 명한다. 그에 반해, 칸트의 정언명법은 모든 이에게 동일한 것을 요구한다. 만약 마조히스트가 황금률을 따르면 사디스트가 되지만, 정언명법을 따르면 그렇게 되지 않는다.

칸트는 정언명법에 해당되는 원칙을 더 만들었다. 보편화 가능성의 원칙 다음은 자기 목적의 원칙인데, 이것은 "너의 인격뿐 아니라 다른 사람의 인격을 포함한 모든 인간이 결코 수단이 아닌, 목적으로서 필요하다는 방식으로 행동하라."는 의미이다. 즉, 인간을 도구화하지 말라, 인간을 결코 목적을 위한 수단으로 간주하지 말라는 뜻이다. 네 자신도 마찬가지다! 너 자신을 착취하여 타락시키지 말 것을 의미한다. 칸트에 따르면 우리는 자기 자신에게도 의무가 있다. 심지어 칸트는 우리의 재능과 잠재력을 실현할 의무가 있다고 말한다. 따라서 밤낮 텔레비전 앞에 앉아 있는 사람도 도덕적 잘못을 범하는 것이다. 이 생각은 흥미롭지만 논의의 여지가 있다. 당신은 어떻게 생각하는가? 당신은 어떤 경우에 자신에게 무엇을 해서는 안 될까?

마더 테레사와 잘 교육된 사이코패스

—

성격이 아주 다른 두 사람이 있다. 한 사람은 본디부터 마음이 따뜻하고 도덕적인 성격이기 때문에 항상 도덕적 행위를 한다. 그는 여태껏 도덕에 대해 깊이 생각한 적이 없었지만, 본능적으로 올바른 행동을 하는 것이다. 그에게 왜 그토록 타인을 감싸고 도와주는지 물으면 그는 "달리 할 수 없어서."라고 대답한다. 그의 행위에는 따뜻하고 동정심 넘치는 본성이 반영되어 있다. 그는 타인을 위해 기꺼이 자신을 희생하고, 정열적으로 가난한 자, 병자, 죄수, 피해자들을 돌본다. 그 결과, 그는 노벨 평화상을 받았다. 우리는 그를 마더 테레사라고 부른다.

다른 한 사람은 동정심이라고는 눈을 씻고 봐도 찾을 수 없는 사이코패스다. 타인이 자기 눈앞에서 고통을 받아도 그는 아무 느낌이 없다. 돕고 싶은 마음도 없고, 그저 바라볼 뿐이다. 그러나 세월이 지나면서 그는 자신에게 없는 동정심을 일으키는 법을 배운다. 그는 도덕에 대해 많이 생각했고 중요한 도덕 이론도 숙지해서 무엇이 옳고 그른가를 알게 되었다. 또 전심전력을 다해 어려운 규율도 배웠다. 원래 그는 성격이 냉정하여 선을 행하려는 성향이 없지만, 이제는 엄격한 도덕적 숙고를 거친 뒤 행동한다. 요컨대 매번 이기주의적 성향을 극복하고 올바른 것을 행하는 것이다. 그리고 세계 도처의 가난을 퇴치하는 데 여생을 바쳤다. 그런 성과 덕분에 그도 노벨 평화상을 받았다. 우리는 그를 잘 교육된 사이코패스라고 부른다.

마더 테레사도 잘 교육된 사이코패스도 도덕적으로 올바르게 행동한다. 겉으로 보기에는 아무 차이도 없다. 그렇지만 마더 테레사는 도덕적으로 선한 성격이어서 자연스럽게 내면에서 우러나 선행을 펼치는 반면, 잘 교육된 사이코패스는 동정심과 내적 열망 없이, 오직 도덕적 숙고를 토대로 행동한다. 그에게는 선한 성품이 결여된 반면, 마더 테레사에게는 도덕적 성찰이 결여되었다. 마더 테레사는 자기 결정에 어떤 원칙도, 근거도 대지 못한다. 본능적으로 선한 행위를 할 뿐이다. 당신한테 묻는다. 두 사람 중 누가 더 모범적인가? 누가 도덕적 이상형에 더 해당되는가?

이 사고실험은 《니코마코스 윤리학》에서 덕의 윤리를 말한 아리스토텔레스로 소급해 올라간다. 우선 윤리적 평가에서 공리주의가 행위의 결과를 보고, 의무 윤리는 행위 자체가 원리를 훼손했는가를 보는 반면, 덕의 윤리는 행위자와 그의 성품에 초점을 맞춘다. 아리스토텔레스에 따르면, 중요한 것은 어떤 행위가 좋은 결과를 가져오거나 선을 행하는 것이 아니라, 행위자가 좋은 사람이냐 하는 것이다. 따라서 윤리학의 기본 문제는 "내가 무엇을 행해야 할까?"가 아니라 "나는 어떤 인간이어야 할까?"라는 것이다.

가령 우리가 타인을 비난하거나 칭찬할 때, 우리는 그의 성품과 인격을 살펴서 그렇게 한다. 행위가 아닌, 성격 특징이나 본성을 평가한다. 즉, 솔직함·용기·관용·성실함·협동심 때문에 칭찬하고, 위선적임·비겁·탐욕·불성실함·이기심 때문에 비난하는 것이다. 협동적인 사람은 한 번쯤 거절해도 괜찮은 것처럼, 솔직한 사람도 한 번쯤 거짓말을 해도 괜찮다. 우리는 우선 타인을 행위로 평가하지 않고, 그의 내적인 장점과 단점으로 평가한다. 만약 행위에 관심을 둔다면, 그것은 그 행위에 행위자의 성품과 인격이 표현되기 때문일 것이다. 행위에 그가 누구인지가 드러나는 것이다.

위 사고실험에 나온 잘 교육된 사이코패스는 상황이 다르다. 그는 도덕적 성격에 의해서가 아니라, 도덕적 성찰을 토대로 도덕적 행위를 한다. 그에게 도덕은 지성에 속하지, 감성에 속하지 않는다. 반면 마더 테레사의 도덕적 행위는 본성에서 우러난 동정심과 선한 성품이 발현된 것이다. 그녀는 돕지 못할 경우에 기분이 언짢을 것이다. 도움을 주는 것은 그녀에게 행복하고 보람된 일이고, 먹고 자는 행위와 같다. 만약 도덕적 본능이 갑자기 그녀를 오류에 빠지게 하거나 완전히 사라지면 어떤 일이 일어날까? 그러면 그녀는 지성의 도덕적 저울에 의존할 수 있을까? 혹시 지성에서 나온 통찰이야말로 환영받을 만한, 행위를 교정할 수 있는 버팀목이 아닐까?

아리스토텔레스는 성공한 삶, 선하고 행복한 삶에는 성품의 덕과 지성의 덕이 모두 필요하다고 생각했다. 올바른 견해와 올바른 성향이 다 필요한 것이다. 잘 교육된 사이코패스는 절반만 가지고 사는 것이다. 그는 지성이 제공하는 것만 행하기 때문이다. 사실 그것도 칭찬받을 만한 것이지만, 아리스토텔레스가 보기에 그는 행복하지 않다. 스스로 자신을 발전시킬 수 없기 때문이다. 그의 성향은 자기발전과 행복에 실패할 수밖에 없다. 그러나 마더 테레사도 아리스토텔레스의 이상에 부합하지 않는다. 그녀의 선함은 우연적이기 때문이다. 어느 날 그녀의 선한 성품의 맹아가 사라지거나, 악으로 뒤집힐지도 모른다. 더구나 그것에는 지성과 좋은 근거에 의한 가르침이 결여되었다. 느낌은 오류를 범할 수 있고 바뀔 수도 있다. 마더 테레사가 갱단에서 자랐다면 그 성향은 어떻게 됐을까?

아리스토텔레스에 따르면, 성향은 잘못된 방향으로 빠질 수 있으므로 지성이 성향을 이끌어야 한다. 또 지성은 구체적인 상황에서 우리의 결단을 도와야 한다. 선을 원하는 것만으로는 부족하다. 우리는 구체적인 상황에서 선의 내용이 무엇인지 알아야 한다. 말하자면, 나는 얼마나 자주 부모님을 뵐까? 나는 언제 아이들의 텔레비전 시청을 허락할까? 애인에게 애정이 식었음을 고백해야 할까? 누군가에게 그의 직업이 부적합함을 어떻게 설명하고 전달해야 할까? 이런 구체적인 질문에 답을 하려면 예민한 도덕적 감각이 필요하다. 그래서 아리스토텔레스는 판단력에 관해 말했고, 또 경험이 필요하다고 생각했다. 예컨대, 의사가 구체적인 경우에 치료법을 결정할 수 있으려면 경험이 필요하듯이, 우리도 구체적인 도덕적 사건에서 선을 어떻게 실행할 수 있는가를 알려면 경험과 판단력이 필요하다. 지성은 성품과 성향의 공고화라는 목표를 달성하기 위한 적합한 방법과 수단을 찾아야 한다.

아리스토텔레스는 이 목표가 이상적으로 양극단의 중간, 즉 중용에 있다고 보았다. 덕도 마찬가지이다. 말하자면, 용기는 비겁과 만용의 중간에 있고, 남에게 잘 베푸는 것은 인색과 낭비의 중간에 있으며, 친절은 아첨과 무시의 중간에 있다. 덕도 극대와 극소가 아닌 올바른 중간을 정해야 한다. 우리는 그것을 훈련하고 연습하고 조절할 수 있다. 훈련을 통해 덕을 기를 수 있다. 아리스토텔레스는 단념, 용기, 관대함, 동정심은 연습할 수 있다고 생각했다. 올바른 행위를 반복하면 올바른 태도와 성향이 형성된다. 불안은 날아가고 무절제는 감소하고 동정심은 커진다. 아리스토텔레스는 즐거움도 교육되어야 한다고 주장했다. 선을 행할 뿐만 아니라 선에 따른 즐거움도 느껴야 한다.

연못에 빠진 아이

—

당신이 일하러 가는 길에 작은 연못을 지난다고 상상해보자. 그때 갑자기 어떤 꼬마가 연못에 빠져 허우적거리는 것을 보게 된다. 오직 당신만 그 아이를 구할 수 있다. 당신이 그 상황에 재빨리 대응하여 연못으로 뛰어든다면 아이를 구할 수 있다. 그러나 어제 산 명품 구두와 옷은 버릴 것이다. 또 중요한 회의에도 참석하지 못한다. 아이를 구해야 하나? 사실 이것은 말도 안 되는 질문이다. 물론 아이를 구해야 한다! 왜? 당신은 그렇게 할 수 있고, 그 상황에서 그것보다 중요한 일은 없기 때문이다. 사람의 생명과 비교해서 옷과 회의가 무슨 의미가 있겠는가!

그렇다면 우리 대부분은 항상 괴로움을 느끼는 처지에 있을 것이다. 왜냐하면 우리가 불필요한 값비싼 물건에 돈을 지불하는 대신 그 돈을 기부하면 많은 가난한 아이의 생명을 구할 수 있기 때문이다. 그러므로 값비싼 구두와 바지를 포기하고 그 돈을 기부해야 할 것이다. 사치품을 좋아하는 우리와 연못에 빠진 아이를 내버려두는 사람을 비교할 수 있을까? 연못에 빠진 아이를 구할 의무가 있듯이, 가난한 아이들을 도울 의무가 있을까?

이 유명한 예는 오스트레일리아의 철학자 피터 싱어Peter Singer가 만들었다. 그는 동물 복리와 가난 추방을 위한 사회참여를 적극 옹호하는 사상가이다. 가난은 인류의 가장 큰 도전이었으며, 오늘날에도 여전하다. 우리는 인류의 1퍼센트가 전 세계 부의 거의 절반을 소유하고 있음을 안다. 반대로, 인류의 40퍼센트 이상이 가난하고, 약 27억 명이 하루에 2달러 미만의 돈을 벌고, 10억 명 이상이 1달러 미만의 돈으로 하루를 산다. 그들 대부분에게 식수, 음식, 의약품이 턱없이 부족하다. 매일 2만 5,000명의 아이들이 가난 때문에 죽는다. 매일이다! 피터 싱어는 이런 아이들의 죽음은 필연적인 일이 아니라고 힘주어 말한다. 그는 우리가 가난을 추방할 수 있다고 믿는다. 그리고 도덕적으로 그 의무를 이행해야 한다고 생각한다.

피터 싱어의 논의를 자세히 살펴보자. 그는 연못의 예에서 논의를 시작한다. 그 예에서 명품 구두와 옷을 버린다 해도, 우리 모두에게 아이의 생명을 구할 도덕적 의무가 있다고 인정한다. 그러나 일상생활에서는 더 이상 값비싼 옷을 안 사고 가난한 나라의 사람들을 돕는 데 돈을 기부하는 사람들은 소수이다. 그렇다면 연못의 예와 일상생활의 상황에는 어떤 차이가 있을까? 우선 거리의 차이가 있다. 즉, 연못의 아이는 바로 눈앞에서 죽어가고 있는데, 아프리카와 아시아의 가난한 아이들은 아주 멀리서 죽어가고 있다. 눈에서 멀어지면 마음에서도 멀어진다는 말처럼, 우리에게는 물리적으로 멀리 떨어진 경우, 행위를 하게 만드는 감정은 약해진다. 가깝지 않으면 동기도 약하기 마련이다. 그러나 거리에 대한 생각은 도덕적으로 적합할까? 먼 거리가 아무것도 하지 않은 행동을 정당화할까? 아닐 것이다. 가령 버튼을 누를 때마다 아프리카의 어린이들을 돕거나 지원하여 가난에서 구할 수 있다면, 무조건 그렇게 해야 한다.

그런데 그것은 직접적인 도움이 아니지 않는가? 하지만 우리는 유럽에서 살기에 직접 아프리카에서 도울 수 없으므로 재정적으로 원조할 수밖에 없다. 연못 예에서도 상황을 조금 바꿔, 우리 자신은 수영을 못 하고, 구조 로봇에게 동전을 투입해서만 아이를 구할 수 있다면, 즉 로봇이 수영해서 아이를 구한다면 상황은 깨끗이 끝날 것이다! 그러나 실제 상황은 그렇게 간단하지 않다. 필시 다음과 같이 그런 재정 지원에 대한 비판이 제기될 것이다. 요컨대 원조 기구에 기부된 돈이 엉뚱한 곳으로 새서 원조금이 제대로 전달됐는지 의문이다. 로봇은 50퍼센트의 확률로 구조에 성공한다고 가정해보자. 그러면 아이가 익사할 확률도 50퍼센트이다. 그렇다고 당신이 구조 로봇에게 동전을 투입하지 않을까? 아닐 것이다.

익사하는 아이와 가난 때문에 죽는 아이 사이에 또 다른 차이가 있다. 연못 상황에서는 당신이 아이를 구할 수 있는 유일한 사람이지만, 전 세계에는 수백만 명이 기부할 수 있다. 연못 상황에서 당신 옆에 세 사람이 있다고 해보자. 그런데 세 명 모두 연못에 안 들어간다. 그렇다고 아이를 구해야 하는 당신의 의무가 작아지는가? 심지어 그 의무가 면제되는가?

원조자의 수가 아닌, 원조 대상자의 수가 도덕에 중요한 문제일까? 만약 한 명이 아니라 세 명의 아이가 연못에 빠졌는데 한 아이만 구할 수 있다면 어떤가? 이것은 하루에 2만 5,000명의 아이들이 죽어가는 현실 상황과 비슷하다. 전체를 다 구조할 수 없기 때문에 당신은 도움을 줘야 하는 의무에서 벗어날까? 돕지 않는 것이 임의로 한 아이를 선택하고 다른 두 아이를 죽게 하는 것보다 더 나을까?

예를 조금 변화시켜보자. 한 아이가 수영장에 빠져 익사할 지경이다. 아이는 다른 애가 밀어서 수영장에 빠졌다. 수영장 주변에 아이의 엄마, 밀친 아이, 마이클 펠프스가 있다. 밀친 아이는 수영을 못하고, 아이 엄마는 서툴다. 펠프스는 세계적인 수영 황제이다. 누가 아이를 구해야 할까? 이 예에서는 구조가 필요한 아이와 관련된 여러 관계가 명료하다. 밀친 아이는 원인 제공자이고, 펠프스는 가장 유능한 조력자이며, 엄마는 아이와 가장 가까운 사람이다. 누가 도와줄 의무가 가장 클까? 나의 생각에는 펠프스다. 그가 원인 제공자가 아니라도 그렇다. 왜? 단순하다. 그에게는 그것이 큰일이 아니기 때문이다. 물론 사건이 마무리되면, 그런 일이 재발하지 않도록 규칙에 따라서 밀친 아이를 야단쳐야 할 것이다. 원인 제공자가 가장 직접 의무를 져야 하기 때문이다.

윤리학에서는 소극적 의무와 적극적 의무를 구별한다. 소극적 의무는 사람에게 어떤 해도 끼치지 않을 것을 요구하고, 적극적 의무는 즉각 도울 것을 요구한다. 누군가에게 해를 끼치는 것은 도움을 주지 않는 것보다 더 나쁜 것이다. 따라서 해를 끼치지 않는 소극적 의무는 도움을 주는 적극적 의무보다 더 비중 있게 고려된다. 그 때문에 해를 끼친 자가 원상 복구를 해야 한다는 것은 대체로 타당하다. 하지만 밀친 아이는 수영을 못 하기 때문에 펠프스가 물로 뛰어들어야 한다.

빈곤 문제에서는 누가 밀친 아이고, 누가 어머니고, 누가 펠프스일까라는 질문에 쉽게 답할 수 없다. 그 문제는 복잡하게 얽혀 있고 경험적 데이터는 불분명하며, 논쟁의 여지가 있다. 그렇지만 그렇게 구별하면 문제를 더 예리하게 판단할 수 있다. 착취하는 기업 집단, 타락한 독재자, 불공정한 무역 관행을 견지하는 제도 들이 모두 원인 제공자일 수 있다. 가장 유능한 원조 제공자는 유네스코, 세계은행, 적십자사일 것이다. 가족, 지역공동체, 국가는 가장 가까운 원조 제공자일 것이다.

피터 싱어는 도움의 의무를 강조한다. 그의 신조에 따르면, 도울수 있는 사람은 도와야 한다. 싱어와는 반대로, 예일 대학의 독일 철학자 토머스 포게Thomas Pogge는 해를 끼치지 않을 의무와 야기된 피해를 보상해야 할 의무를 도움의 근거로 제시한다. 포게는 우리 모두가 지구의 가난을 야기했다고 생각한다. 그러므로 우리에게는 그 상황을 회복할 의무가 있다는 것이다. 포게에 따르면, 우리는 타락한 독재 정부와 결코 협상을 해서는 안 된다. 그런 정부들은 국민을 착취하고, 서구 여러 나라에 원자재를 팔아 넘긴 이익금으로 무기를 수입하여 더러운 권력을 유지한다. 포게는 이것을 장물 취득으로 간주한다. 또 탐욕에 눈이 먼 권력자는 자기 개인의 빚을 국가의 빚으로 떠넘겨서 나라를 신용 불량국으로 만들 수 있다. 이것은 불공정한 거래 규칙이다. 그런데도 우리는 그들과 거래를 하여, 그들에게 무기를 수출하고, 신용을 허락하고, 원자재를 수입한다.

그와 반대로, 영국의 철학자 데이비드 밀러David Miller는 빈곤 문제에는 세계 질서가 일차적 책임이 있는 것이 아니라, 각 나라와 독재자들이 책임을 져야 한다고 반론한다. 이런 거래 행위가 모든 나라에 해를 끼치는 것이 아니기 때문이라는 것이다. 일부 나라는 가난과의 싸움에서 큰 성공을 거둘 수 있다. 도로 상태가 나쁠 때, 거기서 일어난 교통사고는 일차적으로 운전자에게 책임이 있지, 관할 관청에 있지 않다.

오늘날 전 세계적으로 네트워크화가 진행되었지만, 사건의 연관이 모두 드러날 수는 없다. 위에서처럼 구매 결정을 내릴 때, 우리는 여러 관계들의 영향을 무시한다. 즉, 한 관계만 지지하고 다른 관계들은 등한시한다. 또 우리는 민주주의 국가에서 살고 있으며, 세계적 규칙이 내일 어떤 모습으로 바뀌어야 할지를 참여하여 결정할 수 있다. 그러나 유감스럽게도 우리가 돌릴 수 있는 나사는 매우 작다. 마치 작은 물방울이 바위에 떨어지는 것 같다. 하지만 피터 싱어나 토머스 포게 같은 철학자는 작은 물방울이 바위를 뚫는다는 신념이 어떤 의미인지를 잘 보여준다.

외계인에게 인간의 육체는?

—

외계인들이 지구에 왔다고 생각해보자. 그들은 매우 지적이고 인간보다 신체적, 인지적, 기술적으로 월등히 우월하다. 그래서 그들은 인간을 노예로 만들고 의학 실험에 이용하고 인간의 가죽으로 질 좋은 제품을 만든다. 또 그들은 인간을 맛있게 먹는데, 연한 육질 때문에 특히 어린이를 좋아한다. 외계인들은 "우리는 인간보다 지능이 높고, 고차원의 세계에서 살고 있다. 따라서 지구인 같은 열등한 피조물은 우리만큼 존엄하지 않다. 지구인의 의식은 원시적이고, 그 생명은 우리와 동등한 가치가 없다."며 자신들의 끔찍한 행위를 정당화한다.

외계인들은 도덕적으로 인간보다 우월하다고 느끼고, 인간이 동물을 취급하듯이 인간을 다룬다. 그들은 우리를 가두어 사육하고, 어린이들을 도살한다. 외계인들은 자신의 행위를 정당화할 수 있을까?

이 사고실험은 《나는 누구인가》의 저자이자 독일에서 가장 인기 있는 철학자인 리하르트 다비트 프레히트Richard David Precht의 생각이다. '우리가 동물을 먹어도 될까? 된다면 얼마나 먹어도 될까?'라는 그의 질문은 그 당시 인구에 회자되었고 많은 윤리학자들이 의제로 다루었다. 이제 점점 더 많은 사람들이 육식을 포기하고 있고, 철저한 채식주의자들도 늘어나는 추세이다. 철저한 채식주의자는 일반 채식주의자와 달리 고기뿐 아니라 우유, 달걀, 꿀, 가죽, 깃털 등 모든 동물 생산품을 포기한다. 동물에서 추출한 화장품도 사용하지 않는다. 어떤 근거가 그런 행위를 정당화할까? 그들의 논거는 적절할까? 아니면 소박한 세계 개혁가들이 만든 단기적 추세에 불과할까?

　동물 윤리 논쟁에 들어가기에 앞서 다음 통계에 주목하자. 매년 독일에서는 7억 5천만 마리의 동물이 도살된다. 그리고 개인은 매년 60킬로그램 정도의 고기를 먹는다. 한 사람이 전 생애에 약 1,100마리의 동물을 먹는 셈이다. 이런 엄청난 육류 소비는 환경에도 지대한 영향을 끼친다. 쇠고기 1킬로그램을 생산하려면 물 2만 리터와 사료 16킬로그램이 쓰이고, 숲 50제곱미터가 사라지며, 자동차가 250킬로미터를 달릴 때 나오는 것보다 더 많은 온실가스가 배출된다. 이것은 동물 사육에서 나오는 온실가스가 전 세계 교통에서 배출되는 것보다 더 많음을 보여준다.

　이 통계는 분명한 증거이다. 그러나 기후변화와 환경 파괴가 과도한 육류 소비를 반대하는 근거의 전부는 아니다. 철학 특히 동물 윤리적인 고찰에서, 중심 질문은 우리에게 동물을 가두어 사육하고 비육해서 도살할 권리가 있을까 하는 것이다. 왜 우리는 동물을 인간과 완전히 다르게 다룰까?

　먼저 떠오르는 생각은 동물과의 관계가 매우 모순되었다는 점이다. 우리는 애완동물은 잘 돌보면서 사육되는 동물은 도살한다. 또 우리는 대부분 쇠고기와 양고기를 먹지만 말고기와 개고기는 잘 안 먹는다. 그리고 토끼는 먹지만 바다사자는 안 먹는다. 너무 자의적이지 않는가? 널리 알려졌듯이 중국에서는 모든 고기를 먹는다. 과연 무엇이 옳을까? 어떤 고기는 먹어도 괜찮을까? 과연 우리는 동물을 먹어도 될까?

　우선 인간도 동물임을 깨달아야 한다. 우리가 '동물'을 언급할 때에는 보통 인간이 아닌 동물 즉 개, 돼지, 침팬지 등을 말한다. 우리는 분명히 동물을 인간과 다르게 취급한다. 인간에게는 결코 할 수 없는 일을 동물에게는 한다. 동물을 가두고 착취하고 새끼를 빼앗고 실험하고 죽이고 먹고 전시하기도 한다. 아무튼 우리는 인간과 동물의 이러한 차별된 취급을 정당화할 수 있어야 한다. 어떻게? 인간과 동물을 구별하는 무언가가 있어야 하는데, 그것은 인간에게만 있고 동물에게는 없는 특성일 것이다. 동시에 그 특성은 도덕적으로도 적합해야 한다. 물론 모든 특성이 도덕에 중요한 것은 아니다. 돼지의 발이 네 개이고 꼬리가 말린 것은 도살의 근거가 될 수 없다. 또한 인간 사이에도 도덕적으로 현저하게 부적절한 차별, 피부색이나 성별에 따른 차별이 있다. 예전에는 그런 차별이 도덕적으로 문제가 없었다. 그래서 흑인은 노예가 되었고 여성은 억압되었다. 그러나 사람들은 새로운 경험을 했다. 어쩌면 오늘날의 사람들은 더 배워서 자신의 행위를 철저히 변화시켜야 하는 지점에 와 있는 것은 아닐까? 아니면 동물을 인간과 달리 취급해도 좋은 정당한 근거가 있을까? 과연 인간이 동물보다 어떤 점에서 우월할까? 왜 동물은 도살해도 되지만 인간을 도살하면 안 될까?

첫 번째 대답은, 인간은 늘 그렇게 해왔다는 것이다. 하지만 노예 소유자와 여성 선거권 반대자도 그렇게 말했다. 오랜 전통에 기대는 것은 충분한 논거가 아니다.

두 번째 대답은, 인간은 고기가 필요하다는 것이다. 하지만 꼭 그렇지는 않다. 인간은 고기 없이도 살 수 있다. 세계적인 미국영양학 협회는 잘 짜인 순수 식물성 식단이 건강뿐 아니라 인간의 모든 삶에도 좋다고 보고했다. 우리에게 알래스카나 키르기스스탄의 고립된 협곡 마을처럼 슈퍼마켓이 없다면 어쩔 수 없다고 생각하겠지만, 대부분 고기 없이도 잘 지낼 수 있다.

세 번째 대답은, 동물의 고기는 맛이 좋다는 것이다. 그러나 영화 〈양들의 침묵〉에 등장한 한니발 렉터 같은 식인종도 그렇게 말한다. 아울러 범죄자에게는 강간도 쾌락을 준다. 하지만 타인의 의향이 근본적으로 무시되면 쾌락은 제한된다. 동물에게도 다양한 의향이 있지만, 무엇보다 생존의 관심이 우선이다.

네 번째 대답은, 동물은 인간보다 지능이 낮고, 자의식과 도덕의식도 없고, 생활 계획도 없다는 것이다. 그러나 이런 특성이 결여된 인간도 있다. 신생아, 정신장애자, 치매 환자를 생각해보자. 하지만 그들의 정신 능력이 똑똑한 동물보다 더 낮아도 우리는 그들을 살해하지 않는다. 왜 그럴까? 그들은 느낄 수 있기 때문이다. 그들은 고통과 쾌락을 느낄 수 있고 관심도 있다. 그러나 동물도 느낄 수 있고 관심도 있다. 공리주의 철학자 제레미 벤담은 19세기 초 동물에게 사고 능력이 있느냐가 아닌, 동물이 고통을 느낄 수 있는지를 연구하였다.

그 자신 역시 '살아 있는 모든 것을 인류가 비호해야 할 시기가 도래할 것'이라고 믿었다. 그렇게 멀리까지 내다보며 결정할 필요는 없다.

다섯 번째 대답은, 종이 보존되는 한도 내에서 동물을 마취시켜 고통 없이 죽여도 된다는 것이다. 그러면 아무도 고통을 받지 않는다. 그러나 왜 인간에게 그래서는 안 되는가? 인간의 존엄성을 훼손하기 때문인가? 다시 생각해보자. 인간의 존엄성은 무엇을 의미할까? 인간은 자율적으로 살아갈 권리를 갖는다. 즉 살 권리, 신체 보존의 권리, 자유로울 권리와 같은 기본적인 인권을 갖는다. 그러면 이런 인권의 토대는 무엇인가? 우리 인간에게는 온전하게 그리고 자유롭게 살려는 의향이 있다는 것이다. 하지만 동물도 역시 그렇다. 그런데 왜 이런 권리가 동물에게는 보장되지 않을까? 인간이 아니라는 단순한 이유 때문일까? 그렇게 주장하는 사람은 소위 종 차별주의의 덫에 걸린 것이다. 종 차별주의자들은 인간만이 인간이라는 종에 속함으로써 특정한 권리를 갖는데, 그 권리는 인간이 어떤 특성을 갖고 있느냐와는 상관이 없다고 생각한다. 주된 관점은 오직 인간이라는 점이다. 인종차별주의자도 그와 아주 비슷한 논거를 펼친다. 단지 인종차별주의자에게는 인간이라는 유가 아니라 피부색이 결정적인 것이다. 종 차별주의자가 주장하듯 인간이라는 종에 속하는 것이 왜 도덕적으로 중요한가는 불분명하다. 결국, 도덕적인 기준으로서의 종 귀속성은 피부색과 마찬가지로 자의적인 것이 아닐까?

결론적으로, 위의 사고실험에서 외계인들이 어떤 근거로 인간의 세계 지배를 박탈하고, 인간을 노예로 만들고, 엄마들에게서 아이를 빼앗고, 인간을 사육하여 잡아먹는지 다시 이야기해보자. 외계인들은 사실 인간이 그들에게 하는 욕도 비명으로 듣는다. 인간의 말을 이해하지 못하기 때문이다. 외계인들은 우리보다 신체와 기술이 월등하고, 이런 능력을 자비심 없이, 도덕적 숙고 없이 행사한다. 그들의 관점에서 보면, 인간은 그저 가련한 지구 쓰레기로, 인간에게는 어떤 존엄성도 없다. 더욱이 인간은 기껏해야 50년 정도만 앞을 내다볼 수 있고, 자신에 대해 피상적으로만 알고, 우주에 존재한다는 것에서 고차원적인 쾌락을 조금도 누리지 못한다.

우리가 동물을 잔인하게 다루는 것에 정당성을 부여하고자 할 경우, 우리도 그와 비슷한 논거를 이용한다. 그러나 사고실험을 통해 이 논의를 신뢰할 수 없음을 분명히 알 수 있다. 우리는 관점을 결코 혼동해서는 안 되며, 그런 정당화는 개연성과 논리성을 상실한다. 도덕적 사고는 공정해야 한다. 우리는 칸트 이래로 그것을 알고 있다. 자신의 관점과 이해관계에 치우쳐서 불공정하게 다루면 안 된다. 그런 공정성은 관점의 교환을 통해 실행된다. 즉, 역지사지하면 가능하다. 외계인 사고실험은 그것을 명확히 보여준다. 불현듯 우리는 동물의 입장으로 옮겨 가서 우리가 매일 동물을 얼마나 괴롭히는가 깨닫게 된다. 그렇게 다른 입장의 관점을 수용하면 다른 이들의 관심에도 민감해진다. 바로 이 감정이입 능력이 모든 이성 도덕의 기본 토대이다.

등에 붙은 바이올리니스트

—

어느 날 당신이 잠에서 깨어 일어나려는데 일어날 수가 없다고 생각해보자. 등에 누군가가 붙어 있다. 문제는 그가 세계적인 바이올리니스트라는 것이다. 어떻게 된 일일까? 그가 심각한 콩팥병을 앓고 있다는 사실이 알려지자 전 세계의 음악 애호가들이 어떤 수단과 방법을 써서라도 그를 살리자고 결정했다. 그런데 유감스럽게도 당신만 그와 혈액이 같았다. 그래서 당신은 납치되었고, 수술을 하여 그의 혈액순환에 당신이 연결된 것이다. 당신의 건강한 콩팥은 그의 피에서 생성된 유해 물질을 걸러내는 것이다.

"절대 안 돼!" 당신은 격앙되어 부르짖지만 의사가 위로한다. "음악 애호가들이 당신을 납치한 것은 정말 유감이오. 그러나 난 아무것도 모르오. 만약 그 바이올리니스트와 당신을 분리하면 그는 죽을지도 모르오. 그렇게 하면 안 되오. 사람에게는 살 권리가 있으니까. 물론 당신에게도 당신 육체에 대한 권리가 있지만, 바이올리니스트의 살 권리도 깊이 고려해야 하오. 그러니까 당신과 그를 분리해서는 안 되는 거요. 물론 당신을 절망하게 할 권리 근거도 없소. 그러니 9개월 정도만 당신이 참아주시오. 그때까지 그는 회복될 것이고, 무사히 당신에게서 분리될 수 있을 거요."

자, 당신은 어떻게 반응할 것인가? 병원장의 논거는 설득력이 있는가? 만약 9개월이 아니라 9년이면 어떨까? 바이올리니스트를 곧바로 떼어내지 않으면 당신이 한 달 안에 죽을 수 있을 만큼 당신의 콩팥이 약하다면 어떤가?

이 사고실험은 미국의 여성 철학자 주디스 자비스 톰슨[Judith Jarvis]

Thomson에게서 나왔다. 이 사고실험의 주요 문제는 음악의 가치도 아니고, 저명한 인사를 구하기 위해서라면 무슨 짓을 해도 좋은가 하는 것도 아니다. 주제는 사실 낙태이다. 정확히 말해, 여기서 제기된 질문은 "의도하지 않은 임신의 경우 낙태를 허용해야 할까?"이다. 바이올리니스트는 계획에 없이 생긴 태아이고, 당신은 임신부이다. 바이올리니스트는 배 속의 태아처럼 당신 없이는 9개월 동안 생존할 수 없다. 이 점이 유사점이다.

계획에 없던 임신은 드문 일이 아니다. 피임 거부나 강간의 경우를 생각해보자. 톰슨의 사고실험은 이렇게 계획에 없던 임신의 경우와 관계가 있다. 그리고 배아의 도덕적 위상에 관한 모든 논쟁을 다룬다. 낙태 논쟁에서는 대부분 배아에게 생존권이 있는지, 있다면 언제부터 있는지를 논의한다. 그때 보통 인격 개념을 가지고 논의하는데, 오직 인격만이 생존권을 갖는다고 주장된다. 그다음에는 과연 배아가 인격인가 아닌가가 결정적인 질문이다. 사고실험의 주제를 보다 엄밀히 다루기 전에 우리는 낙태 반대자의 중요한 논거를 조심스레 고찰해야 한다. 태어나지 않은 생명을 옹호하는 세 가지 핵심적인 논거는 연속성, 동일성, 잠재성이다.

연속성 논거의 주장은 수정란이 신생아가 될 때까지 명확한 단절이나 비약 없이 계속 진행되는 성장만 있으며, 그사이에 나누는 단계는 임의적이라는 것이다. 따라서 수정란에는 신생아와 마찬가지로 생명권이 있다. 하지만 그 논거에는 약점이 있다. 밤과 낮은 명확한 경계가 없지만 우리는 경계를 나눈다. 새벽의 여명도 시작과 끝이 불분명하지만 어느 시점에 환해진다. 임신도 마찬가지이다. 수정란은 어떤 고통도 느끼지 못하고 어떤 의도도 갖지 않지만, 신생아는 그렇다. 어느 지점에서인가 늘어난 세포가 느끼기 시작하는 것이다. 생물학은 신경계가 감각기능의 기본을 형성한다는 사실에서 출발한다. 그런데 감각에 해당하는 뇌 영역은 임신 12주 뒤에 형성된다. 그러므로 12주쯤이 되어야 태아는 인격의 경계선에 있게 되는 것이다.

동일성 논거가 수정란은 신생아와 동일하고, 그래서 동일한 권리가 있다고 주장하는 반면, 잠재성 논거의 주장은 가까운 미래에 배아에서 인간이 생성되므로 배아에도 생명권이 있다는 것이다. 즉 배아에는 인간의 잠재성이 들어 있다. 그래서 죽여서는 안 된다. 그와 반대로, 동일한 사물이라도 시점이 다르면 권리가 다르다는 주장이 있다. 예를 들어, 어린이에게는 참정권이 없지만 어른에게는 있다. 같은 반론을 잠재성 논거에도 제기할 수 있다. 단, 무언가가 미래에 어떤 권리를 갖는다는 것이 지금 그 권리를 갖는다는 것을 의미하지는 않는다. 그렇지 않다면, 왕자는 어린이지만, 후에 어른이 돼서 갖는 왕의 권리를 미리 가져야 한다고 주장할 수 있을 것이다. 그러면 그는 언젠가 왕이 될 테니까, 미리 명령도 할 수 있고 나라를 통치할 수도 있다. 그러나 그것은 불합리하다. 권리는 사실에 입각한 것이지 가능성에 입각한 것이 아니기 때문이다.

지금까지 배아의 생명권에 대한 찬반의 주요 논거를 간략히 보았다. 이제 다시 바이올리니스트의 사고실험으로 돌아가자. 톰슨은 유사한 예를 통해, 태아의 생명권이 허용되더라도 낙태 허용을 옹호하는 근거가 있음을 보여주고자 했다. 즉, 바이올리니스트는 비록 자신의 육체를 다른 이에게 맡겨 의존하고 있지만, 그는 생명권이 있는 어른이다. 그러나 그의 생명권은 타인의 신체 손상 불가와 충돌한다. 그러면 다음 질문은 "어떤 권리가 더 가치 있을까?"이다. 톰슨에게는 사정이 분명하다. 즉, 음악 애호가들이 끔찍한 방식으로 한 사람의 생명과 육체에 개입했다. 톰슨은 그것은 잘못이라고 생각한다. 모든 사람은 바이올리니스트와 분리될 권리가 있다. 요컨대, 그것은 정당방위에 해당되며, 인간은 언제나 그럴 권리를 갖는다는 것이다. 당신의 생각은 어떤가? 어떤 경우라도 바이올리니스트를 당신에게서 분리해서는 안 된다고 생각하는가? 만약 그렇다면, 9개월이 아니라 9년 동안 바이올리니스트를 당신에게 붙어 있게 하는 것은 어떤가? 또한 당신은 그를 죽이면 안 된다는 것이 옳다고 생각하는가? 그리고 당신의 건강과 생명이 위협받고 있으며, 그를 분리해야 당신이 생존한다면, 그 사태를 어떻게 평가할 것인가? 톰슨은 이런 여러 변수를 통해, 어떤 경우에도 낙태는 안 되며, 심지어 산모의 생명이 위태로운 경우에조차 낙태는 안 된다고 주장하는 낙태 반대자들에게 도전한다. 낙태 반대자의 주장은 발달 중인 태아를 적극적으로 죽이는 것은, 임신부를 죽게 하는 것보다 도덕적으로 더 비난을 받을 일이라는 것이다. 그때도 철저한 낙태 반대자들은 적극적인 행동과 행동하지 않음의 구별에서 주장의 근거를 찾는다. 그러나 이 장의 처음에서 보았듯이 적극적인 살인과 죽게 내버려두는 것의 구별이 도덕적으로 적합한가는 논란의 대상이다. 적어도 그 구별은 모든 경우에 맞는 것 같지는 않다.

미와 예술

미는 인간에게 중요하다. 그래서 여자들은 '문제 있는' 신체 부위의 지방을 빼거나 헬스클럽에 등록하고, 보톡스 주사를 맞거나 화장품을 구입하고, 가슴 성형수술을 하거나 운동기구를 구입한다. 남자는 육체를 단련하고 피부를 태우고 면도를 한다. 우리는 미용실에서 최신 유행하는 미인형에 관해 읽고, 첨단 유행에 관한 영감을 받거나 여행을 계획하기도 하는데, 여행의 주요 관심사는 아름다운 장소를 찾는 것이다. 우리는 여행에서 돌아와 기념사진을 디지털 수정을 통해 더 아름답게 꾸미기도 한다. 우리는 어디에서나 아름다움을 추구한다.

어떤 사람에게는 미에 대한 애착이 불행을 불러온다. 또한 자신을 잘 가꾸지 않는 학생은 성적이 안 좋고 취업 시기도 늦을 뿐 아니라, 10퍼센트 정도는 저임금을 받는다는 통계도 있다. 반대로, 미인은 사람들이 좋아하고, 외모 덕분에 건강하고 지적이고 노력하는 예절 바른 사람으로 여겨지기도 한다. 외모로 한 사람의 능력과 성격을 추론하는 것이다. 그것은 불공정하다. 많은 저자들이 덜 매력적인 사람에 대한 차별을 인종주의나 성 차별주의와 비교하며, '외모지상주의'로 설명하기도 한다. 그것은 미의 어두운 측면이다. 그런데 인간의 미는 어디에 근거를 두고 있는 걸까? 언제 인간은 아름다울까? 과거 수년간 진행된 경험적 연구에서 아름다운 얼굴에 관해 몇 가지 사실이 발견되었다. 특히 아름다운 얼굴을 결정하는 세 가지 요소가 드러났는데, 그것은 보통의 얼굴, 뚜렷한 성, 깨끗한 피부이다. 사람은 얼굴이 평균에 가까울수록 더 매력적이다. 많은 얼굴을 컴퓨터에 입력하여 겹쳐서 비교하면 컴퓨터에서 생성된 평균적인 얼굴이 본래의 얼굴들보다 더 보기 좋다는 것을 알 수 있다. 그러나 뚜렷한 여성성과 남성성도 사람들의 마음을 끈다. 우리는 여성에게서 보이는 부드러운 얼굴 윤곽, 작은 코, 큰 눈, 두툼한 입술을 좋아하며, 그런 얼굴이 더 환대받는다. 사람들은 남성의 튀어나온 광대뼈, 큰 코, 넓은 턱을 좋아한다. 그리고 깨끗한 피부가 중요하다. 그 사실은 이미 널리 알려져 있고, 화장품 회사는 그것을 사업에 적극 활용한다.

아주 오래전부터 미는 철학에서 큰 수수께끼였다. 왜 어떤 것이 아름답다고 생각될까? 도대체 미란 무엇일까? 미는 단지 관찰자의 눈에 의존하는 것일까? 미의 객관적 법칙이 있을까? 아름다운 풍경,

아름다운 얼굴, 아름다운 예술품의 공통점은 무엇인가? 철학의 한 분야인 미학은 이런 미에 관한 문제뿐만 아니라 예술에도 관심을 기울인다. 이미 알고 있듯이 예술이 항상 아름다운 것은 아니다. 예술은 사람을 놀라게도 하고, 구역질 나게도 하고, 당혹하게도 한다. 예술 영역에서 가장 흥미로운 철학적 질문은 "도대체 예술품이란 무엇일까?"이다. 일상적 사물과 예술품을 어떻게 구별할까? 예술의 기능은 무엇일까? 예술은 우리를 행복하게 하고, 자극하고, 감정을 유발하거나 예민하게 해야만 할까? 예술품, 즉 그림이나 음악을 이해하는 것은 무엇을 의미할까?

미학은 예술과 미를 넘어, 예술품이 아닌 '아름답다'고 간주될 수 없는 일상의 사물을 다루기도 한다. 그런 대상에는 자동차 소음, 추한 옷, 장식품이 너저분한 가구, 오래된 이발소, 괴상한 글자체 등 아주 많다. 또한 미학은 아주 일상적인 대상을 미학의 관점에서 고찰하고 "그것이 내 마음에 드는가? 무엇이 그런가? 왜?"라고 묻기도 한다. 이런 질문을 제기하는 사람은 자신의 미적 감각을 언어로 표현하는 일이 얼마나 어려운지 깨닫는다. 예를 들어, 많은 사람이 옷에서 무엇이 마음에 들고 안 드는지를 뚜렷이 말하지 못한 경험을 했을 것이다. 근거도 명확히 말하지 못하지만 그보다 앞서 판단을 한다.

이 장은 당신의 머리에 이런 질문이 더 자주 떠오르도록 자극할 것이다. 즉 당신이 최근에 본 아름다운 얼굴, 우아한 옷, 그림 같은 풍경에 시선을 빼앗겼다면, 왜 그것이 당신 마음에 들었고, 거기서 무엇이 아름답게 보였는가를 자문해봐야 할 것이다. 프랑스의 소설가 스탕달은 미가 행복을 약속한다고 주장했다. 그러므로 당신 스스로 그 아름다운 외모가 무엇을 약속했는지, 왜 그 미가 당신을 그렇게 강하게 사로잡았는지 자문해보자.

미학은 철학에서 아주 흥미로운 분야이다. 미학이 사물을 보는 우리의 시각을 변화시켜, 세계가 갑자기 다르게 보이기 때문이다. 당신이 여기서 그 사실을 확인할 수 있기를 바란다. 마지막에 자신을 한번 보자. 그러면 모든 것이 달라져 있음을 알게 될 것이다.

무생물 친구들

—

$$f \, b \, Z \, T \, a \, \mathcal{G} \, \mathcal{S} \, g \, Q \, w \, \mathcal{K} \, R$$

위 철자들이 인격들—당신과 나와 같은 인간들—이라고 상상해보자. 누구와 친구가 되고 싶은가? 누가 고전음악을 즐겨 듣겠는가? 누가 성격이 불같고, 누가 느긋하고, 누가 엄격하고, 누가 재미있겠는가? 직업은 어떤가? 은행가, 여류 작가, 광대가 있는가? 어떤 철자가 가장 행복해 보이는가?

이 사고실험은 알랭 드 보통Alain de Botton에서 유래했다. 그는 스위스 태생으로 영국 런던에서 사는 대중적인 철학자이다. 물체가 인간의 성격상의 특징을 구체화하고 있다는 생각은 그다지 새로운 발상은 아니다. 이미 고대 그리스에는 미와 선이 밀접하게 얽혀 있다는 생각이 있었다. 그리스인들은 '아름다우면서도kalos 선한 것agathos'이란 뜻의 '칼로카가티아Kalokagathia'를 윤리적, 미적 이상으로 삼았다. 임마누엘 칸트도 미는 '윤리적 선의 상징'이라고 생각했다. 알랭 드 보통이 아름다운 대상은 삶의 이상을 구체화하고 있다고 주장했을 때, 그는 이런 전통 안에 있는 것이다. 알랭 드 보통은 《행복의 건축》에서 미덕과 좋은 삶에 대한 생각은 서로 얽혀 있으며 미적 선호에 우리 삶의 이상이 반영되어 있음을 보여준다. 그는 "우리가 아름답다고 묘사하는 대상은 우리가 사랑하는 사람들의 다른 모습이다."라고 했다.

소설, 그림, 음악, 영화, 건물, 자동차, 가죽점퍼 등 항상 일반적으로 사용해서―물론 잘 쓰지 않는 사람도 있겠지만―우리 마음에 드는 것은 우리가 좋아하는 사람과 같다는 말이다. 소설은 여러 얼굴을 보여주고, 그림은 격정을 일으키고, 음악은 우울하게 하고, 영화는 감동을 주고, 건물은 소박성을 보여주고, 자동차는 강한 인상을 주고, 가죽점퍼는 강인함을 발산한다. 어떤 대상이 우리 마음에 드는 이유는, 그것이 추구할 만한 것으로 여겨지거나, 다른 사람을 평가할 때 사용하는 '단순한, 성실한, 감성적인, 태평한, 엄격한, 원숙한, 명랑한, 거친, 용감한, 활력적인' 등과 같은 성격 특징과 기분 상태를 구체적으로 드러내기 때문이다.

당신은 임의의 대상에서 사람의 특성을 발견할 수 있다. 상자, 커피 잔, 물병, 램프, 소파, 책상, 옷, 스마트폰, 집, 자동차에서도 그렇고, 나무, 꽃, 풍경에서도 그렇다. 당신은 그 대상이 인간이면 그가 어떤 상태인지, 무엇을 좋아하는지, 성격은 어떤지, 생활은 어떤지 쉽게 물을 수 있다. 또 가끔은 어떤 대상이 왜 마음에 들거나 안 드는 가를 생각하는 자신을 발견한다. 의인화 실력을 연마해보자. 그러면 다른 눈으로 세계를 보게 되고 미에 관한 수수께끼의 단서를 밝혀낼 수 있다.

디자이너는 그것을 자연스럽게 깨닫고 소모품과 중고품에 상징적인 가치를 더한다. 당신은 물건을 살 때 물질적인 상품뿐 아니라 생활양식과 정체성의 일부도 함께 사는 것이다. 당신은 새 가구를 장만하는 동시에 새로운 무생물 친구를 갖추는 것이다. 어쩌면 그 무생물 친구를 통해 집에 있다는 느낌을 받고 싶은 것일지도 모른다.

또 시인이자 철학자인 프리드리히 실러Friedrich Schiller도 물체가 가치를 구현할 수 있다는 생각에 감동을 받았다. 그에게 아름다운 것은 자유와 자율의 구체화였다. 다음의 두 선을 고찰해보자.

실러에게는 왼쪽의 선이 더 아름답다. 그 이유는 생기 있고, 자유롭고, 자율적이게 만들어졌기 때문이다. 그래서 자유롭게 전개된 운동의 결과처럼 보인다. 또한 그 선은 진행된 법칙을 스스로 규정한 것처럼 보인다. 반대로, 오른쪽 선은 타율적으로 만들어지고 외부의 힘에 영향을 받은 것처럼 보인다. 즉, 방향 전환이 돌발적이고 비의도적이며 우연적이다. 우리의 시선이 그 선을 따라가면 더욱 그렇게 느낄 것이다. 왼쪽 선은 자유롭고 장애물이 없는 느낌을 주는 반면, 오른쪽 선은 긴장감을 주고 임의의 지점에서 강제로 방향이 바뀐 느낌을 준다. 심리학자 테오도르 립스Theodor Lipps, 1851~1914의 감정이입설에 따르면, 우리가 아무 장애물 없이 자유롭게 어떤 형식이나 운동에 감정이입을 할 수 있다면, 그 형식이나 운동은 우리 마음에 들 것이다. 여자 무용수를 바라보는 우리는 내면에서 그녀와 함께 춤을 춘다. 가령 우리가 이렇게 감정이입을 하는 동안 자유를 느낀다면, 우리는 그 춤이 아름답다고 말할 것이다. 그러므로 실러와 립스에 따르면, 아름다움이란 감각적으로 경험되는 자유이다.

실러는 미학과 윤리학을 결합하여, 미는 인간을 자유로운 상태로 옮긴다고 했다. 말하자면, 예술만이 인간을 전체적으로 감동시키고, 놀이하는 방식으로 인간을 개선한다는 것이다. 인간은 아름다운 광경에서 선을 사랑하는 것을 배우고, 또 도덕적 의무와 자신의 성향을 일치시키도록 배운다. 실러는 프랑스혁명은 실패했다고 평가한다. 인간이 미처 혁명을 맞이할 준비가 되지 않았기 때문이다. 지성은 준비됐지만, 감정은 준비가 되지 않았다. 당시에는 지성과 감정을 일치시키고, 의무를 이행하는 성향을 일깨우는 미적 교육이 결여되어 있었다.

많은 철학자들이 미는 선의 상징이라는 이념을 오해하여, 미적인 장점을 윤리적 가치로 환원하는 것은 부적합하다고 생각한다. 미는 독자적 가치이므로 진리와 선, 신성 등에 연결되지 않는다는 것이다. 그러나 왜 우리는 특정 사물을 아름답다고 하고, 다른 것은 추하다고 느낄까? 어디서 미에 대한 감각이 유래할까?

진화 생물학은 미적 감각의 기원을 더 멀리까지 소급하여, 인류 발생사에서 찾을 수 있다고 주장한다. 미적 감각은 인류 조상의 생존에 유리했다는 것이다. 이것은 모든 인간은 어디서 어떻게 살든 공통적으로 아름답다고 생각하는 사물이 있다는 사실로 입증된다. 어떤 문화에서 양육되든, 나이가 어떻든 모든 인간의 마음에 드는 지형이 있다. 사바나처럼 강이 있고, 초원에 수목이 드문드문 나 있는 탁 트인 지형이 그것이다. 이것은 약 700만 년 전 아프리카 사바나에서 떠돌아다니며 살던 수렵인과 채집인에게 그런 지역을 선호하는 미적 감각이 있었음을 암시한다. 그들은 생존에 적합한 지역을 아름답다고 생각했기 때문에 살아남았을 것이다. 그 지역은 트인 시야, 피난처, 식수, 사냥터를 제공했다. 그 반대로, 황무지를 좋아한 사람들은 살아남지 못했을 것이다.

진화 심리학자들은 매우 많은 사람들에게 퍼져 있는 젊고 균형 잡힌 신체에 대한 선호도 그렇게 설명한다. 불균형한 신체는 생존을 위한 투쟁에서 병, 장애, 결핍의 표지였을 것이다. 나이가 많은 배우자는 출산이 힘들다. 따라서 불균형한 늙은 신체를 아름답다고 보는 사람은 유전자가 후대로 전달되지 못하고, 동시에 그런 미적 선호도 소멸한다.

진화론자는 자연과 인간의 미에 대한 수수께끼를 풀고자 할 뿐만 아니라, 인간이 왜 예술품에 매력을 느끼는지도 설명하려 한다. 그들은 예술가는 훌륭한 유전자를 갖고 있다고 가정한다. 말하자면 예술가에게는 인내, 에너지, 협동심, 지성, 창조성, 여유 등이 있다. 예술품을 훌륭한 것으로 생각하고 예술가와 함께 생활했던 조상은 후손이 더 많이 생존했고, 그래서 자신의 유전자를 지킬 수 있었다. 이런 방식으로 예술에 대한 선호는 진화적으로 완성되었다.

많은 사람이 진화론의 설명에 매료되었고, 그래서 반박이 어려웠다. 그렇지만 진화론의 설명은 증명하기가 어렵다는 것이 문제이다. 그 외에도 진화론은 인간의 공통점은 설명하지만 개인 간의 차이는 설명하지 못하는 한계가 있다. 인간의 취향은 공통점보다 차이가 더 크다. 여덟 살짜리 아이들의 취향이 서로 얼마나 다른지 생각해보자! 우리의 미적 감각은 환경, 관습, 문화에서 큰 영향을 받는다. 여기서 생물학자는 뒤로 물러나고 사회학자가 전면에 나서야 한다. 한 사회 안에서도 미적 선호는 서로 다르고 다양하다. 어떤 사람은 단순하고 강한 것을 좋아하지만, 다른 사람은 화려하고 부드러운 것을 선호한다. 또 완성도가 높고 매끈한 것을 선호하는 사람도 있지만,

불완전하고 거친 것을 선호하는 사람도 있다. 이런 개인적 선호는 어디서 유래할까? 개인적 삶의 이상과 연관되어 있지 않을까?

그것을 밝히려면 우리 자신과 그리고 다른 사람들과 대화하며 물어야 한다. 왜 나는 그것이 마음에 들까? 나는 무엇 때문에 그것이 불쾌할까? 나는 무엇 때문에 이 엄격하고 명료한 형식에 사로잡혔을까? 왜 나는 쇠보다 나무가 좋을까? 나는 왜 불완전하고 거칠고 신비한 것에 마음을 빼앗겼을까? 붓 놀이 같은 유희에서 나는 무엇에 매료되었을까? 조화와 균형이 있는 변화에 대한 나의 선호는 어디서 유래했을까? 왜 특히 슬픈 음악이 내 마음을 사로잡았을까? 이런 질문 속에서 우리는 자신의 취향에 관해 독특한 무언가를 경험하고 또 자신의 인격, 동경심, 성공적인 삶의 비전에 관해서도 무언가 경험할 수 있을 것이다.

감정을 느끼지 못하는 음악

–

당신은 음악적 감수성이 빈약하여, 음악에 감정을 못 느낀다. 각각의 음, 음의 간격, 다양한 멜로디, 빠르기의 변화는 알지만, 음악에서 아무런 느낌도 받지 않는다고 상상해보자. 요컨대 당신은 음악 작품을 슬프게, 긴장되게, 즐겁게 느끼지 못한다. 당신 자신은 감정도 있고 다른 사람에게서 그런 감정을 느낄 수 있지만 음악에서만 그런 감정을 느낄 수 없다. 음악에서는 감정적 귀머거리이다.

시간이 지나면서 당신은 취약한 음악적 감수성을 다루는 법을 배운다. 그래서 한 음악 작품이 슬픈지 즐거운지를 평가하는 데 도움이 되는 규칙을 알게 되었다. 예를 들어, 어떤 음악이 박자가 느리고 단조이며 선율이 밋밋하면, 그 음악은 슬플 가능성이 매우 클 것이다. 반대로, 짧은 음표가 이어지고, 선율이 상승하는 흐름이면, 그 음악은 명랑하게 흘러갈 것이다.

이제 베토벤의 '월광 소나타'를 처음으로 듣는다고 해보자. 정확히 말해 1악장을 듣는다. 당신은 처음에 그 음악이 우울하고 슬픈 소절을 중시하고 있음을 분명히 알 것이다. 1악장은 느린 단조이기 때문이다. 이제 청각장애인이 당신에게 질문한다. "그다음은 어떨 것 같소? 슬프겠소, 즐겁겠소?" 당신은 "월광 소나타는 슬픈 곡이죠."라고 대답할 것이다. 그러나 과연 그 대답으로 이 작품에 대한 미적 판단을 내렸다고 할 수 있을까? 미적 판단을 적절하게 내릴 수 있으려면 무엇이 필요할까?

이와 비슷한 사고유희가 프랭크 시블리Frank Sibley에서 나왔는데, 그는 20세기 영국의 철학자로, 주로 미학 문제를 연구했다. 그는 '멋진', '매력적인', '우아한', '흥미진진한', '음산한', '우울한'과 같은 미적 개념은 '삼각의', '파스텔색의', '느린'과 같은 비미적 개념으로 환원되지 않는다고 주장했다. 우리는 특정한 기준과 규칙을 근거로 해서는 한 대상이 미적 성질을 갖고 있는지를 추론할 수 없다. 어떤 옷이 고루하게 또는 우아하게 보이는가는 때로 아주 사소한 요소에 달려 있다. 또 때로는 맥락에 달려 있는 바, 그 옷에 맞춰 어떤 구두를 신는가가 중요할 수 있다. 구두에 따라서 옷이 다르게 보이기 때문이다.

시블리에 따르면, 우리는 미적 개념의 도움을 받아야 자신의 미적 체험을 표현할 수 있다. 그런데 미적 개념을 올바르게 사용하려면 어느 정도 미적 감수성이 있어야 한다. 그래서 시블리는 '취미'에 대해 말한다. 가령 괴롭게도 당신의 감정이 무디면, 한 음악 작품이 '슬프게' 들린다는 것이 무슨 의미인지 결코 이해할 수 없을 것이다. 그것은 흑백만 보는 색맹이 '파랗다', '노랗다'는 표현을 이해할 수 없는 것과 마찬가지다. 그런 지각 개념을 이해하려면 이미 그 지각이나 비슷한 지각을 경험했어야 한다. 미적 개념에서도 마찬가지다. 미적 개념을 이해하고 판단할 수 있으려면 그것에 상응하는 체험과 지각을 알고 있어야 한다. "새로운 제임스 본드 영화는 별로지만, 나는 그걸 아직 못 봤어."라는 말은 성립하지 않는다. 어떤 미적 판단도 미적 경험이 없으면 불가능하다. 그러면 도대체 미적 경험이란 무엇일까?

우리는 박물관이나 아름다운 자연에서가 아니라도 거의 모든 곳에서 미를 경험할 수 있다. 모든 대상을 미적 관점에서 관찰할 수도 있다. 즉, 집에 있는 가구와 식기, 이웃의 자동차, 이발소, 동물원의 사자, 하늘의 구름, 고속도로 부근의 핵 발전소도 그렇게 관찰할 수 있다. 우리가 이런 객체들에 미적 태도를 가지면, 그것들을 실천적 이론적 사심 없이, 관찰 자체를 위해 관찰할 수 있다. 오직 체험만 가치가 있는 것이다. 예를 들어, 폭풍이 다가오니까 우산이 필요한지 여부를 알기 위해 구름을 보는 것이 아니라, 빛·명암·구름의 흐름과 무늬에 빠져 구름을 쳐다보는 것이다. 그리고 대상의 성질이 어떤가가 우리의 관심사가 아니고, 그 대상이 우리에게 어떻게 보이는가에만 관심이 있다. 예컨대, 춤은 우리 눈에 매우 가볍고 경쾌하게 보이지만, 그것을 위해 기울인 무용수의 엄청난 노력은 눈에 들어오지 않는다. 또한 대상이 자신의 기능을 완수하고 있는가의 문제는 미적 관찰에 중요하지 않다. 의자는 불안정하더라도 매우 아름다울 수 있다. 칸트는 미적 판단에서 전혀 사심이 없어야 한다고 지적했다. 만약 장미가 애인에게 줄 선물이기 때문에 마음에 든다면, 혹은 우리가 한 사람을 원하기 때문에 그를 매력적인 인간으로 본다면, 사심이 끼어든 것이다. 칸트는 '사심 없는 만족'이 중요하다고 보았다. 사심 없는 만족을 느낀다면, 그것이 전적인 아름다움이다.

미적 관점에서 사물을 관찰할 경우, 우리는 그것의 미적 속성에 주의를 기울인다. 이런 속성이나 성질은 그 사물의 미적 가치를 높이거나 낮춘다. 또한 '추함' '서투름' '부조화' '비순수성' 등도 '아름다움' '빛남' '섬세함' '명쾌함' '심오함' '재치 있음' 등과 같이 미적 속성이다. 대체로 미적 성질은 그 자체가 좋거나 나쁜 것은 아니다. 미적 성질의 가치는 그때그때의 대상과 맥락에 따라 다르다. 그러므로 '단순함' '힘 있음' '우아함' '복잡함' 같은 미적 속성은 사물의 미적 가치를 인정하거나 반대하는 데 모두 사용된다. 우아함은 야회복을 고상하게 하지만 힙합 차림을 그렇게 만들지 못한다. 즉, 우아함이 모든 것에 어울리는 것은 아니다. 그것은 미도 마찬가지다. 록밴드 에이시디시^{AC/DC}의 연주회는 아름다울 수 없다. '미'라는 단어에는 조화와 순수라는 느낌이 숨어 있기 때문이다. 그러나 우리들 대다수는 단순하거나 신비한 것을 좋아한다.

우리의 미적 체험은 타인의 미적 체험이나 다른 문화의 미적 체험과 구별된다. 어떤 머리 모양이 '용맹스럽게' 혹은 '매력적으로' 보이는 것은 그 사람이 어떤 문화에서 성장했는가에 달려 있다. 재즈 음악이 '과민하게' 혹은 '혼돈스럽게' 들리는지는 재즈를 얼마나 자주 접했는가에 달려 있다. 중국 음악이 '중국 음악처럼' 들리는지는 그것에 얼마나 친숙한가에 달려 있다. 따라서 문화의 안경을 끼고 세계를 보는 것처럼, 문화의 필터를 거쳐 모든 것을 듣는다. 그럼에도 불구하고 모든 사람에게 동일하게 지각되는, 문화적 귀속과 무관한 미적 성질이 존재한다. 연구에 따르면 한 번도 서구 음악을 들은 적 없는 이민족 사람도 '즐거운' '슬픈' '위협적인' 음악 작품을 듣고 그에 상응하는 얼굴 표정을 짓는다. 하지만 음색에 관해서는, 두드러진 문화 차이가 존재한다. 예를 들어, 많은 아랍 음악에서 들리는 중요한 음색이 우리 귀에는 불협화음으로 들릴 수 있다. 그 음조의 간격에 익숙하지 않기 때문이다. 습관에 의해 우리 귀는 어떤 전형에 적응한다. 그 전형이 깨지면 낯설게 들릴 것이다. 습관이 전형을 창조하는 것이다.

그러나 과연 예술에 옳고 그름이 있을까? 미적 판단에 정당한 근거가 있을까? 이 질문에 대한 철학적 대답은 정말 다양하다. 실재론자는 색이 객관적인 것과 마찬가지로 미적 성질도 객관적이라고 믿는다. 그리고 색맹이 있듯이 미적 감수성이 결여된 사람도 있다고 생각한다. 다른 한편, 주관주의자는, 미는 관찰자의 눈에 달려 있고 미적 판단은 참이거나 그릇된 것이 아니라고 믿는다. 그 두 입장 사이에 다양한 많은 입장이 있다. 그러나 대부분은 미적 판단은 추론을 통해 정당화될 수 없다는 점에 의견을 같이한다.

즉, 어떤 그림이 아름다운지 추한지를 유추할 수 있는 일반적인 규칙 따위는 존재하지 않는다는 것이다. 당신은 어떤 그림이 아름답다고 생각하지만 상대방은 그렇지 않다면, 그럴 한 가지 가능성은 당신이 본 것이 당신에게는 틀림없이 그렇다는 것이다. 따라서 그림의 세세한 부분과 그것들의 관계를 얘기하면서 상대방에게 새로운 감상법을 제시해보자! 또한 힘 있는 붓 자국, 부드러운 색감, 탁월한 명암 기법, 그림 전체의 균형 등 당신 마음에 들었던 부분을 그에게 얘기해보자. 그럼으로써 당신은 상대방에게 새로운 지각 방식을 제시하고, 당신 자신의 판단을 확신시키는 것이 의미가 있을 수가 있다. 그러나 상대방이 당신이 제시한 모든 것을 알게 되더라도 그림이 여전히 마음에 들지 않을 수 있다. 전문가들 사이에서도 이런 상황이 있을 수 있다. 감정가들도 종종 서로 판단이 일치하지 않는다. 그러나 그런 경우에도 전문가들 중 한 사람이 완전히 잘못됐다고 말할 수 없다. 사람은 그림을 그렇게 볼 수도 있고 다르게 볼 수도 있다. 예술에서 유일하게 올바른 해석이란 매우 드물다.

다른 분야와 같이 미학에서도 으레 전문가와 초보자를 구별하며, 대체로 전문가가 옳고 전문가의 판단이 더 가치가 있다고 본다. 왜냐하면 그들의 감각은 지식과 경험을 통해 훈련되었고, 지각은 초보자보다 더 풍부하고 세분화되었기 때문이다. 어떤 여성 건축가는 도시를 산책할 때 초보자보다 천 배나 더 많은 것을 본다고 한다. 그와 마찬가지로 고전음악 전문가도 연주회에서 초보자보다 훨씬 더 많은 것을 듣는다. 그는 변조, 기교, 반복, 지휘자의 의도, 곡조의 흐름 등 아주 많은 것을 듣는데, 초보자들은 대부분 그런 것을 못 듣는다. 스포츠에서도 그렇다. 당신이 테니스를 가끔 친다면 게임이 진행되는 동안 서브, 백핸드 스트로크, 슬라이스, 발리, 스매시 등을 보지만, 문외한 눈에는 공이 네트를 넘어가는 것만 보인다. 테니스 전문가의 판단은 초보자의 판단보다 더 가치가 있다. 더 많이 알고 보기 때문이다. 예술에서도 마찬가지다.

그러나 전문가는 실재의 객관적 영역으로 가는 통로를 알지만, 초보자에게는 늘 그것이 허용되지 않는다는 것은 무슨 의미인가? 논의의 여지가 없는 미적 사실은 존재하지 않는다. 사실 우리 개인은 한 사태의 미적 성질을 착각할 수 있지만, 우리 모두 동시에 어떤 것을 착각하기란 불가능에 가깝다. 그러므로 모든 인간이 어떤 옷을 추하다고 생각하면 그 옷은 아름답지 않을 수 있다. 그것은 어떤 농담을 아무도 재미있다고 생각하지 않으면, 그것이 재미있기란 불가능한 것과 같다. 음악에서 슬픈 곡조도 그렇다. 단조 화음은 장조 화음보다 객관적으로는 더 슬프지 않다. 그리고 사람이 단조 화음을 즐거운 것으로 듣는 세계를 상상할 수 있다. 그런 사람이 자신을 속이는 것이 아니다. 단지 우리와 다르게 들을 뿐이다. 그러나 어떻게 우리는 어떤 재즈가 어떻게 들리는가에 대해 재즈 음악가가 초보자보다 더 나은 판단을 내린다고 주장할 수 있는가? 그의 청력이 더 세분화되고 더 훈련되었기 때문일 것이다. 그러나 미적 성질이 객관적이지 않다면, 그의 판단이 더 정확하다고 말하는 이유는 무엇일까?

흰 바탕 위의 붉은 사각형

—

당신이 미술관에 가서 표를 사고 외투를 맡긴 뒤, 호기심에 찬 눈으로 즐겁게 걷는 모습을 상상해보자. 첫 번째 전시장에 어떤 그림이 걸려 있는데, 붉은색만 칠한 그림이다. 조심스레 다가가 제목을 보니, 〈서기 215년. 홍해를 바라봄〉이다. 그 그림을 음미하면서 다음 전시장으로 느긋하게 걸어간다. 놀랍게도 다음 전시장에 똑같은 그림이 하나 더 걸려 있다. 그런데 제목은 〈키에르케고르의 기분, 1870년〉이다. 그다음 전시장에도—당신이 기대하듯이—똑같은 그림이 걸려 있는데, 이번 제목은 〈붉은 광장, 1975년〉이다. 다른 모든 방에도 〈붉은 손수건〉 〈피〉 〈사랑〉 〈붉은 사각형〉 〈무제〉라는 제목으로 동일한 그림이 이케아 가구점에서 온 붉은색 액자에 담겨 걸려 있다.

전시장을 다 돌아본 당신은 황당한 심정으로 매표소로 가서 환불을 요구한다. 그러나 매표소의 제복을 입은 남자가 부드러운 미소를 띠고, 그곳의 전시 시리즈는 풍경화, 표현주의 미술, 사회 비평 미술, 인상주의 미술, 정물화, 추상화 등 외적으로 상이한 문맥과 방향에서 그린 희귀 작품을 모은 것이라고 설명한다. 동시에 각 그림이 완전히 의미가 다름을 환기시키면서, 미술관 안내서와 해설서를 당신 손에 쥐어준다.

당신은 혼란한 상태로 미술관을 나온다. 당신 머리에는 다음과 같은 물음이 떠돈다. 도대체 예술이란 무엇일까? 모든 것이 예술일 수 있을까? 무엇이 예술 작품의 의미를 규정할까? 과연 예술에는 올바른 해석과 그릇된 해석이 존재할까?

이 예는 미국의 예술철학자 아서 단토Arthur Danto가 제시한 것이다. 그는 《일상적인 것의 변용The Transfiguration of the Commonplace》에서 예술의 수수께끼를 추적하여, "도대체 예술이란 무엇인가?"라는 질문에 답을 주려 했다. 그리고 20세기까지 내려온 단순한 대답과는 완전히 다르게 대답했다. 마르셀 뒤샹Marcel Duchamp은 20세기 초 미술관에 자전거 바퀴, 병 건조기, 남성용 소변기를 설치했다. 앤디 워홀은 당시에 가장 많이 사용한 세척용 패드를 담은 브릴로 상자Brillo Box와 똑같은 상자를 만들어 전시했다. 말하자면 뒤샹은 일상적인 물건을 미술관에 전시했고, 워홀은 대중적인 상품을 똑같이 만들어 전시했다. 두 경우 모두 일상의 대상과 다르지 않게 보이는 예술 작품을 만든 것이다. 그러면 남성용 소변기와 브릴로 상자의 전시에서 왜 예술 자체가 문제가 될까? 단토는 그 두 물건이 미술관 밖에 있는 똑같은 일상의 물건과 다른 무언가를 암시하고 있다고 생각했다. 즉, 예술가는 그 물건으로 무언가를 표현하는 것이다. 단토가 썼듯이, 예술 작품이란 "그 무언가에 관한"것이다. 그 작품을 감상할 때 우리는 자신에게 "예술가가 그 작품으로 무엇을 생각했을까?"라고 묻는다. 그와 반대로 일상의 물건에서는 그렇게 하지 않는다. 즉 "제조자가 이 남성용 소변기로 무엇을 표현하고자 했을까?"라고 묻지 않는다.

플라톤과 아리스토텔레스 시대의 사람들은 모든 예술 작품은 어떤 것을 모사한다고 생각했다. '미메시스Mimesis'는—그리스어로 '모방' '모사'라는 뜻—순간의 인상이었다. 당연히 예술은 자연을 모사하고, 인간을—극장에서, 그림에서, 조각을 수단으로— 모방해야 한다고 했다. 그 이후 이 이론은 2000년 이상 미술계를 지배했다. 그러나 모사 이론가들은 예술이 오직 현실적인 자연이나 이상적인 자연을—있는 그대로 혹은 있어야 하는 것으로—모사해야 하는 것인지를 두고 논쟁을 벌였다.

그리고 나중에 모든 예술은 어떤 것을 모사하거나 모방하는 것이 아님을 깨달았다. 음악과 추상화는 어떤 것을 있는 그대로 순수하게 재현하지 않는다. 그럼에도 불구하고 예술형식은 중요하다. 왜 그럴까? 그런 작품은 어떤 것을 모사하지 않더라도 충분한 표현이다. 표현만이 중요한 것이다. 지금의 예술은 표현을 의미한다. 추상화와 음악은 풍경화나 희곡과 마찬가지로 어떤 것을 표현한다. 감성, 기분, 생각을 표현하는 것이다. 그러나 예술 작품이 어떤 것을 표현하고 있다는 사실이 그렇게 독특한 것인가? 어떤 아이의 비명은 불안과 고통을 표현하지 않는가? 왜 아이의 비명은 예술 작품이 아니지만 에드워드 뭉크의 〈절규〉는 예술 작품인가? 또 피에트 몬드리안의 그림처럼 아무런 감정도 표현하지 않지만 우리 마음에 드는 예술 작품도 있지 않은가?

영국의 예술비평가인 클라이브 벨Clive Bell은 예술 작품은 내용이 아니라 어떤 것을 예술 작품으로 만드는 형식이라고 피력했다. 어떤 것이 묘사되고 표현되는 종류와 방식이 중요하다는 것이다. 모든 여행 사진도 무언가를 묘사할 수 있고, 모든 아이도 표현할 수 있다. 그러나 예술은 그런 것 이상이다. 벨은 '의미 있는 형식' 즉 의미를 갖고 내용을 나르는 형식에 대해 설명한다. 그는 독일의 철학자 헤겔과 아도르노가 강조했던 것에 주목했는데, 그것은 예술에 문제가 있다면, 내용과 형식이 분리될 수 없다는 것이다. 시는 형식이 손상되지 않고는 산문으로 번역되지 않는다. 만약 괴테의 시 〈마왕〉을 보다 객관적인 문장으로 다시 쓰면, 중요한 어떤 것이 손상될 것이다. 베토벤의 5번 교향곡도 단순히 그림이나 영화로 번역될 수 없다. 예술 작품은 어떤 것을 암시하는 것이다. 그러나 그 내용과 형식을 떼어내면 재현될 수 없다. 그렇지 않다면 미술관에 갈 필요 없이, 집에서 편하게 작품에 대한 글과 해석을 읽으면 된다. 그러나 그것은 미적 체험을 일으키지 않는다. 또 문제는 바로 이런 것이다. 예술 작품과 그 미적 성질이 동일한 일상의 물건을 어떻게 구별할까? 왜 미술관에 있는 남성용 소변기는 예술이고 그렇지 않은 다른 변기는 예술이 아닐까?

가장 소박한 대답인 '제도론'은 그것이 미술관에 있기 때문에 미술 작품이라고 말한다. 이 이론에 따르면 예술 세계에서 예술로 간주되는 것이 바로 예술이다. 전문가들이 남성용 소변기를 미술관에 설치하는 것에 의견을 같이할 경우, 남성용 소변기는 예술이 되는 것이다. 그러나 전문가들은 어떤 기준으로 결정할까? 그들 역시 착각할 수 있지 않을까? 오늘날 유명한 한 예술가는 그가 살아 있는 동안에는 무시되었고, 사진과 같은 예술 형식은 그것이 출현했을 때에는 예술로 인정받지 못했다. 예술이 예술로 타당한 바로 그것이라면 어떻게 그런 일이 일어날 수 있을까?

언어철학자 루드비히 비트겐슈타인Ludwig Wittgenstein의 철학에 기초한 예술 이론가들은 '예술'은 결코 정의될 수 없다고 생각했다. 예술 작품은 대가족의 구성원들처럼 아주 상이하다는 것이다. 사실 예술 작품들 중 일부는 서로 유사하긴 하지만, 일상의 물건들과 달리 모든 예술 작품에 공통된 특징은 없다는 것이다. 동시에 예술 개념은 지속적으로 변하고, 모든 정의는 이미 내일 낡은 것이 될 위험에 처해 있다는 것이다.

'예술'의 정의를 내리는 문제는 예술의 기능 문제와 다르다. 또한 예술의 정의에 대해서도 생각들이 서로 다르다. 많은 철학자는 예술이란 마음에 들면 된다고 생각하는 반면, 일부 철학자는 예술은 인간을 계몽하고, 사회를 비판하고, 사람의 감각을 섬세하게 하고, 진리를 발견하고, 새로운 관점을 열고, 생각을 자극해야 한다고 본다.

당신은 예술의 기능적 본질은 어디에 있다고 생각하는가? 좋은 예술 작품에서 무엇을 기대하는가? 아도르노가 생각했듯이 예술은 고뇌에 찬 것일까? 그리고 예술은 사람을 당황하게 하고 충격을 주는 것이거나, 아니면 마음을 안정시키는 것일까? 예술은 우선 당신의 감각이나 사고에 호소해야 할까? 당신은 눈을 부릅뜨고 새롭게 세계를 보아야 할까? 당신은 자신만의 비현실적인 세계로 들어가길 원하는가? 다행히도 이런 질문에 대한 어떤 올바른 대답도 그른 대답도 없다. 따라서 당신은 자유롭게 그리고 자신의 욕구에 따라 예술 작품에 접근할 수 있다. 그것이 즐거움이든 고통이든, 당신이 하고자 하는 것이 중요하다.

자유

> ‹

오늘날 서구 민주주의국가에는 과거에 없던 많은 선택 가능성이 있다. 어떻게 살지, 어떻게 돈을 벌지, 자녀를 가질지, 누구랑 결혼할지 선택할 수 있다. 또한 자유롭게 행동할 수 있고, 원하는 것을 할 수 있고, 생각을 자유롭게 표현하고, 정당을 선택하고, 스무 가지가 넘는 샴푸 중 하나를 선택할 수도 있다. 이런 여러 가능성 가운데 행위의 자유가 가장 중요하다. 우리는 자신이 원하는 것에 따라서 이렇게 행동할 수도 있고, 저렇게 행동할 수도 있기 때문이다.

하지만 우리가 서구 민주주의국가에 살더라도 원하는 대로 모든 것을 할 수 있는 것은 아니다. 적신호에 횡단보도를 건너서는 안 되고, 사람을 죽여서도 안 된다. 엄밀히 말해, 우리는 두 행위를 할 수 있지만, 그럴 경우 감옥에 가야 한다. 다음으로, 비록 우리가 원할 수 있고 그렇게 해도 되지만, 불가능한 것이 있다. 예를 들어, 우리는 식

량 없이 생존할 수 없고, 과거로 여행할 수도 없고, 중국으로 순간 이동할 수도 없다. 즉 이런 것을 원할 수는 있지만 그렇게 할 수 없는 것이다. 정치와 도덕에서뿐 아니라 물리 세계에서도 행위의 자유를 제한한다. 우리는 우리가 원하는 모든 것을 할 수 있는 것은 아니다.

행위의 자유와 구별되는 것이 의지의 자유이다. 우리 몸에는 구속복이 거의 입혀지지 않지만, 의지는 다르다. 세뇌, 강박장애, 중독을 생각해보자. 자신의 니코틴 중독이 부담스런 사람은 담배에 구속된 것처럼 느낄 것이고, 흡연 욕구는 이상하게 느껴질 것이다. 그는 담배에서 해방되길 원할 것이다. 의지는 중독에 조종을 당해서 꼭두각시가 되기 쉽다. 그러면 중독은 어디서 시작할까? 또 강한 욕구란 무엇이고, 내적 강제는 어디서 시작할까? 불안감이나 성욕이 갑자기 증가하면 부자유한가? 일상에서 선전, 미사여구, 광고는 우리에게 얼마나 영향을 미칠까? 우리의 진정한 욕구는 무엇일까?

철학이 탄생한 이래 철학은 자유의지 문제와 씨름해왔다. 비교적 최근에 탄생한 신경학도 그렇다. 많은 뇌 연구자들이 자유의지를 둘러싼 철학 논쟁에 새로운 기운을 불어넣었는데, 특히 미국의 뇌 과학자인 벤저민 리벳Benjamin Libet의 실험이 논쟁을 촉발했다. 그는 사람의 뇌는 의식적으로 행동을 결정하기 전에 이미 어떤 것에 자극된다는 사실을 밝혔다. 그 사실로부터 많은 것이 드러났는데, 그중 하나가 의지는 뇌를 뒤따라간다는 것, 즉 뇌는 우리가 의지 자극을 느끼기 전에 이미 결정한다는 사실이다. 이 실험은 다방면에서 비판을 받았다. 하지만 보다 놀라운 새로운 연구 결과들이 나타났다.

독일의 뇌 과학자 존딜런 헤인즈John-Dylan Haynes는 실험 대상자의 뇌 활동을 관찰한 결과를 근거로 실험 대상자가 어떤 단추를 누를지 예측할 수 있었다. 즉, 실험 대상자가 결정을 내리기 6초 전에 헤인즈는 예측했다. 그 결과는 우연 이상의 것이었다. 어떻게 그럴 수 있을까? 그래서 머리뼈 아래에 있는 뇌에 관한 많은 것이 연구되었고, 철학자들은 뇌 과학자들과 함께 그것에 대해 격렬히 토론했다. "결정하는 것이 자유롭지 않다."는 주장이 제기되었을 때, '자유롭다'는 것의 의미가 무엇인지 분명히 밝혀져야 하는데, 그것이 바로 철학의 역할이다. 심지어 우리가 결정을 내리기 전에 뇌에서 무엇이 자극되었는가와 상관없이 우리는 항상 자유롭다고 주장하는 철학자들도 있다. 비록 이런 견해가 이상하게 들릴지 몰라도 그것을 옹호하는 사람들도 있는 것이다. 여기서 우리는 세계가 불변의 법칙을 따르고 있는지, 그렇다면 그것은 자유에 대해 무엇을 의미하는지를 물어야만 한다.

미래는 계산될 수 있을까?

–

당신이 우주 전체를 일시에 정지시킬 수 있다고 상상해보자. 모든 것이 그 자리에 정지되어 있다. 모든 원자 하나하나도 정지되었다. 어떤 것도 움직이지 않는다. 더 나아가 당신이 모든 것을 안다고 가정하자. 세계의 모든 곳을 볼 수 있고, 물질의 속까지 깊이 들여다볼 수 있다. 또 정지된 순간 세계의 상태를 속속들이 안다. 따라서 각 부분이 어디에서 어떤 동인으로 어떤 속도와 어떤 방향으로 움직이는지도 안다.

과연 이런 지식을 가지고 미래를 예측할 수 있을까? 사실 그 계산은 아주 복잡하지만 원리적으로는 가능하다. 세계의 현재 상태는 직전 상태의 필연적인 결과가 아닌가? 그리고 현재 상태는 앞으로 상황이 어떻게 진행될지를 결정하지 않는가? 그렇다면 당신이 지금 여기에 앉아 이 책을 읽고 있는 것도 빅뱅 직후에 이미 결정된 것이다! 이것은 불합리하지 않는가? 자유는 환상에 불과하지 않는가?

이 사고실험은 프랑스의 수학자이자 천문학자 피에르 시몽 라플라스Pierr Simon Laplace, 1749~1827에서 유래했다. 그는 세계의 어떤 시기의 마지막 세부 사항까지 아는 존재를 상상했다. 후대의 작가들은 그 존재를 "라플라스의 악마"라고 불렀다. 라플라스는 그 존재가 세계의 임의적인 상태를 유추할 수 있다고 가정했다. 각 상태는 직전 상태의 필연적인 결과이며, 뉴턴의 운동법칙에 의해 세계는 시초부터 미래에 이르기까지 확정되어 있다는 것이다. 당신이 지금 이 책을 읽는 것도 이미 수십억 년 전에 결정되었다. 이런 세계관이 바로 결정론이다.

결정론은 한편으로는 맞고 다른 한편으로는 틀리다. 크게 보면 개연성이 없지만 작게 보면 설득력이 있다. 당신이 지금 하고 있는 것이 빅뱅 직후 결정됐다는 것은 말도 안 되는 소리다. 그러나 모든 사건은 이전 사건의 필연적인 결과라는 가정은 다소 긍정적인 면이 있다. 예컨대 두 개의 당구공이 부딪힐 때, 그것들이 충돌 후 어떻게 굴러가는가는 충돌 전에 이미 결정되어 있다. 모든 물리적 사건에서는 이런 것이 타당해 보인다. 사실 우리는 일상에서 우연적인 것에 대해 말하지만, 그것은 개연성이 아주 낮거나 무엇이 일어날지 모르는 상황을 의미할 뿐이다. 그래서 주사위를 던지는 경우 우연적이라고 말한다. 그러나 물리학적 관점에서는 주사위가 던져진 후, 그것이 바닥에 어떻게 놓일지는 명백하다. 그 법칙은 이미 알려져 있다. 단, 계산이 극도로 복잡할 뿐이다.

그런데 양자역학이 이 결정론적 세계관을 뒤흔들었고, 그 결과 대다수의 사람들이 결정론적 세계관은 유지될 수 없다고 생각했다. 물리학의 한 분야인 양자역학은 원자보다 작은 영역에서는 우연이 실재하며, 개개의 사건은 보다 큰 질서에 의해 결정되지 않는다는 데서 출발한다. 원자가 언제 쪼개지는지 계산하기는 불가능하다. 그것은 결정되지 않기 때문이다. 물질 내부는 혼돈과 우연성이 지배한다. 개연성 이상의 것은 없다. 상황은 규정되지 않으며, 특정한 개연성으로만 존재한다. 즉 기본 단위인 소립자가 다음 단계에 어디로 움직이는 것만 개연적이다. 그것은 두 당구공이 충돌 후 이리저리 굴러간다는 사실과 같다. 실제로 일어나는 것은 우연이다. 그런데 어떻게 그럴 수 있을까? 그러려면 어떤 소립자는 계속 다르지 않게 진행된다는 것을 규정해야만 한다! 아니면 그렇지 않을 것이다!

양자역학이 보급한 비결정론은 전체로 보면 그럴듯하지만 세부적으로 보면 우리의 사고 규칙을 지치게 한다. 결국 우리가 결정을 내려야 한다. 왜냐하면 우리의 자유는 우리의 결정에 달려 있기 때문이다. 모든 것이 결정되어 있다면 우리는 결코 자유로울 수 없다. 적어도 그것은 자유의지와 결정론의 양립 불가론과 일치한다. 양립 불가론자들은 결정론과 자유의지 둘 중 하나만 가능하다고 생각한다. 말하자면 그 둘은 상호 배타적이므로 양립 불가능하다는 것이다. 양립 불가론자인 당신에게는 두 가지 선택지가 있다. 인간은 자유롭고 세계는 비결정적이라고 하거나, 결정론을 받아들여 인간의 자유는 불가능하다고 주장하는 것이다. 자유주의자는 첫 번째를 주장하고, '자유 회의주의자'는 두 번째를 주장한다. 그러나 자유의지와 결정론이 양립 불가하다는 가정을 버리고, 결정론적 세계가 우리의 자유와 부합한다고 주장하는 양립주의도 있다. 이 입장은 모든 인간의 결정은 빅뱅 이래 이미 결정되었을지라도 그 또한 자유로울 수 있다는 주장을 펼친다. 즉, 자유란 어떤 것에 강제되지 않고 원하는 것을 행할 수 있는 것을 의미한다는 것이다. 오늘날 이 입장은 수많은 비철학자들을 놀라게 할 정도로 철학자와 대중에게 널리 수용된 생각과 충돌한다. 그러므로 그 근거를 보다 자세히 살펴보자.

나는 정말 다르게 결정할 수 있었을까?

—

당신이 어느 날 오후 작은 카페에서 메뉴판을 보고 있다고 생각해보자. 채소를 곁들인 스테이크와 채소 라자냐가 오늘의 메뉴이다. 당신은 순간적으로 가축의 열악한 사육 환경이 떠올라 고기가 먹고 싶지 않았다. 그래서 채소 라자냐를 선택한다. 아주 짧은 순간에 채식을 결정한 것이다.

당신은 정말 이와 다르게 생각할 수 있었을까? 당신은 "물론!"이라고 대답할 것이다. 그러나 당신이 시간을 돌릴 수 있어서, 결정하기 전으로 돌린다고 하자. 당신은 이 상황에서 그리고 동일한 시작 조건에서 다르게 결정할 수 있었을까? 당신은 가치, 신념, 성찰, 선호, 성향을 고려해도 정말 다르게 결정할 수 있었을까? 어쩌면 당신은 "확실해! 원하기만 하면 나는 내 성찰이나 성향과 반대로, 다르게 결정할 수 있었어."라고 대답할지도 모른다. 그러나 무엇이 결정적인 것이었을까? 모든 내외의 조건이 동일하다면 어떤 동기, 어떤 성찰이 저울을 한쪽으로 기울게 했을까?

만약 기막힌 고기 굽는 냄새가 콧속을 자극하거나 불쌍한 가축을 생각하지 않았다면, 고기를 먹기로 결정했을 텐데. 또 만약 달리 가정했으면 달리 결정했을 텐데. 그러나 어떤 다른 가정도 없다면 상황은 동일하다. 우리는 동일한 조건에서도 달리 결정할 수 있었을 것이라고 주장하고 싶어 한다. 그러나 어떻게 그렇게 되는가? 다른 결정이란 순전히 우연이 아닐까? 그런데 우연은 자유가 아니다. 결정의 자유가 동일한 상황에서 다르게 결정할 수 있음을 뜻한다면, 자유의지는 입지가 좁을 것이다. 사람이 어떻게 동일한 상황에서 이렇게 혹은 저렇게 결정하는지는 불분명하기 때문이다.

이 사고실험은 자유의지를 둘러싼 철학 논쟁에서 자유의지에 대한 소박한 생각은 불분명하고 비현실적이고, 심지어 모순된다는 사실을 보여준다. 우리는 종종 모든 것보다 우월하고, 온갖 영향에서 벗어나 독립적으로 결정하는 자아가 있다고 생각한다. 사실 무엇을 결정할 때는 확신, 감정, 소망 등이 함께 작용하지만 결국 자유로운 행위에서는 언제나 자아가 결정한다. 그래서 우리는 그렇게 생각한다. 하지만 우리는 자아가 신체, 성격, 감정, 신념, 확신, 생각, 기억, 가치, 관심과 독립적이지 않다는 사실을 망각한다. 이러한 요소들의 영향이 없다면 우리는 현재의 우리가 아니며, 의지는 방향을 갖지 못할 것이다.

사람들은 대부분 우리가 감정, 욕구, 열망에 굴복하면 자유롭지 못하다고 생각한다. 하지만 그런 생각이 이상하다. 그런 생각이 맞다면 우리는 일상에서 결코 자유롭지 못할 것이다. 우리가 아침 식사에서 버터를 먹기로 결정하거나 애인과 잠자리를 하기로 결정할 경우, 우리는 욕구에 이끌리지만 그것이 우리의 자유를 줄이지는 않는다. 오히려 그 반대이다.

이 경우 충동과 동기에 어떻게 '대처하는가'가 중요하다. 마약중독자는 마약에 대한 갈망과 동일시될 수 없다. 그에게 마약 주사를 맞고 싶다는 욕구는 이상한 내적 강제로 느껴진다. 그러므로 주사를 맞겠다는 결정은 부자유한 것이다. 그 결정은 그가 본디 하고 싶고 되고 싶은 것과 일치하지 않기 때문이다. 결국 그는 주사에서 벗어나고 싶어 한다. 그가 하는 것과 그가 원하는 것이 모순된다. 그는 이성적인 성찰을 근거로 갈망에 굴복하지 않고, 갈망을 이겨낸다. 마약중독자는, 스위스 태생의 철학자 페터 비에리Peter Bieri가 썼듯이, 충동에 이끌리는 자이다. 만약 겨울에 따뜻한 물로 목욕하기로 결정한다면 우리는 의식적으로 그 충동과 소망을 따르는 것이다. 내외의 강제에 굴복하는 것이 아니라 내적 승낙으로 가장 강한 동기를 따르는 것이고, 목적과 성찰에 일치하여 행동하는 것이다. 그것이 자유이다. 그 이상의 것은 불필요하다.

방금 서술한 입장은 양립주의에 속한다. 그 입장은 자유의지가 올바로 이해되면 결정론적 세계관과 일치한다는 것을 출발선으로 한다. 또한 우리는 그 입장에서, 내외의 강제에 지배되는 사람과 자신의 성찰과 목적에 부합해서 행동하는 사람을 구별할 수 있다. 첫 번째 부류는 '부자유한' 사람이고 두 번째 부류는 '자유로운' 사람이다. "세계는 결정되어 있을까?"라는 문제는 어떤 사람이 "자유로운가 혹은 부자유한가" 하는 질문에 아무런 역할도 못한다.

결정은 진공 상태에서 일어나지 않는다. 우리에게 영향을 끼치는 요소들, 즉 성격, 감정, 성찰, 소망과 같은 요소들이 언제나 존재한다. 어떤 임의적인 상황에서든 소망, 성찰, 감정과 독립되어 결정하는 자아가 있다는 소박한 생각은 양립주의자의 시각에서는 지지될 수 없고 이해될 수도 없다. 양립주의자들은 많은 사람이 생각하는 무조건적 자유는 우연 이외의 다른 것이 아니라고 본다. 출발 조건이 어떻게 계속 진행되는가를 고려하면, 행동은 우연적인 것이지 자유로운 것이 아니다. 하지만 많은 자유주의자들은 그것은 우연이 아니라, 오랫동안 일어난 것을 자아가 결정했다는 데까지 논의를 끌어간다. 그러나 이런 자아가 무엇을 따르는지, 즉 현실적 소망, 성찰, 감정과는 독립된 자아가 어떤 목적을 따르는지가 불분명한 한 그것은 의미가 없다. 나의 성찰, 소망, 감정은 내 자아의 일부일까?? 그렇지 않다면, 그런 자아는 무엇이고 또 그 자아가 외부와 상관없이 이 세계에 개입하는 방법을 설명해야만 한다.

나는 누구일까? 나의 무엇이 나에게 속할까? 나의 견해는 어떤 것이고 타인에게서 무엇을 받아들였을까? 어떤 소망과 가치가 실제 나의 것일까? 그리고 나의 감정 중 어떤 것이 진짜일까? 나는 언제 어떤 것을 스스로 계획했을까? 자유로움을 지향하는 사람은 항상 이 질문들을 새롭게 던져야 한다. 자유는 자율이다. 그리고 내가 행한 것, 생각한 것, 추구한 것을 규정한 바로 그 자아가 '나'인지는 내가 나 자신을 인식했을 때 비로소 알 수 있다. 자신을 규정하지 못하면 자율도 없다. 자신을 잘못 아는 사람은 자유로울 수 없다. 자유롭다는 것은 인간이란 무엇인가를 아는 것만큼이나 어렵다.

우리 인간은 어릴 때부터 가치와 신념을 물려받는다. 우리는 성격, 세계관, 삶의 이상을 스스로 선택하지 않는다. 사람의 배경과 상관없이 그것들은 자아에 은밀하게 스며든다. 그때 우연이 결정적인 역할을 한다. 즉 부모, 친구, 본보기, 책, 영화, 만남 등이 우리에게 각인되어 현재의 우리를 만든 것이다. 우리가 자아라고 부르는 것은 과거 우연들의 자국으로 이루어진 콜라주와 비슷하다. 자유의 문제에서는 우리가 이런 외적 영향에 어떻게 대처하는가가 중요하다. 많은 것이 우리에게 부적합해도 우리는 그것을 수용한다. 우리는 다른 이들과 행동을 같이하고 함께 참여하기도 하고 다른 이를 속이기도 하고 때로 우리 자신도 속인다. 아쉽게도 여기에는 자유가 없다. 우리는 다른 어떤 것을 실제로 원하기 때문에 그것을 받아들인다. 그리고 그것을 자신의 것으로 만든다. 우리의 행동뿐 아니라 우리 자신도 변한다. 우리가 행한 것만이 진정한 것이다. 이런 점에서 우리는 자유롭다.

자유는 "있다 없다"로 답하는 드문 질문 중 하나이다. 우리가 내리는 대부분의 결정은 그 사이에 있다. 만약 당신이 상대방과의 관계 때문에 그와 타협하고, 상사의 지시에 호의적으로 따를 경우 당신은 자유롭게 행동하는 것일까? 가령 당신이 상품을 구입할 때 포장, 광고, 점원의 친절에 영향을 받는다면 자유롭게 결정할 수 있을까? 만약 당신이 교육과 성격을 핑계로 연장자에게 의지하고 변화를 회피한다면 당신의 결정은 자유로운가? 그런 영향 요소들을 아는 것은 매우 중요하다. 그러나 그것들에 어떻게 접근하는가가 더욱 중요하다. 우리는 무엇을 낯선 것으로, 무엇을 자신의 것으로 느낄까? 이것이 결정적인 질문이다. 가끔은 어떻든 양쪽 모두로 느끼는 경우도 있다.

살인자가 다르게 할 수 없다면

—

당신이 이웃을 죽이고 싶어 한다고 상상해보자. 그럴 만한 이유가 있다. 그런데 그럴 의도를 가진 사람은 당신 혼자가 아니다. 마피아 역시 그 이웃을 제거하길 원한다. 그런데 마피아가 당신을 살인에 이용하려고 몰래 당신 뇌에 마이크로칩을 심는다. 마피아는 이 칩으로 당신이 매 순간 어떤 결정을 내리는지 확인하고, 당신의 결정을 이런저런 방향으로 조종할 수 있다.

이제 두 가지 가능성이 있다. 당신이 자신의 충동으로 이웃 살해를 결정하면 마피아는 개입하지 않을 것이다. 당신의 결정은 마피아에게도 적절하기 때문이다. 그러나 당신이 이웃을 살해하지 않기로 결정한 것을 마피아가 확인하면 마이크로칩을 작동해서 당신이 이웃 살해를 결정하게 만들 것이다. 그에 따라 당신은 이웃을 살해한다. 두 경우 모두 당신에게 살인에 대한 책임이 있을까? 아마 당신은 "마피아가 개입했으면 내 책임이 아니다."라고 주장할 것이다. 만약 당신이 자신의 충동으로 이웃을 죽인다면, 그것은 무엇일까?

사람들은 다른 결정을 내릴 수 있는 사람만 행위에 책임이 있다고 생각한다. 그러나 그 생각이 맞을까? 마피아가 개입하는 경우, 당신의 결정은 이미 결정되어 있다. 당신은 이웃을 살해하기로 결정할 수밖에 없다. 이웃을 살게 두면 마피아가 개입하기 때문이다. 그러나 마피아의 개입 없이 스스로 살해 결정을 할 경우 당신은 도덕적으로 책임이 있다. 다른 결정을 내릴 수 없어도 그렇다.

그러므로 다른 결정을 내릴 수 없는 경우에도 그 결정에 책임을 질 수 있는 것이다. 그것은 옳을까?

이 사고실험은 미국의 철학자 해리 프랑크푸르트Harry Frankfurt에서 유래했다. 그는 자유의지 논쟁에서 비중 있는 목소리를 내는 철학자이지만, 진리와 사랑에 관련된 책도 썼다. 그의 대중적인 저서로는 《헛소리On Bullshit》가 있다. 프랑크푸르트에 따르면, 오늘날 우리는 많은 헛소리를 한다. 사물들에 대해 이해하지 못한 채 이야기하고, 더욱이 우리의 말이 진실인지 거짓인지에 대해서 무관심하다. 그리고 어떤 의견을 갖는 것 자체만 중요시한다.

프랑크푸르트는 자유의지 논쟁에서 양립주의의 입장을 대표한다. 그의 의견은 우리가 높은 수준의 소망에 부합한 행동을 할 때 우리의 의지는 자유롭다는 것이다. 마약중독자의 마약에 대한 요구는 그의 높은 수준의 소망과 부합하지 않으므로, 그는 마약에서 해방되길 원하는 것이다. 그가 행한 것은 그가 원하는 것과 모순된다. 수많은 흡연자에게도 똑같이 적용된다. 대부분의 일상 행위에서는 그 반대가 많다. 말하자면, 우리를 몰고 가는 관심은 우리가 원하는 것과 부합한다. 따라서 우리는 자유롭다. 그때 세계가 결정되어 있는지 아닌지는 아무 역할도 못 한다. 또한 세계의 진행 과정이 이미 결정되어 있다 해도 우리는 자유로울 수 있다.

책임이란 두 가지 선택지 가운데 하나를 선택할 수 있음을 전제한다. 적어도 그렇게 보인다. 강제되거나 다르게 할 수 없는 사람은 그가 행한 것에 책임을 지지 않는다. 예를 들어, 은행 강도가 총으로 위협해서 은행원이 금고를 연 경우 은행원은 은행 파산에 아무 잘못도 없다. 그는 달리 행동할 수 없었고, 자신의 목숨이 달려 있었기 때문이다. 그러나 "다르게 행동할 수 있는 사람만 책임이 있다."는 원칙은 예외 없이 타당한가? 마피아가 관여된 사고실험은 그 반대를 시사한다. 즉, 당신에게는 어떠한 선택지도 없다. 오로지 살인만 결정할 수 있다. 자신의 충동에서 자유롭게 살인을 결정하든가, 당신 뇌에 심긴 마이크로칩 때문에 마피아에 의해 부자유하게 살인을 결정하게 된다. 당신은 이웃 살해 이외의 다른 것을 할 수 없다. 그럼에도 적어도 첫 번째 경우 사람들은 당신의 살인에 책임을 부과할 수 있다. 그러므로 우리 행위에 책임을 지는 데에 필요한 자유는 우리가 다르게 행동할 수 있는 것을 전제하지 않는다. 양립주의자는 자유도 책임도 모두 다르게 행동할 수 있음을 전제하지 않는다고 주장한다. 그 반대편에 선 양립 불가론자는, 자발적으로 살인을 결정했을지라도 이웃 살인에 책임이 없다고 주장할 것이다. 당신이 달리 행동할 수 없다는 단순한 이유만으로 그렇다.

법과 정의

두 마리 귀여운 원숭이가 분리된 우리 안에 앉아 있다. 원숭이들의 과제는 실험자가 준 돌멩이 하나를 제자리에 놓는 것이다. 첫 번째 원숭이는 과제를 완수하고 보상으로 오이 한 조각을 받는다. 두 번째 원숭이는 같은 일을 하고 보상으로 맛난 포도를 받는다. 첫 번째 원숭이는 그 장면을 보고 당황해서 불만에 찬 반응을 보이는데, 그 반응은 마치 '그 차이는 우연일 거야. 다음에 어떤 일이 생길지 한번 보자.'고 생각하는 것처럼 보인다. 그러나 다음에도 첫 번째 원숭이는 오이를, 다른 원숭이는 달콤한 포도를 받는다. 이번에 첫 번째 원숭이는 더 이상 참지 못하고 오이를 내던지고 손으로 바닥을 긁고 창살을 마구 흔든다. 그런 불공평한 대접을 더 이상 참을 수 없다는 것이다.

사라 브로스넌Sarah Brosnan과 프란스 드 발Frans de Waal이 수행한 이 실험 내용이 담긴 비디오테이프가 전 세계에 유포되었다. 그 실험 결과는 놀랍게도 원숭이가 정의감을 뚜렷이 나타내는 듯 보였다. 두 원숭이는 같은 일을 하지만 한 원숭이는 다른 원숭이보다 더 좋은 보상을 받는다. 그것은 불공평하다. 그래서 원숭이가 사람에게 항의를 한 것이다.

불공평성의 의미는 인간에게도 깊이 자리를 잡고 있다. 정의는 보편적 가치로 보인다. 대부분의 문화, 세계관, 종교에서도 정의는 공동생활을 위한 중심 개념이다. 인간은 모두 정의를 소망한다. 그러나 정의에 대한 이해는 다르다. 세계관에 따라 한 대상이 정당한 것으로 또는 부당한 것으로 간주된다. 즉, 정의의 개념은 복잡하고 다층적이다.

정의가 무엇인가를 말로 표현하기는 어렵지만, 일상에서 우리는 부당함을 즉각적으로 인식한다. 해일이 가난한 사람들을 덮치면, 경영자라고 해서 터무니없이 많은 급여를 받으면, 인권이 짓밟히면, 여성이 남성보다 임금을 적게 받으면, 뇌물이 중요한 결정에 영향을 끼치면, 계약이 이행되지 않으면, 동일한 성과에 차별 대우를 하면, 기회가 평등하게 분배되지 않으면, 우리의 에너지와 자원 낭비 때문에 미래 세대가 고통을 받게 되면, 우리는 이 모든 것을 즉각 부당하다고 인식한다.

정의를 추구하는 사람은 결코 평등을 간과하지 않는다. 그러나 문제는 어떤 평등인가 하는 것이다. 우리는 모두 동등하게 많이 가져야 할까? 무엇을? 우리에게는 동일한 권리 · 자유 · 출발 조건 · 기회 · 임금이 필요한가? 정의에는 평등 외에 공평성도 중요하다. 법과 정의의 여신상이 눈을 가린 것은 이유가 있다. 법의 정의는 누구를 판결하는지 고려하지 않는다. 그 판결은 청렴하고 중립적이다. 법과 정의의 여신은 한 손에 저울을, 다른 손에 칼을 들고 있다. 법은 사건의 객관적 비중을 인지하고 상황에 적합한 벌을 내림으로써 균형을 잡는다. 부정의에는 제재를 가한다. 모두가 동의하기 때문이다. 그러나 부정의에 상응한 법률이 없는 경우에는 부정의를 참아야 할 때도 있다.

그러나 법 밖에서 정의를 말하는 것이 의미가 있을까? 정의는 법과 어떤 관계일까? 법에 상응하는 모든 것은 정당할까? 이런 질문을 중심으로 법실증주의자와 자연법주의자 간에 치열한 철학 논쟁이 계속되고 있다. 법실증주의자는 사실에 의해 성립된 타당한 법이 정당하다고 주장한다. 그 반대로 자연법주의자는 모든 인간은 태어나면서부터 그가 살고 있는 국가의 인정 여부와 관계없는 어떤 권리를 갖는다고 주장한다. 자연법에서는 모든 인간은 인권을 소유한다고 보지만, 실증법에서는 그것이 모두에게 허용된 것은 아니라고 본다. 법실증주의자에게는 기존의 법을 비판하거나 수정할 수 있는 기반이 없는 반면 자연법주의자는 자연적 권리가 어디서 유래하며 왜 그것이 타당한지를 보여줄 수 있다. 왜 인권이 타당할까?

우리는 정의의 문제로 방향을 틀기 전에 왜 법치국가가 필요한가라는 질문을 던져야 한다. 우리는 법 없이는 자유롭지 못하고 행복할 수 없을까? 왜 우리는 국가권력에 복종해야 할까?

원시인들

—

당신이 자유로운 상태에서 혼자 살고 있다고 상상해보자. 사실은 때로 다른 사람들을 만나지만 당신을 규제하는 공동생활도 없고, 법률도, 국가도 없다. 아무튼 모든 사람은 서로 싸워야만 한다. 당신은 새처럼 자유롭고 원하는 것을 모두 할 수 있다. 하지만 다른 사람들도 마찬가지다.

당신은 강가에 작은 움막집을 짓고 과일과 채소를 채집하고 사냥을 하고 다가오는 겨울에 대비하여 음식을 저장한다. 그러나 당신은 지속적인 불안과 불확실성 속에서 살고 있다. 자기 보존의 열망이 세상을 지배하고 있기 때문이다. 당신은 언제든 강도의 습격을 받을 수 있다. 그 습격 뒤엔 당신은 빈털터리가 된다.

당신은 이런 불쾌하고 불확실한 상황을 다른 사람들과 이야기했고 모두 같은 문제가 있음을 경험한다. 모든 사람이 자유와 독립은 아름답고 좋지만, 안전을 보장받지 못해서 불안 속에서 산다고 말한다. 그 때문에 사람들은 다른 사람과 계약을 맺기로 결정하는데, 그 내용은 각자 다른 사람을 평온하게 내버려두고, 남의 일에서 거리를 두자는 것이다. 그러나 모두가 그 계약을 지킨다는 것을 누가 보장할까? 누군가는 법과 질서를 수호하고 계약을 어긴 자를 벌해야 한다. 그러나 누가 해야 할까? 그것이 누구든 그의 주된 일은 모두가 평화롭게 생활할 수 있도록 보장하는 것임을 모두가 안다. 따라서 선택된 질서 수호자들에게 모든 권력이 양도된다. 모든 무기가 수거되고, 넘겨진다. 질서 수호자들은 그곳의 법과 질서를 지키는 경찰 부대를 창설한다. 사람들은 이제 안심한다. 사람들은 더 이상 이웃의 정원에 떨어진 열매도 훔칠 수 없지만, 그 대신 그들은 자신이 생산한 것에 대해 불안감을 가질 필요가 없다. 단, 경찰 병력이 갑자기 권력을 남용하지 않기를 바라는 것만 남는다.

이 사고실험은 17세기 영국의 철학자 토머스 홉스Thomas Hobbes에서 유래했다. 그는 사려 깊은 사상가였고, 세계는 움직이는 물질과 다르지 않다고 하는 유물론적 세계관의 옹호자였다. 유물론적 세계관에서는 세상은 서로 충돌하는 작은 요소들이며, 그 이상의 것이 아니라고 본다. 홉스는 자기의 사상을 고대 그리스의 원자론자 레우키포스와 데모크리토스의 사상에 연결했는데, 그들은 "한 사물은 현상적으로 색을 갖고, 또 현상적으로 달기도 하고 쓰기도 하지만, 사실 원자들과 빈 공간만 존재한다."고 했다. 홉스에 따르면, 인간은 지속적으로 욕구 충족을 추구하는 움직이는 원자 집합과 다르지 않다. 우리는 자기의 이익을 만족시키는 것을 "선한 것"이라고 하고 자기에게 해를 끼치는 것을 "나쁜 것"이라고 한다. 도덕과 정의, 법률은 평화를 심고, 생존을 보장하고 공동생활을 안락하게 만들기 위해 존재한다. 법이 없으면 인간은 상호 투쟁 상태에서 살게 될 것이기 때문이다. 홉스가 이렇게 말할 때 염두에 둔 것은 바로, 그 당시 영국에서 벌어진 끔찍한 시민전쟁, 즉 왕과 의회, 구교와 신교 간의 전쟁이었다.

홉스는 자신의 주저 《리바이어던》에서 어떻게 국가의 권위가 정당화될 수 있는지 묻는다. 인간신의 법률도 믿지 않고, 천부적인 권리도 믿지 않고, 오직 자기 보존의 권리만 믿는다. 그래서 인간 스스로가 법률을 제정한다. 어떤 법률도 구속력이 유효하지 않는 한, 옳음도 부당함도 없다. 홉스는 이런 무정부 상태를 분명히 보여주기 위해, 인간이 사회, 국가, 도덕, 법률 없이 어떻게 살아갈 수 있을지 자문하면서 인간의 자연 상태를 창안한다.

홉스는 인간은 자연 상태에서 우선 자신의 생존, 욕구, 안전을 걱정한다. 그리고 그가 서술한 것처럼 자연 상태에서는 '만인에 대한 만인의 투쟁'이 지배한다. 각자는 타인에게서 필요한 것을 빼앗고, 모든 사람이 불안 속에서 산다. 인간은 완전한 자유 상태에 있지만 동시에 안전도 없다. 도처에 위험이 도사리고 있다.

홉스에게 이런 자연 상태에서 벗어나는 유일한 이성적 탈출구는 바로 개개의 인간들에게 특정 권리를 보장하고 특정 의무를 요구하는 사회계약을 맺는 것이었다. 어떤 자유는 포기하지만 대신 안전을 보장받는 것이다. 이런 계획을 실행하려면, 홉스가 기술했듯이 권력 독점 즉 '지배'가 필요하다. 절대적인 지배자는 국가에서 안전과 질서를 돌본다. 그럴 경우에만 평화 관계가 보장될 수 있다. 그리고 평화야말로 모든 인간의 목표이다. 홉스는 사고실험에서 자연 상태의 절대 자유를 제한하고 사회계약을 통해 독점 권력에 복종하는 것이 이성적이며, 또한 모든 사람이 그것을 자기가 한 것으로 이해할 수 있음을 보여주려 했다. 자유 대신 평화라는 것이다.

홉스에 따르면, 인간의 본성은 사실 악하지 않지만 평화롭고 행복하게 살려면 국가가 필요하다. 그러나 스위스 제네바 태생의 계몽주의 철학자 장 자크 루소Jean Jacques Rousseau는 생각이 많이 달랐다. 그는 단호한 사회 비평가였으며, 자연 상태의 인간은 본성이 선하지만 사회관계에서 이기심이 생겨난다고 생각했다. 인간이 그런 자연 상태를 포기할 정당한 근거는 없다. 그것은 숙명적인 우연이었다. 어떤 누가 작은 땅덩이의 권리를 요구하고, 자신의 소유물이라고 주장했다. 그것이 자연 상태가 끝나는 시초였다. 루소는 그런 권리 요구를 다음과 같이 이해했다. "땅덩이에 담을 치고 '이건 내 거야.'라고 말하겠다는 생각을 최초로 한 사람, 그리고 자신의 말을 믿을 아주 소박한 사람들을 찾아낸 사람이 문명사회의 창시자였다. 그러나 말뚝을 뽑아내고, 도랑을 메우며, 동료들에게 '사기꾼의 말에 조심하고, 땅의 열매는 모든 이의 것이고 땅은 그 누구의 소유도 아니라는 사실을 잊으면 너희는 버림받을 것'이라고 외쳤던 사람들은 얼마나 많은 전쟁, 범죄, 살인, 고통, 경악에서 인간을 벗어나게 했던가!" 잘 알려져 있듯이, 카를 마르크스Karl Marx도 루소의 책을 탐독했다. 두 사상가는 소유를 맹비난했고, 소유가 인간 사이에서 질투와 시기, 비교, 경쟁, 인정, 명예, 소유, 부의 추구를 촉진한다고 비판했다. 소유와 사회생활 때문에 인간의 이기적인 행위가 부각되는 것이다.

루소에 따르면, 이런 타락한 세계에서 인류를 구하기 위해서는 양질의 교육이 필요하다. 그는 《에밀, 교육에 관하여》라는 저서에서 인간의 선한 맹아가 발전할 수 있는 교육 형식을 추구했다. 우선 아이를 사회의 영향에서 보호하고 자연스러운 욕구에 따라 살 수 있는 상황으로 데려가야 한다. 따라서 최적의 교육은 소극적이고 간접적이어야 하는데, 나쁜 것에서 거리를 두게 하고 선이 발전할 수 있는 환경을 만드는 것이다. 루소는 인간이 저지르는 대부분의 악덕은 인위적이며 사회를 통해 생성되는데, 물질적 부의 갈망과 인정의 열망 때문에 그렇게 된다고 생각했다. 사회 환경에서 멀리 떨어져 자란 아이는 시기심도 모르고 소유와 명망에 대한 갈망도 없다. 그런 자연에서 성장한 아이는 독립적이고 자율적이고 자유로운 성인이 되는데, 그는 사회적인 기대에 의해 노예가 된 다른 사람과는 정반대이다. 루소는 "인간은 자유롭게 태어났다."고 서술하고, "그리고 인간은 도처에 쇠사슬로 묶여 있다."고 덧붙였다.

그렇다면 행복하고 자유롭게 살려면 은둔자가 돼야 하는가? 루소의 생각은 달랐다. 그는 공동체에서 비로소 발견할 수 있는 높은 형식의 자유가 있기 때문이라고 보았다. 그 높은 형식의 자유는 직접 민주주의에서만 가능하다. 이상적인 공동체에서는 모든 구성원이 결정에 참여하고, 공익을 위해 전력을 다한다. 그때 개인 의지는 공동 의지와 섞이는데, 자주 인용되듯이, 그것이 '일반의지'이며, 각자 결정에 참여하고, 모든 사람은 비당파적인 성찰과 이해에 따라 결정한다. 개인은 전체를 위해, 전체는 개인을 위해 존재하는 것이다. 그러나 공동체 구성원이 편견에 사로잡히지 않고 선택하며 누구도 자신의 이익만 추구하지 않다는 것을 어떻게 보장할 수 있을까?

무지의 장막

—

당신에게 사회 법규를 근본적으로 새롭게 제정할 능력이 있다고 가정해보자. 당신은 원하는 모든 법률을 공포할 수 있다. 그런데 문제가 하나 있는데, 그것은 당신이 '무지의 장막'에 가려져 있다는 것이다. 그래서 당신은 사회에서 어떤 지위인지, 신체적 정신적 특징이 어떤지, 어떤 재능과 약점이 있는지, 직업은 무엇이며, 수입이 얼마인지를 알지 못한다. 또 성 정체성이 무엇인지, 관심이 무엇인지, 어떤 민족인지, 어떤 종교인지도 모른다. 당신은 놀이 규칙을 결정할 수 있지만, 당신이 어떤 입장에서 어느 편에서 활동할지 모른다.

과연 무지의 장막은 당신이 사회의 기본 원칙을 정당하고 공정하게 결정하도록 보증할까? 당신은 어떤 기본 규칙을 바탕으로 다른 사람과 의견을 같이하게 될까?

이 사고실험은 미국의 철학자 존 롤스John Rawls에서 나왔다. 1971년에 출간된 그의 《정의론》은 20세기에 가장 영향력 있는 정치철학 서적으로 평가된다. 롤스는 그곳에서 정의로운 국가는 어떤 근본 원리에 기초해야 하는가 묻는다. 무엇이 올바른가? 올바른 것을 규정하는 것은 무엇인가? 그는 정의를 규정하려면 공정한 조처가 필요하다고 생각하여, 무지의 장막을 가동한다. 그 장막은 공생의 기본 규칙을 추구할 때 자신의 이해관계에 조종되지 않도록 보장한다. 즉 장막이 공평성을 보장하는 것이다.

한 사회의 기본 원리를 결정하는 사람은 공정하고 공평하게 결정해야 한다. 그 결정이 자신에게 어떤 영향을 미치는지를 몰라야 가장 공평하게 성공하는 것이다. 부자는 부자 세금이 문제가 될 때 편파적이다. 가난한 사람들도 마찬가지다. 그러나 자신이 부유하게 사는지 가난하게 사는지를 모르는 사람은 부자와 빈자 모두에게 공정한 법률을 제정할 것이다. 즉 무지의 장막에 가려진 자만이 모든 사람에게 공평한 공생의 기본 규칙을 규정할 것이다. 그런데 그것은 무엇을 의미할까? 빈자와 부자, 남자와 여자, 유신론자와 무신론자, 지성인과 비지성인, 속물과 히피는 무지의 장막 뒤에서 무엇에 합의할 수 있을까?

롤스는 그들이 이성적이라면 다음 원칙에 합의할 수 있다고 보았다. 첫 번째 단계에서 그들은 모든 사람이 동일한 권리를 갖고 가능한 많은 자유를 갖게끔 기본 규칙을 정할 것이다. 그래서 "모든 사람에게 평등한 자유를 가능한 많이"라는 최고 원칙을 주장한다. 이주의 자유, 재산권, 언론과 선택의 자유, 차별 금지 같은 기본권은 모두에게 동등하게 적용돼야 한다. 기본권과 자유라는 테두리 안의 두 번째 단계에서, 불평등은 그것이 모든 사람에게 유익을 주고 또 약자에게 유익을 줄 경우에만 유지될 수 있다. 따라서 불평등은 모든 사람이 그것에서 이익을 얻을 경우에만 평등보다 선호될 수 있다. 이 규칙을 "최소 극대화 원칙"이라고 하는데, 그것은 저소득층을 도와서 최소 수익을 극대화하기 때문이다. 세 번째 단계에서 고소득층 신분은 원리적으로 모두에게 열려 있어야 한다. 즉, 각자 신분 상승을 위해 노력할 수 있어야 한다. 그것을 "기회 균등의 원칙"이라 한다.

롤스는 이런 원칙을 기반으로 이성적인 인격이 무지의 장막 뒤에서 합의할 수 있을 것이라고 생각한다. 그리고 장막은 개인적 이해관계의 작용을 중지시키고 공정하게 숙고하여 결정하도록 보장하기 때문에, 롤스는 이 원칙을 공평하고 정당한 것으로 간주한다. 그러나 그것이 현실에 적합할까? 장막 뒤에 포커를 치는 도박사가 있다고 해보자. 그는 부자가 되고 싶을 것이고, 부자는 자신의 부에 대해 비난이 아닌 칭송을 받아야 한다고 생각할 것이다. 그래서 그는 가난이라는 위험 요인을 의식적으로 감내한다. 롤스는 사고실험에서 그런 위험 요인을 즐기는 도박사를 배제한다. 그러나 과연 이 도박사가 내민 조커 패는 비이성적일까?

이 사고실험에서 장막은 결코 중립적인 평가를 보장하지 못한다는 반론이 제기되었다. 롤스가 제시한 합의 가능한 정의의 원칙 배후에는 서구 사회의 개인주의적 모델이 숨어 있다는 것이다. 그것은 "종교 원리주의자들이 무지의 장막 뒤에서, 어떤 원리를 기초로 상호 합의에 이를 수 있을까?"라는 질문을 하면 분명해진다. 또 인종 차별주의자는 어떨까? 그는 무지의 장막 뒤에서 유색인종을 더 가혹하게 다뤄야 한다는 점에 동의하지 않을까? 따라서 결정적 질문은 다음과 같다. 우리가 어떤 규정을 내릴 때 자신의 세계관과 가치관을 무시할 수 있을까? 좋은 삶이 무엇인지 묻지 않고도 실현할 수 있는, 중립적인 정의가 있을까? 어떤 세계관과 가치관은 우리의 정체성 형성에 매우 큰 영향을 주고, 깊이 자리를 잡고 있어서 우리는 그것을 무시할 수 없다. 그러므로 공동체주의 입장에서 롤스에 대한 비판이 나올 수밖에 없다.

최소 극대화 원칙도 비판되었다. 다음 예를 살펴보자. 두 개의 보물 상자 중 하나를 선택한다고 가정하자. 첫 번째 상자에는 1000유로 또는 100유로가 숨겨져 있고, 두 번째 상자에는 500유로 또는 300유로가 들어 있다. 여기서 최소 극대화 원칙에 따르면 두 번째 상자를 선택해야 한다. 두 번째 상자에서는 적어도 300유로가 확보되기 때문이다. 첫 번째 상자에서 실패하면 100유로만 가질 수 있다. 두 번째 상자에서의 나쁜 결과가 첫 번째 상자의 나쁜 결과보다 더 좋다. 그래서 최소 극대화 원칙에 따르면 두 번째 상자를 취하는 것이다. 그러나 첫 번째 상자의 선택이 더 이성적인 경우는 없는가? 급한 수술 때문에 1000유로가 필요하고 300유로는 도움이 안 되는 그런 경우가 아닐까? 그러나 또한 다음과 같이 질문할 수도 있을 것이다. 70억 인류가 모두 매일 10유로를 버는 경우가 한 사람은 9유로를 벌고 나머지 모두는 100유로를 버는 경우보다 더 정의로울까? 낮은 임금은 두 번째 경우가 더 낮지만, 한 사람을 제외한 70억 인구는 10배나 더 벌지 않는가!

존 롤스를 가장 신랄하게 비판한 철학자는 미국의 로버트 노직 Robert Nozick이다. 그는 자유 지상주의의 대표자로, 국가는 소유권 등 기본권을 보호해야 하지만 분배 문제에는 개입하지 말아야 한다는 견해를 표방한다. 노직은 불평등이 모든 사람에게 유익을 가져올 경우 그것을 참아야 한다는 최소 극대화 원칙에 반대할 뿐 아니라 시장의 자유에 개입하는 모든 것을 반대한다. 그는 자유 지상주의의 입장을 옹호하기 위해 자신의 편에서 실행한 사고실험을 끌어들이고, 거기서 자신의 입장을 더 분명히 밝힌다.

다양한 정의 이론에 따라 달리 보겠지만, 어떤 농구팀의 수입이 팀원에게 '정의롭게 분배된다'고 가정하자. 평등한 입장에서는 균등 분배, 기회 균등, 불리한 조건의 조절 등을 요구하여 부상 선수에게도 지속적으로 급여가 제공될 것이다. 초기 조건은 공정한 것으로 보인다. 이제 그 팀에서 리그의 최고 선수 월트 챔벌레인에게 다음과 같은 연봉 체계를 제안한다. 그가 이적하면, 입장권 1장에 1달러를 받는다. 만약 한 시즌에 관중 100만 명이 오면 그는 100만 달러를 받는다. 그것은 다른 선수들에 비해 월등히 많은 수입이다. 그는 제안을 수락한다. 계약은 양쪽에서 자발적으로 맺는다. 다른 선수들도 그의 수용에 기뻐한다. 관중은 그의 활약을 보기 위해 기꺼이 표를 구입한다. 연고지 시합에서는 표가 매진된다.

챔벌레인의 영입에 따라 팀 내 수입 분배는 더 이상 초기 조건에 부합하지 않지만, 공정한 것으로 보인 초기 상태에서 현재 상태로의 변화는 자발적으로 이루어진 것이다. 노직은 여기서 이렇게 묻는다.

그 변화가 자발적으로 일어나고 아무도 손해를 보지 않는다면, 어떻게 그 결과가 부당한 것일 수 있는가? 다른 선수들도 이전과 마찬가지의 수입을 올릴 것이다. 그런 점에서 볼 때 무엇이 부당한가? 노직에 따르면, 수입 분배가 자발적인 팀 이적과 합법적으로 벌어들인 소유에 의해 일어났으므로 정당하다. 모든 것이 자발적으로 거래에 관여하는 한, 정의에는 특정한 분배 구조가 필요 없다는 것이다.

이 예에서 영입을 통해 누가 손실을 보는지는 알 수 없다. 현실에서 일의 결과가 생각한 것과 다르게 나타날 때가 있다. 자신의 의도와 무관하게 제3자가 손해를 보는 외부 효과가 일어나기 때문이다. 원자재 콘체른과 한 국가 사이의 거래를 생각해보자. 양쪽 모두 거래를 통해 이익을 얻는다. 하지만 콘체른에서 정리 해고가 진행되면 노동자들이 피해를 입고, 원자재 소비는 환경을 해치고, 다음 세대에도 악영향을 준다. 동시에 돈과 권력이 소수의 손에 집중되면, 정치적으로 위험할 수 있다.

스위스 신용 은행 크레디트스위스의 최고 경영자 브래디 두건^{Brady} ^{Dougan}은 연봉이 9000만 프랑이다. 매달 750만 프랑을 받는 셈이다. 여기에는 시장 자유주의 메커니즘이 작동했다. 그렇게 될 것을 누가 미리 알기나 했을까? 그럼에도 우리는 이렇게 질문할 수 있다. 왜 그는 창구 직원들보다 그렇게 더 많이 벌까? 왜 의사는 간호사보다 더 많이 벌까? 임금 격차에 한계를 두어야 할까? 그런 것은 도외시해도, 모든 노동자는 안락하게 생활할 수 있는 최소한의 임금을 받아야 하지 않을까? 우리가 어떤 일을 하든 그리고 얼마나 많이 일하든 누구나 무조건 기초 수입을 받아야 하지 않을까? 이 질문들은 상당히 복잡한데, 다음에 제시된 빵 굽기의 예가 도움을 줄 것이다.

누가 가장 큰 조각을 먹어야 할까?

—

당신이 네 자녀와 함께 빵을 굽는다고 상상하자. 8살 리사는 몇 번 경험이 있어서 감독을 한다. 그래서 요리책에 적힌 조리법을 크게 읽어주면서 모든 것이 계획에 맞게 진행되는지 관리한다. 리사의 쌍둥이 동생 폴은 빵 굽기에 아무 관심이 없다. 핸드폰만 가지고 놀면서, 하는 시늉만 낸다. 그러나 폴은 방금 축구 교실에서 돌아왔기 때문에 배가 매우 고프다. 4살 여아인 사라는 폴과 달리 일을 잘 도와서 힘들고 어려운 일을 맡았다. 반죽을 만들고 초콜릿을 잘게 부수고 계란을 깨 넣는다. 2살짜리 시몬은 처음으로 허락을 받았기 때문에 아주 흥분해서 빵 굽기에 참가한다. 그러나 서툴러서 큰 도움을 못 주고, 사라가 수시로 안아줘야 한다.

30분 뒤 빵이 완성되었다. 환상적인 냄새! 시몬은 참지 못한다. 폴은 이미 배가 고팠고, 사라도 잘 구워진 빵에 기분이 좋다. 리사는 빵이 어떤 맛일까 궁금하지만, 그녀에게 아침 식사는 언제나 번거로운 일이다. 여기서 중요한 질문은 누가 가장 큰 조각을 먹느냐, 그렇지 않으면 모두 똑같이 나눌 것이냐 하는 것이다.

이 사고실험은 분배 정의의 문제에 자주 인용된다. 아리스토텔레스는 이미 교환 정의와 분배 정의를 구별했다. 아리스토텔레스에 의하면, 교환무역에서는 재화들이 동일한 가치로 교환되면 정당한 것이다. 그런 교환은 처벌할 때와 마찬가지로 구매 결정에도 해당한다. 가격은 팔린 상품의 가치에 상응해야 하고, 처벌 수위는 사건의 무게에 상응해야 한다. 아리스토텔레스는 쌍방의 교환 정의로부터 분배 정의의 한계를 정하는데, 분배 정의에서는 많은 사람에게 물건을 공정하게 나누는 것이 중요하다. 분배에서는 사업 이득·교육 기회·빵 조각 분배와 같이 좋은 것도 문제가 될 수 있고, 조세 의무·고된 노동 배분과 같이 안 좋은 것도 문제가 될 수 있다. 아리스토텔레스에 따르면, 분배 정의의 기준으로는 업적의 원리가 타당하다. 각자는 자신이 이룬 만큼 받아야 한다. 그러나 그런 분배는 무엇일까? 누가 얼마나 많이 차지할 권리가 있을까? 언제 불평등한 분배가 정당화될까? 누가 가장 큰 조각을 먹어야 할까?

이제 사고실험을 보다 자세히 고찰해보자. 빵은 공동 작업의 대가이자 마지막에 나온 생산물이다. 그것을 위해 당신과 네 아이가 참여했다. 당신은 재료를 준비했고 시설과 도구를 소유한다. 게다가 당신은 아이들이 빵을 만들게 한다. 장녀 리사가 경험자이므로 책임을 맡는다. 폴은 가장 배고프지만, 그의 행동도 태도도 불만스럽다. 사라는 가장 힘든 일을 떠맡고 부담도 크다. 일도 하고 동시에 어린 시몬도 돌봐야 하기 때문이다. 사실 가장 노고가 크지만 그 노고가 제대로 순위를 얻지 못한다. 이런 기준 가운데 무엇이 분배에 크게 고려돼야 할까? 무엇을 기준으로 한 사람에게 다른 사람보다 더 많이 주어야 할까? 아니면 노력의 양은 무시하고, 모두에게 동일하게 빵을 분배해야 할까?

성과라는 기준만 고려하면, 두 남자 아이는 한 것이 전혀 없다. 그러므로 가장 큰 조각을 원하지 않을 것이다. 그런데 이 예에서는 성과 정의만으로는 충분하지 않은 것 같다. 적어도 어린 시몬은 빵 조각을 얻을 권리가 있는 듯하다. 시몬은 서툴렀지만 많은 노력을 해서 공동 작업에 도움이 되었다. 재능이 부족하고, 성과가 불만족스럽더라도 노력을 많이 했으면 보상을 받아야 한다. 아니면, 그런 보상은 옳지 않은 것일까?

폴도 어린 시몬과 마찬가지로 성과를 거의 내지 못했다. 그런데 그것은 게으름에서 비롯된 것이지 무능력해서가 아니다. 폴은 그저 하기가 싫었다. 그러나 폴은 가장 배고프다. 그래서 노력도 안 했고, 성과도 못 냈다. 하지만 빵에 대한 욕구는 가장 크다. 그러나 배가 고프다는 이유만으로는 빵을 배분받을 수 없다. 하지만 허기를 채우려면 빵을 한 조각이라도 먹어야 한다. 그러려면 다른 아이들이 폴에게 주어야 하지만, 폴은 적어도 양심의 가책을 느껴야 할 것이다. 그리고 어쩌면 다음번에는 폴을 빼고 빵을 만들려 할 것이다. 그런 경우 폴이 허락도 받지 않고 빵 한 조각을 집어 든다면 그것은 후안무치한 행동이 될 것이다.

폴의 쌍둥이 리사가 남았다. 그녀는 빵 굽기 전체에 책임이 있다.

리사가 결정적인 순간에 집중하지 못하면, 일 전체를 그르칠 것이다. 그러나 그녀는 다른 아이들을 돕지 않는다. 그녀는 육체적인 노력을 거의 하지 않는다. 따라서 다른 아이들은 육체적 부담을 느끼지만, 리사는 가벼운 심적 부담만 느낀다. 그녀는 일에 숙련되었고, 많은 요리책을 읽었기 때문이다. 그러나 학습, 경험, 책임감은 얼마나 중요할까? 그녀가 별로 배고프지 않다는 사실은 이 상황에서 얼마나 중요할까? 그녀가 빵을 한 조각만 만들었다고 해도 두 조각의 권리를 갖고 있는 것은 아닐까? 그 경우, 그녀는 남은 한 조각을 다른 아이에게 선물로 주어야 할까? 아니면 내일을 위해 보관해두어야 할까?

뇌와 정신

당신은 진짜 인간의 뇌를 본 적이 있는가? 뇌에서는 전기신호를 주고받는 수많은 신경세포로 이루어진 주름투성이 회색질이 중요한 부분이다. 신경과학에서는 이 회색질 안에 의식과 정신이 있다고 주장한다. 그러면 우리 의식에 해당하는 자리는 어디일까? 자아는 어디 숨어 있으며, 지각과 감정은 어디에 있을까? 뇌세포가 집적된, 끈적해 보이는 물질에서 어떻게 감정, 소망, 지각을 가진 자아가 생성될 수 있을까? 원자들의 집합에서 어떻게 자신의 세계관을 가진 자아가 나타날 수가 있을까? 마법 같지 않은가? 간단히 말해 이 장에서 다룰 중요한 질문은 다음과 같다. 뇌는 어떻게 정신을 만들까? 정신과 뇌는 어떤 관계일까?

우리는 대답을 찾아가는 길에서 박쥐들과 함께 날고, 뇌 안에서 산책을 하고, 메리를 방에서 나오게 하고, 이웃의 좀비와 사귀고, 인공 뇌를 만들어보고, 한자로 마술을 부리고, 스마트폰을 뇌에 이식할 것이다. 나의 희망은 이 여행의 종점에서 당신의 의식이 확장되는 것이다. 의식이란 무엇이고, 의식의 확장은 무엇일까? 이 질문의 대답에 박쥐가 우리를 도와줄 수 있을 것이다.

박쥐의 비밀

—

당신은 박쥐 전문가로, 솜털이 난 이 야행성 동물의 모든 것을 안다고 생각해 보자. 박쥐가 어떻게 천장에 거꾸로 매달려 있는지 알고, 어떻게 아무것도 안 보이는 어둠 속에서 초음파를 내어 돌아오는 반사음을 듣고 나는지도 알고, 어떻게 먹이를 잡고, 어떻게 서로 소통하고 짝을 짓는지도 알고 있다. 또 몇 년 전부터 이 동물의 뇌를 알고 있었고, 뇌의 어떤 영역이 어떤 행동을 통제하는지도 안다. 그러나 당신은 박쥐가 되면 어떤 느낌일까 항상 궁금하다. 예컨대, 음향 탐지기를 통해 공간에서 방향을 찾는 것은, 즉 귀로 본다는 것은 어떨까 하는 것이다. 날개를 가진 솜털 육체는 어떤 느낌일까? 박쥐한테 세계는 어떤 냄새일까? 음식 맛은 어떨까? 짝짓기할 때 느낌은 어떨까? 세계는 어떻게 느껴질까? 우리는 그런 것이 어떤지 상상할 수 있을까? 박쥐 자신에게는 박쥐라는 것이 어떨지 상상할 수 있을까?

유감스럽게도 그 대답은 부정적이다. 당신이 어떤 다른 생물에 대해 아무리 많이 안다 해도, 그 존재인 것이 어떤 느낌인지는 알 수 없다. 다른 존재의 내적 관점은 우리에게 막혀 있다. 아무리 지식이 출중한 학자라도 알 수 없는 것이 있는 법이다. 이 사고실험은 미국의 철학자 토머스 네이글Thomas Nagel에서 연유했는데, 우리는 박쥐인 것이 어떤 것인지 상상할 수 없음을 보여주고자 했다. 배트맨의 옷을 입고 가면을 쓰고, 박쥐처럼 모기를 먹는다고 해서 알 수 있는 것이 아니다. 우리는 그런 시도를 통해 모기를 먹고 천장에 매달리는 일이 우리에게 어떤가를 경험하는데, 그것은 메스껍고 힘들 뿐, 그 모든 것이 박쥐에게 어떤 느낌인지는 알 수 없다.

네이글의 사고실험은 아주 특별하다. 그것은 우리가 결코 실행할 수 없는 일이기 때문이다. 그런데 바로 그것이 중요한 것이다. 네이글이 보여주고자 한 것은 우리는 다른 사람의 의식을 우리의 내적 관점으로는 알 수 없다는 사실이다. 우리의 내적 관점으로는 우리 자신의 정신만 알 수 있다. 다른 존재의 내부에서 무엇이 진행되는지는 결코 체험할 수 없다. 우리는 우리 자신의 체험을 다른 존재로 옮겨놓고 추측만 할 수 있을 뿐이다. 내가 친구와 함께 딸기 아이스크림을 먹으며 석양을 바라볼 때, 내가 친구와 동일한 체험을 하는지 알 수 없다. 네이글에 따르면, 의식은 주관적인 내적 관점에서만 탐구될 수 있다. 그런데 학문은 객관적인 사실을 탐구하므로 외적 관점임을 인정해야 한다. 그 때문에 학문은 우리의 의식을 탐구할 수 없다.

네이글만큼 극단적으로 생각한 철학자는 많지 않다. 가령 오스트리아의 철학자 루드비히 비트겐슈타인은 외부와 내부의 구분을 비판했다. 그는 일정한 경우에 다른 사람의 정신 상태를 명백한 행위에서 추론하여 알 수 있다고 생각했다. 즉, 어떤 사람이 고통에 일그러진 표정으로 바닥에 피를 흘리며 쓰러져 있다면, 그가 고통스럽다는 것은 명백할 것이다. 이 경우에 우리가 다른 사람의 기분이 어떤지 모른다고 주장한다면 정말 당찮을 것이다. 그러나 동물의 경우는 달라 보인다. 특히 동물의 행동이 우리의 행동과 크게 다른 경우 그렇다. 어떤 생명체의 행동이 낯설면 낯설수록 그 생명체가 어떤 것인지 상상하기는 더 힘들 것이다. 그러므로 박쥐의 예에서 보여준 네이글의 생각은 옳다.

　신경과학은 외부에서 의식에 접근한다. 즉 뇌를 경유하는 것이다. 신경과학은 우리가 사고하고 느끼고 의지를 보일 때 뇌의 어느 영역이 활성화하는지 관찰한다. 그러나 신경과학은 무엇을 탐구할까? 뇌일까 정신일까? 둘 다일까? 뇌와 정신은 어떤 관계일까?

뇌 안에서의 산책

—

친한 친구가 당신에 대해 어떻게 생각하는지 알고 싶은가? 그의 내밀한 생각을 알고 싶을 때 그의 뇌를 조사하는 것이 최선의 방법일까? 친구의 뇌에서 무엇을 발견할 수 있을까?

당신의 몸이 아주 작아져서 친구의 뇌로 들어갈 수 있다고 생각해보자. 뇌는 당신이 산책해도 문제가 없을 정도로 크다. 하지만 문제가 전혀 없는 것은 아니다. 정글같이 빽빽한 수많은 뇌세포들을 통과하기가 힘이 들 것이다. 도처에 축삭돌기, 가지돌기, 세포막, 시냅스가 있고 전기신호가 여기저기 빠르게 지나갈 것이다. 그런데 제기랄 생각은 어디에 있지? 사방을 둘러봐도 생각과 비슷한 것은 어디에도 보이지 않는다. 당신과 친구가 공유한 기억은 어디에 있을까? 그의 느낌은 어디에 있을까? 또 그의 자아는 어디에 있을까?

이 사고실험의 기원은 독일의 철학자이자 수학자 고트프리트 빌헬름 라이프니츠Gottfried Wilhelm Leibniz, 1646~1716이다. 그는 뇌를 정글에 비유하지 않고, 복잡한 기계에 비유했다. 그러나 문제는 동일하다. 거대한 기계 안을 아무리 산책해도 거기서 생각과 느낌을 발견할 수 없다.

생각과 느낌을 발견하려고 뇌를 탐구하는 사람은 헛다리를 짚는 것이다. 그것은 소나기나 산사태처럼 명백한 물질적 현상이 아닌, 정신적 과정이다. 우리가 뇌에서 발견하는 모든 것은 물질로 이루어져 있다. 그러나 정신은 물질과는 다른 유인 것 같다. 그럼에도 정신은 틀림없이 뇌라는 물질과 연관되어 있다. 문제는 어떻게 연관되어 있느냐이다. 이 어려운 문제에 조심스럽게 접근해보자.

근대 철학의 아버지 르네 데카르트는 우리가 팔을 들고자 해서 팔을 들었다면 정신이 육체에 영향을 준 것이고, 우리가 넘어져서 아픔을 느꼈다면 육체가 정신에 영향을 준 것이라고 생각했다. 이것이 데카르트의 상호작용론으로, 정신과 육체가 상호작용 관계에 있다는 것이다. 그러나 어떻게 그럴 수 있을까? 어떻게 물질적인 것과 비물질적인 것 사이에 에너지 전이가 일어날 수 있을까? 어떤 종류의 자극이 전달될까? 어디서 전달될까?

데카르트는 정신적인 것과 물질적인 것 사이의 상호작용이 일어나는 장소, 즉 정신과 육체의 연결 장소를 뇌의 내부 기관인 송과선으로 보았다. 그는 송과선의 역할은 뇌에서 이리저리 움직이는 작은 부분들을—생명 정신들이라고 불렀다.—조종하여 새로운 방향을 정하는, 정신적 의지 행위에 의해 방향을 주는 것이라고 생각했다. 그 당시 물리학의 잘못된 신념에서는 이런 방향 전환에 어떤 힘도 필요하지 않다고 보았다. 따라서 정신은 물질 세계에 에너지를 전달하지 않고도 우리가 팔을 올리게 할 수 있다. 그래서 우주의 인과적 완결성이 그대로 남게 되고 에너지 보존의 법칙도 보존된다.

그 뒤 데카르트가 기반한 물리학 이론은 오류임이 밝혀졌다. 그래서 라이프니츠는 육체와 정신의 문제를 데카르트와 다르게 해결해야 했다. 방향 전환에는 힘이 필요함을 알았기 때문이다. 상호작용론은 물질 세계의 인과적 완결성을 위반했으므로 유지되기가 어려웠기 때문에 라이프니츠는 '평행론'을 채택했다. 그는 정신과 육체의 양 영역을 인과적으로 완전히 분리하고, 정신과 육체는 어떤 식으로도 서로 영향을 안 준다고 생각했다. 그러나 팔을 올리고자 할 때 어떻게 팔을 정확히 올리게 될까? 그리고 왜 다치면 거기에 딱 맞게 아픔을 느낄까? 즉, 정신과 육체의 두 영역이 엄밀히 분리된다면 왜 정신적인 것이 육체적인 것과 잘 일치될까? 여기에 라이프니츠는 아주 소박한 대답을 내놓는다. 요컨대 신이 두 영역을 잘 일치시켰다는 것이다. 그것은 정확히 동시에 같은 속도로 움직이고 항상 동일한 시간을 보여주는, 그렇지만 인과적으로 연결되지 않은 두 개의 시계가 서로 합치하는 것과 같다. 이것이 소위 '예정 조화설'인데, 답하기 곤란한 문제를 해결하는 명민한 단어이다.

그것은 그 당시 세계관에는 없는 단어였다. 신은 전지전능하므로 당신의 결정을 미리 알며, 또 언제 당신이 팔을 올리길 원하고 당신이 원할 때 팔을 정확히 올리도록 계획되어 있는 것을 안다. 신은 물질을 정신과 완벽하게 합치시킬 수 있다. 하지만 전지전능한 신이 당신의 결정을 미리 알고 있는 경우, 당신은 여전히 자유로운가 하는 문제는 또 다른 질문이다. 이 문제는 신과 신앙의 장에서 다시 살펴보자.

여기서 중요한 것은 정신과 뇌의 연관을 제대로 설명하지 못한 상호작용론도 평행론도 모두 난제에 부딪혔다는 것이다.

그 수수께끼는 "정신과 뇌가 다른 것이 아니다."라고 대답할 수 있으면 해결될 것이다. 이 명제는 자연주의자들의 사상을 대표한다. 그들은 생각, 느낌, 소망은 뇌의 과정 이외의 것이 아니라고 주장한다. 즉, 물이 H_2O라는 분자의 집합인 것과 다르지 않다는 것이다. 자연주의는 정신이 어떻게 육체를 움직이고 조절하는지를 별 문제없이 설명할 수 있다. 자연주의의 관점에서 보면 정신은 육체적인 것이고 그래서 물질 세계의 일부이다. 따라서 자연주의자는 정신이 육체를 움직이는 것도 물질이 물질에 영향을 주는 것이라고 말한다. 수수께끼 같은 것은 없다.

그러나 자연주의에 장점만 있는 것은 아니다. 다음의 두 가지 사고실험은 자연주의자의 아킬레스건을 건드린다. 다음에 등장하는 메리와 좀비가 자연주의자들의 약점을 드러낼 것이다.

메리의 색 지각

—

메리를 아는가? 그녀는 색과 인간의 색 지각 분야의 전문가이다. 그녀는 파장, 망막, 뇌에서 일어나는 시각 자극 처리에 관한 모든 것을 안다. 인간의 색 지각에 관해 객관적으로 있을 수 있는 모든 것을 안다. 그러나 메리에게는 한 가지 문제가 있다. 문제는 붉은 토마토나 파란 하늘 같은 유채색 사물을 한 번도 본 적이 없다는 것이다. 그녀는 태어난 뒤 계속 무채색 공간에서 살고 일했다. 그래서 검정색, 흰색. 회색만 안다. 그러던 어느 날 문이 열리고, 메리는 무채색 공간에서 떠나는 것이 허락되었다. 그리고 자신의 눈으로 그녀가 여러 해 동안 탐구했던 색들을 보았다!

중요한 질문 내용은 다음과 같다. 메리가 무채색 공간을 떠날 경우, 색에 관한 새로운 것을 배울까? 그렇다면 그녀의 과학적인 지식은 불완전했을까? 완전한 물리학 이론이 설명할 수 없는 사실이 존재할까? 물리적인 것 너머에 사물이 존재할까?

이 사고실험은 미국의 철학자 프랭크 잭슨Frank Jackson에서 유래했다. 그는 1980년대에 자연주의를 반박했는데, 자연주의는 물질적인 것만 존재하고 그 밖의 것은 없다고 주장한다. 메리가 무채색 공간을 떠나기 전에 색에 대한 모든 물질적 사실을 알았지만 나중에 색에 관한 새로운 것을 배운다면, 다시 말해, 그 공간을 떠나 최초로 붉은 토마토를 본다면, 거기에 상응하는 물질적 사실 이상으로 색에 대해 이해한 것이다. 즉, 메리는 새로운 것을 알게 된다. 더욱이 붉은 토마토를 처음 보자마자 붉은색에 대한 비물질적 사실을 알게 된다. 그녀는 붉은색을 보는 것이 어떻다는 것을 배우는 것이다. 이런 것으로부터 물질적 사실만 존재하는 것이 아님이 추론된다. 그래서 잭슨은 자연주의가 잘못된 것이라고 말한다.

고집불통인 자연주의자들은 잭슨의 이런 말에 반대하여 온갖 수단을 다 동원해 자기 주장을 방어한다. 어떤 자연주의자는 메리가 세계에 관해 어떤 새로운 사실도 배우지 않은 것이며, 그것은 단지 새로운 능력을 획득한 것이라고 주장한다. 메리는 치료를 받아서 갑자기 색을 보게 된 색맹에 비유될 수 있다는 것이다. 예컨대 이전에 그녀는 털옷이나 집이 무슨 색이냐고 다른 사람에게 물어야 했지만 이제는 자신의 눈으로 색을 확인할 수 있다. 그녀는 주변 환경에 있는 새로운 사실을 배운 것이 아니다. 이 사실을 발견하기가 더 쉬워졌을 뿐이다. 그녀는 더 이상 타인에게 묻지 않고 스스로 관찰할 수 있다. 그러나 무채색 공간을 떠났을 때 획득한 것이 이 능력뿐일까? 지식을 얻은 것이 아닐까? 이 지식이 새로운 능력의 토대가 아닐까?

다른 자연주의자들은 메리가 처음 붉은 토마토를 본 다음 새로운 사실을 알게 된 것이 아니라, 이미 알고 있던 사실에 대한 새로운 관점을 얻은 것이라고 주장했다. 그녀는 무채색 공간에 있었을 때 이미 잘 익은 토마토는 붉은색임을 알았다. 토마토에서 반사되는 파동을 분석해서 붉은색 영역에 귀속할 수 있었기 때문이다. 또 잘 익은 토마토 껍질이 우리 내부에서 붉은색 지각을 야기하는 것도 이미 알고 있었다. 요컨대 그녀는 잘 익은 토마토에서 야기된 망막의 자극과 그것에 해당되는 뇌의 활동이 명백히 붉음 지각임을 알았으나, 그 공간을 떠나기 전에 붉은 것이 어떻게 보이고, 어떤 감각적 성질이 붉은 지각 인상인가는 알지 못했다. 즉, 붉음이 '그렇게' 보인다는 것을 몰랐다. 그러나 '그렇게'라는 단어는 다음과 같은 의미가 있다. 요컨대, '그렇게'를 다른 서술어로 대체하자마자 요점이 달라진다. 가령, 붉은 토마토의 색이 '스포츠카 페라리 테스타로사의 색처럼' 보인다고 말하는 사람은, 메리가 무채색 공간에 살았을 때 이미 알던 것을 말하는 것이다. 즉 잘 익은 토마토와 페라리 테스타로사는 뇌에서 같은 지각을 야기하고 동시에 인간은 두 대상의 색을 '붉다'고 표현한다는 것이다.

메리는 무채색 공간을 떠나기 전에 이미 붉은 지각이 붉은 것들의 감각적 성질을 갖는다는 것을 알았다고 모두가 말하지만, 메리는 잘 익은 토마토를 보았을 때에야 비로소 '붉은 것의 감각적 성질'이 무엇을 의미하는지를 명확히 알게 된다. 따라서 메리는 그 공간을 떠난 뒤에야 "붉음 감각은 붉음의 감각적인 성질을 갖는다."라는 문장을 이해한다고 주장할 수 있다. 그리고 사람은 이해되지 못한 것은 알 수 없으므로, 메리는 지금 알게 된 것, 즉 붉음 지각은 붉음의 감각적인 성질을 갖는다는 것을 그녀가 무채색 공간에 있을 때는 몰랐다. 따라서 그녀는 새로운 사실을 배운 것이다. 그렇지 않을까?

메리가 무채색 공간을 떠나면 무엇을 배울까? 세계에 관한 새로운 지식을 얻을까? 이미 알던 것에 대한 새로운 관점을 얻을까? 새로운 능력을 획득할까? 즉, 의식적인 체험이 자연주의의 문제를 드러낼까? 다음의 사고실험은 자연주의자들을 더욱 구석으로 몰고 가는데, 거기서 좀비가 도움을 준다. 그러나 걱정하지는 마라. 여기서 좀비는 '철학적인 면에서의 좀비'이다. 이 존재는 피에 굶주리지도 않았고 무섭게 생기지도 않았다. 좀비는 평범한 인간처럼 행동하고, 우리의 이웃이기도 하다.

친절한 이웃집 좀비

—

당신의 친절한 이웃이 좀비라고 상상해보자. 삼류 영화에서 본 적 있는 그런 좀비가 아니라 철학적인 면에서의 좀비이다. 철학에서 '좀비'는 어떤 것도 체험하지 않고 느끼지 못하는 존재이지만, 평범한 인간과 똑같이 행동한다. 따라서 좀비의 행동은 세세한 부분에서도 인간과 구별되지 않는다. 그러나 인간과 달리 좀비는 내면이 없다. 좀비에게 없는 것은 전문용어로 쿠알리아 Qualia 즉, 감각적 질을 나타내는 현상이다. 요컨대 좀비는 초콜릿을 먹고 일몰을 보고 베토벤의 교향곡을 들어도 느낌이 어떤지를 모른다.

당신의 친절한 이웃이 그런 좀비일 것이라고 상상할 수 있는가? 또한 그럴 가능성을 배제할 수 있는가?

이 철학적 좀비에 대한 생각은 1970년대에 생겼다. 특히 오스트레일리아의 철학자 데이비드 차머스David Chalmer에 의해 널리 알려졌다. 차머스는 세계적으로 뛰어난 의식 철학자로, 의식은 중요하지만 해결되지 않는 수수께끼라고 생각했다. 그는 우리의 체험은 쉽게 설명될 수 없다고 말한다. 특정하게 의식된 체험은 뇌에서 일어나는 특정한 과정과 상호 연관되고, 연이어 발생하는 것을 보여줄 수는 있지만, 뇌의 상태가 어떻게 의식적인 체험을 일으키는지는 여전히 수수께끼이기 때문이다.

또한 차머스에 따르면, 자연주의자는 묘책을 써서 이 수수께끼를 해결하고자 하는데, 그것은 의식된 체험은 뇌의 상태에 불과하다고 주장하는 것이다. 그래서 자연주의자는 소망, 느낌, 사고 같은 정신적 상태를 물리적 상태로부터 추론할 수 있다고 생각한다. 즉 H_2O라는 분자가 컵 안에 있다는 사실로부터 그 안에 물이 존재한다고 추론하는 것과 같다고 본다. 분자구조와 그것의 자연법칙을 아는 사람은 어떤 물체를 파악할 때 투명한 액체인 물체가 중요하다는 점을 논리적으로 추론할 수 있다. 따라서 한 인간의 뇌를 정교하게 기술하면 그가 고통을 느끼는지 여부를 추론할 수가 있다는 것이다.

앞에서 말했듯이 자연주의자가 정신의 원인을 밝히는 것은 간단하다. 말하자면 정신적 상태는 본래 물질적 상태이므로, 인과적으로 만들 수 있다는 것이 자연주의자의 생각이다. 목마름은 비물질적인 (정신적인 것)이 아니라, 물질적인 것, 즉 뇌의 상태이기 때문에 그 느낌은 우리 몸이 냉장고로 가서 마실 것을 꺼내게 하는 상태를 만든다. 이런 생각 때문에 자연주의자의 관점이 다른 관점보다 더 매력적으로 보인다. 그렇지만 자연주의자의 관점에도 약점이 있다.

바로 철학적 좀비가 자연주의자를 당혹하게 한다. 이 좀비는 비록 느끼지 못하지만 보통 사람처럼 행동할 뿐 아니라, 뇌도 보통 사람과 같은 상태이다. 좀비의 머리를 열어 속을 보면 보통 사람과 다르지 않다. 뇌파를 측정할 수 있고 뇌파의 활동 패턴도 확인할 수 있다. 단지 다른 점은 좀비는 아무것도 체험하지 못한다는 것이다. 좀비에게는 체험의 빛이 차단되어 있다. 물론 이런 가정은 좀 의아하다. 어쨌든 중요한 점은 그런 좀비가 문제없이 사고할 수 있는가 하는 점이다. 만약 그렇다면 자연주의는 잘못된 것이다. 자연주의는 정신적 과정은 뇌의 과정과 다르지 않다고 주장하기 때문이다. 만약 H_2O 분자가 컵에 있다면 물 역시 그 안에 있는 것이다. 그러나 좀비는 물 없는 H_2O 분자의 집합과 비슷한 것이다. 말하자면, 좀비에게는 잘 기능하는 뇌가 있지만 좀비는 체험을 하지 않는다. 만약 당신이 좀비와 함께 벽을 향해 돌진한다면 당신의 뇌와 좀비의 뇌에서는 동일한 신경세포가 작동할 것이다. 물론 당신의 머리는 찌근거리겠지만 좀비는 아무것도 느끼지 못한다. 좀비에게는 어떤 것을 체험할 수 있는 자아가 없는 것이다.

조셉 레빈Joseph Levine의 말대로, 뇌에서 일어나는 과정과 체험 사이에는 설명이 필요한 틈새가 존재하는 듯하다. 한 개인의 뇌를 정확하게 기술한다고 해서 그가 어떻게 느끼는지를 논리적으로 도출할 수가 없다. 신경과학은 언젠가 체험 상태와 뇌의 상태를 결부하는 상관 법칙을 발견할 텐데, 그것은 "뇌에서 신경섬유 C가 활동하면 그가 고통을 받는 것이다."가 될 것이다. 그러나 그것이 고통은 뇌의 신경섬유 C의 활동 이외의 다른 것이 아니라는 의미는 아니다. 고통은 뇌의 상태에 달려 있지만 뇌의 상태로 환원되지 않는다.

자연 법칙에 근거하면, 물리적 차원의 변화가 있을 경우에만 정신적 차원의 변화도 있을 수 있다. 따라서 뇌 상태에 차이가 없으면 정신에도 차이가 없다. 그러나 그것이 뇌에 대해 완전히 서술할 수 있다고 해서 그 사람이 고통을 느끼고 있는지 아닌지를 논리적으로 추론할 수 있음을 의미하지는 않는다. 즉, 고통의 특징은 완벽히 서술될 수 없는 특정한 체험인 것이다. 후추를 씹거나 배달용 차에 치이거나 목에 가시가 걸릴 경우 고통이 어떻게 느껴지는지 다시 한 번 세세하게 서술해보자.

아무튼 좀비 사고실험은 특별하다. 그런 좀비의 존재를 상정할 수 있는지가 불분명하기 때문이다. 그런 좀비를 실제로 생각할 수 있다면 자연주의의 주장은 반박될 것이다. 그러나 자연주의자들은 '결혼한 총각'이라는 생각이 모순인 것처럼 좀비에 대한 그런 생각은 모순이라고 주장한다. 그와 반대로, 차머스는 그런 좀비를 생각할 수 있고 따라서 자연주의는 반박된다고 생각한다. 하지만 그도 어떤 의식 이론이 최상인지 확실히 알지 못한다. 학계의 토론은 오래전부터 너무 세세하고 복잡했다.

게다가 차머스는 19세기에 토머스 헨리 헉슬리Thomas Henry Huxley에 의해 알려진 '부수현상설'에 몰두하였다. 이 이론에 따르면 정신은 뇌의 부수적인 현상에 불과하고, 뇌의 부산물이라는 것이다. 즉, 정신 상태는 뇌의 상태에서 야기되고, 그 자체는 아무것도 야기할 수 없다는 것이다. 부수현상설은 어떤 의미에서는 반쪽의 상호작용론이다. 부수현상설은 뇌가 정신에 영향을 미치지만 그 역은 성립되지 않는다고 주장하기 때문이다. 따라서 정신이 육체를 가동하는 수수께끼 같은 힘의 전이 문제를 다룰 수는 있지만, 그런 육체에 대한 정신의 작용은 존재하지 않는다고 본다. 그러나 부수현상설은 한 가지 중요한 문제를 제기한다. 정신을 뇌라는 무기력한 놀이용 공으로 전락시키기 때문이다. 부수현상설에서는 정신적 유발 요인이 존재하지 않는다. 즉 팔이 올라가는 것은 우리가 원하기 때문이 아니라 뇌에서 어떤 일이 일어났기 때문인 것이다. 따라서 의식된 의지는 우리가 신체를 조종할 수 있다고 자신을 속이는 것이다. 사실 우리의 행위는 심장박동이나 소화작용과 비슷하게 저절로 일어난다. 물론 이런 생각은 전체적으로 개연성이 아주 희박해 보인다. 그러면 대안은 있을까? 모든 이론에는 강점과 약점이 있지 않은가?

그러나 다음의 사고실험에서 진일보한 입장이 소개된다. 그 입장은 기능주의라는 이름으로 불린다. 아마 공상과학소설에 빠진 독자는 좋아할 것이다. 여기에 사이보그, 반은 인간이고 반은 기계인 존재가 등장하기 때문이다. 중요한 점은 미래의 로봇이 생각, 느낌, 소망을 가질 수 있는가 하는 것이다.

인공 뇌

—

뇌의 신경세포들이 단계적으로 초소형 칩으로 교체돼서 뇌의 대부분이 컴퓨터와 비슷해진다고 생각해보자. 칩은 교체된 신경세포와 똑같이 기능한다. 따라서 뇌는 생물학적 기초가 아닐 뿐, 이전과 똑같이 기능한다. 우리의 하드웨어는 컴퓨터 하드웨어와 똑같다. 그러면 무슨 일이 일어날까? 우리의 체험이 변할까? 갑자기 시야가 깜깜해질까? 더 이상 후각도 촉각도 없을까? 그렇다면 언제 그것이 일어날까? 최초로 신경세포가 초소형 칩으로 대체된 순간부터 그럴까? 100만 개의 신경세포가 교체된 뒤에 그럴까? 의식이 점차 흐릿해질까? 아무 일도 일어나지 않을까? 아무 변화가 없다면, 로봇도 느낄 수 있을까?

이 사고실험은 현대의 가장 영향력 있는 의식 철학자이자 언어철학자 존 설John Searle에서 유래했다. 그의 생각은 단순하다. 즉, 우리 뇌는 수천억 개의 신경세포로 이루어져 있고, 각 신경세포는 특정한 기능을 한다. 그 기능이란 주위의 신경세포에서 받은 전기 자극을 다른 신경세포로 보내는 것이다. 따라서 신경세포와 똑같은 기능을 하는, 작은 스위치 역할의 초소형 칩을 만들 수 있을 것이다. 그 칩은 특정한 입력이 들어오면 신경세포와 같은 출력을 내보낸다. 즉, 신경세포와 동일한 기능, 동일한 역할을 하는 것이다. 이제 질문이 쏟아진다. 만약 신경세포들이 초소형 칩으로 대체되면 의식적인 체험 작용에서 무엇이 발생할까? 최초로 대체된 100만 개의 초소형 칩에서 무엇을 느낄까? 당신이 느끼는 체험의 정도가 점점 희미해질까? 아니면 일부 체험 영역만 사라질까? 색 지각 같은 것이 없어질까? 행동에는 무엇이 일어날까?

당신의 뇌가 전부 초소형 칩으로 대체되더라도 뇌의 기능은 틀림없이 과거와 같을 것이다. 초소형 칩들은 이전의 신경세포와 같은 기능을 수행할 것이고, 따라서 뇌 전체도 이전과 같은 기능을 수행할 것이다. 뇌의 하드웨어만 교체되었을 뿐 소프트웨어는 동일하다.

모든 신경세포가 초소형 칩으로 대체된 당신은 반은 사람이고 반은 기계인 사이보그이다. 당신은 뇌 대신 하드 드라이브를 가졌다. 당신은 어떻게 느낄까? 만약 "똑같다."고 대답한다면 당신은 기능주의자이다. 기능주의는 1960년대 힐러리 퍼트넘Hilary Putnam과 제리 포더Jerry Fodor에 의해 발전했는데, 핵심은 정신 상태는 기능에 의해 정의된다는 것이다. 공포심 같은 정신 상태는, 가령 어떤 대상 앞에서 공포를 느끼는 사람은 그 대상을 회피하고, 그 대상과 마주치면 위

축되는 사실에 의해 정의된다는 것이다. 기능주의는 공포와 같은 정신 상태에서 우리가 특정한 입력에 특정한 출력으로 반응한다는 사실에 유의한다. 예를 들어, 뱀을 보았을 때 깜짝 놀라 뒤로 물러선다는 것이다. 이런 기능이 물리적으로 어떻게 실현되는가는 상관없다. 그 때문에 기능주의자들은 정신 상태의 '다양한 실현 가능성'에 대해 이야기한다. 같은 소프트웨어가 여러 임의적인 하드웨어에서 기능을 수행할 수 있다는 것이다. 뱀에 놀라서 물러서는 로봇은 분명 뱀을 두려워하는 것이다. 그 로봇이 인간과 동일하게 뱀을 두려워한다면 인간과 동일하게 행동할 것이기 때문이다. 간략히 말해, 로봇이 인간과 동일하게 행동하면 그것은 인간과 동일한 정신 상태인 것이다. 그 로봇은 생각, 소망, 느낌을 갖는다. 인간의 모든 다양성을 갖고 있는 것이다.

만약 당신이 그렇지 않다고 믿는다면, 당신은 초소형 칩 사고실험에서 언제 왜 의식이 사라지는지를 보여줄 수 있어야 한다. 왜 정신은 생물학적 기초를 필요로 할까? 왜 인공 하드웨어는 동일한 것을 수행해도 인간과 다른 것일까?

다음의 사고실험은 최고의 컴퓨터라도 어떤 생각도 할 수 없음을 보여준다. 장기를 두는 컴퓨터는 인간에게 이길 수 있지만, 자기가 행하고 있는 것을 이해하지 못한다. 말을 하는 컴퓨터에도 동일한 것이 해당된다. 우리는 그 컴퓨터와 대화할 수 있지만, 그 컴퓨터는 결코 아무것도, 기차역도 중국어도 이해하지 못한다.

중국어의 방

—

당신이 깨어나보니 낯선 방 안에 있는데, 중국 한자가 쓰인 종이가 가득 든 상자가 있다고 상상해보자. 당신이 아는 문자로 쓰인 지침서도 있다. 그런데 갑자기 문구멍으로 한자로 쓰인 메시지가 들어온다. 당신은 그것이 무슨 뜻인지도 모르고 알고 싶지도 않다. 하지만 다음에 지침서를 살펴보니, 그 메시지를 받으면 무엇을 해야 하는지가 쓰여 있다. 특정한 한자를 밖으로 내보내야 한다는 것이다. 당신은 상자 안에서 그 한자를 찾아 문 밖으로 내보낸다. 그러자 곧바로 다음 것이 들어온다. 이것이 반복되면서 당신의 반응은 점점 빨라지고 지침서를 거의 다 외우게 된다. 당신은 어떤 한자를 받을 경우 어떤 한자로 대답해야 하는지를 알게 된다. 물론 당신은 어떤 한자도 이해하지 못하고, 그 한자가 무엇과 관련되는지도 모른다. 그럼에도 당신은 중국어를 아는 사람이 하는 행동과 똑같이 행동한다! 방 밖의 사람들은 당신이 한자를 완벽하게 이해한다고 생각한다.

이 장면은 컴퓨터 프로그램과 비교될 수 있다. 지침서는 소프트웨어이고 당신은 하드웨어이다. 당신이 한자를 이해하지 못하는 것처럼, 컴퓨터가 우리 질문에 항상 정확히 대답할지라도 컴퓨터는 어떤 한자도 이해하지 못한다. 그러므로 사고와 이해는 규칙에 따른 올바른 기호의 적용 그 이상인 것 같다. 그런데 이 주장은 맞는 걸까? 그러니까 컴퓨터는 사고를 할 수 없을까? 미래의 로봇이 우리와 똑같이 행동하고 의사소통을 한다면, 당신은 그 로봇을 어떻게 생각하겠는가? 영국의 논리학자 앨런 튜링Alan Turing이 발명한 '튜링 테스트'에 따르면 컴퓨터가 인간처럼 대화할 수 있다면, 보다 정확히 말해, 우리의 대화 상대가 인간인지 컴퓨터인지 알아채지 못한다면, 그 컴퓨터는 사고할 수 있는 것이다. 따라서 당신이 2시간 동안 프로그램 'Daisy-81'과 채팅을 하면서, 실행한 질문과 대답이 컴퓨터 프로그램에 의한 것인지 인간에 의한 것인지를 알아채지 못한다면 그것은 튜링 테스트를 통과한 것이다. 즉, 그 컴퓨터는 사고할 수 있다는 것이 앨런 튜링의 주장이다.

언어철학자 존 설은 중국어의 방 사고실험으로 튜링의 주장을 쉽게 반박할 수 있다고 주장한다. 위 사고실험에서 볼 수 있듯이, 규칙을 올바로 적용한다고 해서 그것이 규칙을 이해한다는 것은 아니다. 따라서 기능주의는 반박된다. 사고나 이해와 같은 정신 과정은 기능으로만 정의될 수 없다. 로봇이 우리 정신과 똑같이 기능할 수는 있지만, 그럼에도 의식을 갖지 못하므로 사고나 이해를 할 수 있는 능력이 없다는 것이다. 느낌에 대한 것은 두말할 나위도 없다.

이제 로봇을 이용하여 존 설의 주장을 반박해보자. 중국어의 방이 카메라로 주변을 관찰할 수 있는 거대한 로봇의 조종실이라고 상상하자. 바로 당신이 조종석에 앉아서 로봇이 베이징을 통과하도록 조종하고 있다. 당신은 조종석 정면에 있는 컴퓨터 화면을 보면서 조종간을 움직이는데, 그 화면은 로봇에 장착된 카메라가 주변을 찍은 것을 보여준다. 그래서 당신은 베이징 거리의 풍경을 보고 사람들이 로봇 주변에서 이야기하는 것을 듣고, 당신이 마음먹은 대로 행동할 수 있다.

그런데 어떤 중국인이 당신에게 소리친다. "여우 주안!" 당신은 자료를 검색해보고 '여우 주안'이 조종간을 오른쪽으로 돌리라는 뜻임을 알게 된다. 그래서 조종간을 돌리고 '로봇이 오른쪽으로 도는 것'을 확인한다. 사실 '여우 주안'은 정확히 '오른쪽으로 돌려라.'라는 뜻이다. 당신은 그 명령을 실행했을 뿐 아니라, 그 후 무슨 일이 일어났는지를 관찰했기 때문에 겉으로는 그 말을 이해한 듯 보인다.

이제 당신은 컴퓨터 화면에서 로봇 바로 앞에 있는 아주 긴 물체를 본다. 그것이 무엇인지 모르므로 당신은 다시 검색해본다. 화면에 'long'이라는 글자를 입력하고 엔터 키를 치라고 나온다. 당신이 그렇게 하자 로봇의 묵직한 소리가 "long" 하고 말한다. 그리고 로봇 주위에 있는 사람 모두가 환호한다. 왜 그럴까? 화면의 물체는 '용'이었고, 'long'은 용이라는 뜻이다. 사전 덕분에 당신은 중국어의 '용'을 알고 부른 것처럼 보인 것이다.

당신은 '용'이라는 한자가 어떻게 생겼는지, 'long'이 '용'이라는 뜻임을, 그리고 '여우 주안'이 '오른쪽으로 돌아라.'라는 뜻임을 배웠다. 비록 당신은 애초에 한자를 몰랐고, 검색해보고 행동했지만, 몇 가지는 배웠다. 그렇다고 말할 수 있지 않을까? 말을 하는 컴퓨터도 어떤 것을 이해하는 것은 아니지만, 스스로 움직이고 명령을 수행하고 주변 환경을 지각할 수 있는 것은 어떻게 봐야 할까?

마지막 사고실험의 주제는 우리 주변에 있다. 즉, 우리는 많은 정보를 우리 뇌가 아닌, 비망록에 메모 노트와 스마트폰에, 즉 자신의 밖에 저장한다. 다음의 사고실험은 정신은 두개골 아래에만 둥지를 틀고 있는 것이 아니라, 세계 밖에도 있음을 보여준다.

스마트폰에 존재하는 정신

—

스마트폰을 분실한 적이 있는가? 그래서 전화번호, 약속, 책 정보를 몽땅 잃어버린 적이 있는가? 그때 기분이 어땠는가? 자아의 일부가 소실된 것처럼 느껴지지 않았는가?

스마트폰이 뇌에 이식되어 당신이 손을 대지 않고도, 생각만으로 정보에 접근할 수 있다고 상상해보자. 더 이상 스마트폰에서 전화번호를 찾을 필요 없이, 당신의 정신에서 찾을 수 있다! 이식된 스마트폰에 있는 정보는 이제 당신의 지식에 속한다. 만약 머릿속 스마트폰이 인터넷에 접속되면 당신은 순식간에 신문에 실린, 위키피디아에 있는 모든 내용을 알 수 있다. 당신은 천재가 되는 것이다. 그러나 잠시 생각해보자. 당신은 이미 그런 천재가 아닐까? 스마트폰이 손에 있는가 머리에 있는가에 차이가 있을까? 중요한 것은 언제나 그 데이터에 접근할 수 있다는 사실이다. 따라서 당신의 정신은 당신 안에 존재할 뿐만 아니라 스마트폰에도 존재하는 것이다.

이 사고실험은 철학자 앤디 클라크Andy Clark와 데이비드 차머스David

Chalmers에서 유래했다. 그들은 '확장된 마음Extended Mind' 이론을 주장했는데, 그 이론은 정신은 뇌뿐 아니라 주변 환경에, 즉 우리의 기록서, 비망록, 스마트폰에도 존재한다고 한다. 우리의 모든 기억 창고와 참고서에 있다는 것이다. 따라서 정신의 일부는 머리가 아닌 머리 밖 어떤 곳에 있다.

우리가 뇌로만 사고하지 않는다는 것은 쉽게 보여줄 수 있다. 어떤 나이의 아이는 손가락으로 계산을 한다. 손가락을 이용해서 4 더하기 5를 셈하는 식이다. 손가락 없이는 계산할 수 없을 것이다. 그럼에도 그 아이가 4+5=9라는 것을 안다고 말할 수 있다. 많은 어른이 346+231-76을 계산하려면 손가락뿐만 아니라 연필과 종이가 필요하다. 우리는 머리를 덜 쓰기 위해 많은 보조 수단을 이용한다. 손수건에 매듭을 만들기도 하고, 약속 시간을 비망록에 적고, 전화번호를 핸드폰에 저장하고, 위키피디아의 정보를 참고한다.

장기 기억을 상실해서 주의를 기울인 것은 모두 소지한 노트에 기록하는 알츠하이머병 환자를 생각해보자. 예를 들어, 그 노트에는 "나는 실러 거리 22번지에 산다.", "내 여자 친구는 칼라다."라고 쓰여 있다. 우리가 모든 것을 머릿속에 기억해두듯이, 그는 항상 참고할 수 있는 노트에 적어놓는다. 그 알츠하이머병 환자가 모든 것을 노트에 적어놓았으므로 아무것도 알지 못한다고 할 수 있을까? 우리의 기억력이 멀쩡하더라도 우리 기억에는 중요한 내용만 저장되며, 회상을 통해야 기억이 되살아난다는 것을 모르는가? 그러면 당신은 알츠하이머병 환자는 노트를 뺏길 수 있다고 말할지도 모른다.

물론 그럴 수도 있을 것이다. 하지만 수술로 당신의 두개골을 열어 중요한 내용이 저장된 뇌의 부분을 꺼낼 수도 있지 않겠는가? 실행할 수는 없겠지만, 생각으로는 가능한 일이다.

이제 스마트폰 사고실험으로 돌아가자. 스마트폰을 뇌에 이식해서 생각만 해도 정보를 꺼낼 수 있다고 하자. 당신이 갑자기 어떻게 그것을 알게 되는가를 생각해보자! 모든 전화번호를 외우고 모든 약속 시간을 기억하고 마음의 눈으로 위키디피아에 입력된 것을 불러낸다. 아무도 당신이 이런 것들을 실제로 알고 있고 이 정보들은 당신 정신의 일부라는 것에 이의를 달지 않을 것이다. 그러나 당신이 스마트폰을 꺼내 들고 정보를 찾자마자, 모든 사람이 이 정보의 어떤 것도 당신의 정신에 속하지 않으며 더욱이 당신은 그 정보를 모른다고 말할 것이다. 우습지 않은가?

클라크와 차머스는 이 두 상황을 상이하게 평가할 정당한 근거가 없다고 생각한다. 그래서 우리 뇌에서 일어나는 경우에만 정신의 일부로 간주되는 과정과 정보 들이, 우리의 밖에서 일어날 때에도 정신의 일부로 이해되어야만 한다고 주장한다. 이때 유일한 조건은 우리가 정보들을 충분히 이해하고, 알츠하이머병 환자의 노트에 적힌 참고 정보들처럼, 지속적으로 또 간단히 참조할 수 있어야 한다는 것이다.

프랑스 소설가 마르셀 프루스트Marcel Proust는 기념비적인 작품《잃어버린 시간을 찾아서》에서 인간의 기억 중 최고의 부분은 우리 밖에 있다고 썼다. "비 오는 날의 축축한 입김, 밀폐된 공간의 냄새 혹은 방금 불붙어 확 타오르는 불의 향기에서, 말하자면 우리가 지성을 사용할 수 없어서 거절했던 것을 우리 자신에게서 재발견하는 도처에서, 우리 눈물이 말랐다고 생각되는 경우에도 여전히 새로운 눈물을 자아내는 마지막 저장소, 가장 최상의 저장소인 과거가 존재한다." 우리는 이따금 잊었던 사람을 회상하기 위해 예전에 즐겨 듣던 노래를 듣는다. 어린 시절을 추억하기 위해 고향 마을로 돌아간다. 우리의 수많은 기억은 감추어져 있어서 그것을 다시 활성화하려면 적절한 환경이 필요하다. 그래서 프루스트는 우리 기억의 한 부분은 우리 밖에 있다고 한 것이다.

우리 정신이 어디서 시작하고 멈추는지를 대답하기는 어렵다. 우리 인간은 고립된 영혼이 아니라 피와 살로 이루어진 육체적 존재이기 때문이다. 그 피와 살은 친구들을 가슴에 간직하고 주변 세계를 자신의 일부로 만들도록 설계되어 있다.

신과 신앙

밤하늘을 우러러보며 우리는 무엇 때문에 이 지구에 존재하는지 생각해본 적이 있는가? 삶에 의미가 있을까? 어떻게 이 큰 우주가 생성되었을까?

삶에 의미가 없다고 생각하는 사람은 그리 많지 않지만, 많은 사람이 우주의 무한성에서 고독감과 상실감, 허무함을 느낀다. 그래서 '보다 차원 높고 보다 강력한 힘'인 신을 믿는다. 신앙은 삶에 의미를 선물하고 사람에게 휴식과 안전, 신뢰감을 준다. 또 사람들은 신 덕분에 모든 것이 잘될 것이라는 강한 믿음을 갖는다.

사실 수많은 신앙인이 신의 존재를 증명하지 못한다. 하지만 그 존재 자체는 논란의 대상이 아니며, 신앙은 지식도 아니고 근거도 없지만 거부할 수 없는 어떤 것이라고 생각한다. 더군다나 그 반대 즉, 신의 부재가 증명되지 않기 때문에 신을 믿고 안 믿고는 개인에게 달렸다고 본다. 따라서 신에 대한 믿음은 결국 개인의 견해 문제이며 신에 대해 무한히 논의할 수 있지만, 합리적 방법으로는 해결될 수 없다고 생각한다.

그러나 그렇게 생각하지 않는 신앙인도 있다. 자신의 신앙을 증명해서 정당화하려는 것이다. 또 신의 이름으로 타인의 목숨을 빼앗기도 한다. 신의 존재 여부가 단지 개인의 견해 차이라고 생각했다면, 그렇게 행동하지 않을 것이다.

철학에서는 아주 오래전부터 신앙에 대해 연구해왔다. 어떤 철학자들은 신의 존재를 합리적으로 증명하려 했고 어떤 철학자들은 그것을 반박했다. 또 다른 철학자들은 신의 존재를 증명할 수는 없지만 신을 믿어야 한다고 생각했다. 반대로 어떤 철학자들은 신의 부재를 증명하지 못해도 신을 믿어서는 안 된다고 생각했다.

이 장에서 우리는 신과 세계에 관한 최근의 논의와 사고실험을 살펴보고, 동시에 신의 존재 증명에 대해 고찰해볼 것이다.

신 – 인간이 생각할 수 있는 가장 위대한 존재

–

등을 편히 뒤로 기대고 숨을 깊게 들이 쉰 다음 정신을 집중하자. 준비됐는가? 그러면, 당신이 생각할 수 있는 가장 전능한 존재를 마음에 그려보자. 우리는 이 완벽한 존재를 신이라고 부른다. 만약 신이 가장 현명하고 가장 강하고 가장 선한 존재가 아니라면 도대체 무엇이 신이겠는가? 신이란 그보다 더 위대한 것을 생각할 수 없는 존재이다.

이제부터가 흥미로운 지점이다. 당신은 어떻게 이 완벽한 존재를 생각해낼 수 있었을까? 실제 존재하는 것으로 생각했는가 아니면 존재하지 않는 것으로 생각했는가? 나는 여기서 신을 실존하는 것으로 가정한다. 실존하지 않는 존재는 가장 위대한 존재가 아닌 단순한 공상일 수 있기 때문이다. 그러므로 실존은 최고의 존재에 귀속된다. 결혼하지 않았다는 것이 총각의 개념에 속하듯, 신이 존재하는 것은 신의 개념에 속하는 것이다.

정리해보자. 신은 인간이 생각할 수 있는 가장 위대한 존재이다. 신이 존재하는 것은 인간이 생각할 수 있는 가장 위대한 존재라는 개념에 속한다. 따라서 신은 존재한다.

이처럼 당황스럽고 소박한 신의 존재 증명은 11세기 이탈리아 태생으로 영국 국교회의 캔터베리 대주교를 지낸 철학자 안셀무스 Anselmus에서 유래했다. 많은 철학자들이 이 신의 존재 증명을 신랄하게 비판했다. 사실 이 증명은 속임수를 쓰고 있다는 혐의를 벗기가 힘들다. 그런데 어디에 속임수가 있을까? 논의 중 어떤 단계가 잘못되었을까? 아니면 모든 것이 올바를까?

우선 "그보다 더 위대한 것을 생각할 수 없는 존재"라는 신의 정의가 이미 잘못됐다는 반론이 있다. 이 정의에 따르면, 신은 인간의 지성과 표상 너머에 있고, 신의 위대성은 인간의 사유 작용과 무관하다. 그렇다. 그러나 대부분의 신앙인은 신이 최고의 존재임을 인정하지 않을까? 신앙인들은 신의 정의가 마음에 들면 증명이 없어도 그대로 받아들일 것이다. 신이 "인간이 생각할 수 있는 최고의 존재"인가 하는 문제는 증명할 필요가 없는 것이다. 신이 위대하다는 사실만 중요하다. 그러나 이 안셀무스의 신의 존재 증명에는 속임수가 있다.

유명한 계몽주의 철학자 임마누엘 칸트는 안셀무스의 신의 존재 증명을 상세히 분석하여 강력히 비판했다. 칸트에 의하면, 신의 개념에서 신의 존재를 도출할 수 없는데 안셀무스의 증명은 그렇게 한 것이다. 즉, 그 오류는 가장 위대한 존재라는 표상 혹은 개념에서 신의 존재를 가정했다는 데 있다. 한 사물이 존재한다는 생각에서 그 사물이 실제로 존재한다고 추론할 수는 없다. 만약 그렇게 추론할 수 있다면 우리는 수백만 유로를 상상하고 생각만 해도 그것이 진짜 존재하고, 수리수리 마수리! 우리는 억만장자가 될 것이다.

물론 신은 수백만 유로와 다를 것이다. 안셀무스는 신은 반드시 존재해야만 하고, 결코 달리 있을 수 없다고 주장한다. 존재하지 않는 최고 존재는 모든 존재 중에 최고 존재일 수 없고, 따라서 그 존재는 신이 아니다. 신 문제에서 실존은 필연적인 속성이다. 즉, 실존은 신의 본질에 속한다. 그러므로 우리는 신의 실존을 생각하지 않고는 신을 생각할 수 없다. 하지만 수백만 유로는 실제로 있다고 믿지 않아도 생각해낼 수 있다. 금고 속의 돈은 유니콘과 같다. 금고 속의 돈은 실제 있다고 믿지 않아도 상상할 수 있다. 그러나 안셀무스에 따르면 신은 실제로 존재한다고 가정할 경우에만 신을 상상할 수 있다. 그의 생각은 맞는 것일까? 실존은 신의 필연적 속성일까? 총각은 결혼하지 않았다는 것과 같은 관계가 신의 개념에 속할까? "신은 존재하지 않는다."는 명제는 "폴은 결혼한 총각이다."라는 말처럼 말이 안 되는 것일까?

실존이 완벽성에서 나온다면, 완벽한 우산과 완벽한 테니스 경기도 반드시 실존한다고 주장할 수 있다. 그 두 가지는 완벽한 존재처럼 생각할 수 있는 사물이기 때문이다. 이 반론은 안셀무스와 같은 시대에 산 수도사 가우닐로Gaunilo von Marmoutiers가 펼쳤다. 그는 실존이 완전무결에서 추론된다면 완벽한 섬도 있어야 하는데, 그 이유는 완벽한 섬도 생각할 수 있기 때문이라고 비판했다.

칸트는 이 반론을 더욱 첨예화하여, 사물의 크기나 색의 경우와 다르게 실존의 경우 그 속성은 결코 중요시되지 않는다고 생각했다. 칸트에 따르면, 사람들은 어떤 객체가 둥글고, 딱딱하고 노랗다고 말하면서 그것을 묘사할 수 있지만, 그런 둥글고, 딱딱하고 노란 객체가 실존한다고 주장하는 사람은 그 객체에 그 이상의 속성을 추가하지 않는다. 또한 그는 그 개념에 실제로 해당하는 대상들의 수를 줄이지 않는다. 둥글다, 딱딱하다, 노랗다는 속성과 같은 의미의 그 밖의 모든 조건은, 그 조건에 포함된 개념이 들어맞는 대상의 범위를 제한한다. 그 반대로 실존은 그 범위를 제한하지 않는다. 그 외에 사람들은 존재하지 않는 대상들도 가정한다. 예를 들어 실존하는 테니스공과 그렇지 못한 공이 있다고 가정할 수 있다. 사람들은 실존하지 않는 공을 만지지 못하지만 그에 대해 생각은 할 수 있다. 존재하는 테니스공의 집합은 모든 사고 가능한 공의 집합보다 작을 것이다. 즉, 실존은 특정한 테니스공, 즉 모든 사고 가능한 공 가운데 존재하는 공의 속성일 것이다. 그런 견해의 대표자는 오스트리아의 철학자 알렉시우스 마이농Alexius Meinong인데, 그는 불가능한 대상도 존재하고 비존재의 대상도 존재한다고 주장했다. 칸트에게 그것은 진정한 선택이 아니다. 존재하지 않는 대상이 존재한다는 것이 도대체 무슨 의미일까? 내가 있다면 나는 실존하는 것이고 그 역도 마찬가지 아닐까?

요약하면 이렇다. 칸트의 시각에서 실존 일반은 아무 속성도 아니므로 필연적 속성일 수 없다. 따라서 실존이 신의 개념에 속하고 그 때문에 필연적 속성이라고 주장하는 사람은 개념이 어떻게 기능하는가를 이해하지 못하는 것이다. 신은 개념의 밖에 있다.

따라서 안셀무스의 '존재론적 신 증명'은 언뜻 보기에는 올바른 것 같지만 사실 옳지 않은 추론이다. 그렇다고 해서 신을 증명하려는 모든 노력이 실패한 것은 아니다. 신의 실존을 이성적 논의로 증명하고자 하는 또 다른 시도가 있다. 다음에서 우주론적 신 증명을 살펴보자.

신-제1 원인

—

공 한 개가 놓인 당구대를 상상해보자. 공은 움직이지 않고 가만히 있다. 그런데 갑자기 공이 움직이기 시작한다. 다른 공이 부딪히지 않았는데도 말이다. 당신은 자신의 눈을 믿지 못한다. 누군가 투명한 끈으로 묶어 움직였을까? 주변에는 아무도 없다. 혹은 공 안에 작은 모터 같은 동력을 달았을까? 당신은 톱으로 공을 잘라본다. 어떤 동력도 없다. 아무것도 없다.

이 사건이 왜 그렇게 당혹감을 줄까? 안팎에 아무 동인도 없는데 그렇게 움직이는 그 공에 특별한 무엇인가가 있을까? 당신은 말도 안 된다고 할 것이다. 그 사건은 우리의 일상 경험과 모순될 뿐 아니라 지성과도 모순된다! 모든 것에는 원인이 있어야 한다. 사건은 우연하게 일어나지 않는다. 마지막 도미노 패가 쓰러진 것은 앞의 패가 그쪽으로 쓰러졌기 때문이다. 그리고 최초의 도미노 패가 쓰러진 것은 당신이 힘을 가했기 때문이다. 동인이 없는 운동은 없다. 그러면 이 세계에서 최초의 운동은 어떻게 일어났을까?

당신은 어쩌면 이 모든 것이 신과 무슨 관계가 있는지 물을 것이다. 이제 살펴보자. 세계의 모든 것이 움직이고 있다. 나무는 성장하고 행성은 돌고 우주는 팽창하고 있다. 그러나 그 모든 것이 어떻게 시작했을까? 이 세계에서 최초의 운동은 어떻게 일어났을까? 저절로 일어났을까? 아닐 것이다. 어떤 것도 그 자신이 원인일 수 없다. 그렇다면 세계의 다른 어떤 것에 의해서일까? 그것도 아니다. 만약 그렇다면 그 운동은 최초의 운동이 아니게 된다. 모든 것에 최초의 운동이 있어야 한다. 그렇지 않다면 결코 운동이 일어나지 않는다. 모든 것에는 시초가 있다. 그러면 최초의 동인은 세계 밖에 있어야 할까? 분명히 그럴 것이다. 최초의 운동자는 세계 밖에 존재한다. 우리는 그것을 신이라고 부른다. 고로 신은 존재한다!

이 '우주론적 신 증명'에는 여러 변형이 있으며, 그 근원은 플라톤과 아리스토텔레스로 소급된다. 중세의 유명한 철학자이자 아리스토텔레스의 추종자 토마스 아퀴나스^{Thomas Aquinas}는 우주론적 신 증명을 가장 명료하게 공식화했다. 그의 논의는 다음의 세 문장으로 요약된다.

(1) 세계는 움직이고 있다.

(2) 움직이고 있는 모든 것은 어떤 다른 것에 의해 움직이게 되었다.

---

(3) 그러므로 세계 밖에 움직이게 하는 자가 존재한다.

토마스 아퀴나스는 신의 실존을 가정하지 않으면 세계의 운동과 변화를 설명할 수 없음을 보여주려 했다. 그렇지 않으면 세계는 스스로 움직이는 당구공처럼 이해할 수 없을 것이다. 사건은 스스로 일어나지 않으며, 다른 사건에 의해 야기된다. 모든 사건이 그렇다. 그러면 왜 사건의 연쇄는 무한히 길 수 없을까? 토마스 아퀴나스에 따르면, 무한히 긴 인과 연쇄는 결코 시작되지 않는데, 시작이 영원으로 밀려나기 때문이다. 그것은 당신이 집 청소를 계획만 하고 실행은 항상 내일로 미루는 것과 같다. 언젠가 당신은 쓰레기 더미에 묻히고 말 것이다. 인과 연쇄가 무한히 길면 세계는 쓰레기 더미에 묻히지는 않겠지만, 세계에는 어떤 변화도 없을 것이다. 그러나 변화가 있으므로 우리는 인과 연쇄가 무한히 길지 않으며, 언젠가 시초가 있었다는 것에서 출발해야 한다. 우리는 다른 어떤 것에 의해 야기되지 않은, 그 자체가 원인인 것을 가정해야 한다. 모든 최초의 원인, 즉 최초이자 움직이지 않은 운동자는 신이다.

우주론적 신 증명은 역사 발전에 결정적인 역할을 했지만, 많은 현명한 두뇌들이 그것에 절망했다. 그들에게는 왜 원인의 무한 연쇄가 아무것도 초래할 수 없는지가 명확하지 않았다. 만약 모든 개별 사건에 원인이 있고, 사건의 연쇄가 과거로 무한히 소급된다면 왜 최초의 원인이 필요한가? 그것은 어떤 면에서는 무한히 많은 차량을 가진 무한히 긴 열차에 비유할 수 있다. 각 차량은 다음 차에 연결되고, 앞의 차량에 끌려간다. 그러나 어느 곳에는, 즉 제일 앞에는 처음의 차량을 끄는 기관차가 있어야만 한다! 이번에는 열차가 원형의 철로를 달리고, 처음의 차량과 마지막 차량이 연결됐다고 가정하면, 흡사 무한궤도처럼 된다. 그러면 모든 차량이 멈춰 있을 것이다. 그런데 모든 차량이 아무 마찰 없이 움직인다면, 그것은 무엇일까?

자체로 움직이지 않고 변화하지 않는 신이 어떻게 다른 것을 움직일 수 있는가는 수수께끼이다. 아리스토텔레스는 여기에 해결책을 내놓았다. 신은 단지 자신의 현존을 통해 사물을 움직이는데, 그 운동은 사랑하는 이상형인 신에게 세계가 동화하려고 하는 것이다. 신은 아무것도 행하지 않고 그저 존재한다. 모든 것이 신을 추구하려한다.

문제가 또 하나 남아 있다. 신이 무에서 세계를 창조했다면 누가 신을 창조했는가? 첫 번째 대답은, 신은 스스로 창조했다는 것이고, 두 번째 대답은 신은 영원하다는 것이다. 그러나 사람들은 세계에 대해서도 똑같이 대답할 수 있다. 즉 세계는 스스로 창조했고, 영원히 존재한다. 신은 세계가 시작되기 전부터 있었다는 대답은 문제를 회피하는 것이다. 신의 생성은 세계의 생성만큼이나 수수께끼이다.

신-스위스 시계공

–

당신이 무인도에 올랐다고 상상해보자. 물과 음식을 찾다가 바닥에 있는 해시계에 발이 걸려 비틀거린다. 다른 사람이 현재 있거나 과거에 있었다는 증거이다. 인간만 해시계를 만들 수 있기 때문이다. 어떤 것도 우연히 저절로 만들어지지 않는다. 시계를 만든 사람은 어디 숨어 있는 것일까?

이번에는 당신이 지구에서 아주 멀리 떨어진 곳에서 온 외계인이라고 생각해보자. 당신은 당신과 같은 수준의 지적 존재를 찾는 중이다. 그러나 몇 가지 식물과 동물만 발견한다. 그중 비교적 수가 많은 한 동물이 다른 동물보다 조금 더 영리한 것 같다. 그 동물은 철과 콘크리트로 집을 짓고, 소음을 내는 자동차를 타며, 많은 시간 동안 귀에 작은 기구를 꽂고 중얼중얼한다. 당신은 '인간'을 본 적이 없기 때문에 좀 더 자세히 관찰한다. 눈만 관찰했는데도 깜짝 놀란다. 그 복잡한 기관은 세부까지 완벽하게 설계됐다! 그리고 뇌! 아주 놀랍다. 이 '인간'은 모든 것이 섬세하고 조화롭게 만들어진 정교한 기계로, 최고급 스위스제 시계보다 더 낫다. 그것은 우연히 만들어지지 않았을 것이다. 누군가가 제작했을 것이다! 또 경탄할 만큼 아름다운 자연이, 완벽하게 순환하는 자연이 당신의 이목을 끈다. 예컨대 꿀을 채집하는 동시에 꽃을 수분시키는 꿀벌이 눈에 띈다. 자연도 영리하게 만들어졌다! 거기에는 자신의 작품을 이해하는 누군가가 있어야 한다. 당신은 당신이 우주에서 유일하게 수준 높은 지적 존재가 아니라는 사실에 기뻐한다. 그 제조자는 분명히 위대하다. 그리고 영리하다. 그는 대체 어디에 숨어 있을까?

이 사고실험은 윌리엄 페일리William Paley라는 18세기 영국의 신학자에서 유래했다. 하지만 신학의 '목적론적 신 존재 증명'은 보다 오래된 것으로, 13세기 토마스 아퀴나스에게서 발견된다. 그런 생각 자체는 인류의 역사만큼 오래되었을 것이다. 인간은 아주 먼 옛날부터 자연과 자연의 아름다움, 자연의 복잡성에 매료되었다. 사실 인간과 자연이 얼마나 섬세하고 복잡하게 설계되었는가를 생각해보면 놀라지 않을 수 없다. 우리는 산소를 마시고 식물은 산소를 만들며, 나무는 쇠똥을 비료로 생장하고 벌의 도움으로 번식한다. 더욱이 생물 내부에는 모든 것이 완벽하게 조화되어 있다. 아주 작은 정자와 난자가 결합하여 모든 것을 갖춘 아기가 만들어진다. 신체 각 부분은 제 역할을 하면서도, 서로 완벽하게 협력한다. 한 부분이 없으면, 예를 들어 폐나 시신경이 사라지면, 우리는 숨을 못 쉬거나 장님이 되고 만다. 그것은 작은 톱니바퀴 하나를 빼내면 정지하는 시계와 같다.

목적론적 신 증명은 자연의 복잡성이 우연히 생성되었을 개연성이 작다고 본다. 자연이 우연히 생성됐다는 주장은 〈모나리자〉가 붓으로 그린 것이 아니라, 네 개의 물감 통이 엎질러져서 우연히 그려졌다고 주장하는 것만큼이나 불합리하다. 이런 우연의 일치는 가능성을 완전히 배제하기는 어렵지만, 개연성은 극히 작다. 오히려 인간은 지성을 가지고 그림을 그린다는 가정이 더 개연성이 크다. 우리가 '세계'라고 부르는 예술 작품도 마찬가지이다. 이 작품의 탄생을 우연에 돌릴 수도 있지만 그것은 설득력이 약하다. 눈처럼 복잡한 기관이 우연히 제작됐다는 것은 있을 법한 일이 아니다. 오히려 신이 세계를 현 상태로 설계했다는 것이 더욱 설득력이 있다. 신의 실존을 논리적으로 엄밀히 정초할 수는 없지만, 신의 가정은 세계를 구성하는 복잡성을 가장 잘 설명한다. 우연보다 훨씬 나은 가정이다.

이런 주장은 얼마 전부터 '지적 설계론'이라는 이름으로 세계를 다시 돌아다니고 있다. 이 이론의 대표자는 세계의 복잡성은 지성을 갖춘 설계자를 통해 가장 잘 설명할 수 있다고 주장한다. 그 설계자가 바로 신이다. 지적 설계를 주장하는 사람들은 '우연과 자연선택'이라는 개념으로 세계의 복잡성을 설명하는 진화론에 반대한다. 진화론에 따르면 변종이 우연히 생성되고 단점이 많은 변종은 도태된다. 그래서 생명체는 시간이 경과하면서 점점 더 환경에 적응한다. 세계의 복잡성을 설명하는 데에 신은 불필요하다. 신의 존재를 가정할 필요가 없는 것이다. 신의 존재 가정이 불필요하면, 인간은 그런 대상, 즉 어떤 신도 가정해서는 안 된다. 이런 사고 절약의 원리를 오컴의 면도날Ockham's Razor이라고 한다. 이 원리는 어떤 현상을 설명할 때 불필요한 가정을 해서는 안 된다고 한 중세 영국의 철학자 윌리엄 오컴William of Ockham에서 유래했다. 이 원리를 신중하게 적용하면 경애하는 신은 오컴의 면도날에 희생되고, 다윈의 우연과 자연선택만 남는다. 그리고 긴 시간이 남는다.

위의 세 가지 신 존재 증명에는 속임수가 있다. 그리고 내용의 절반 정도는 문제가 있다. 인간이 신을 믿어야 할 근거를 대기 위해 신의 실존을 증명한 것인가 하는 의문이 남기 때문이다. 그렇지 않겠지만, 적어도 다음 논의는 그런 결론을 시사한다. 당신이 합리적인 사람이고 진심으로 행복을 원한다면 신을 믿어야 할 것이다.

파스칼의 내기

—

신의 존재를 증명하지 못하고, 반대로 신의 부재도 증명하지 못한다고 가정해 보자. 여기서 신을 믿을지 말지 자문한다면? 답은 믿어야 한다는 것이다. 당신이 신을 믿는데, 신이 진짜 존재한다면 천국에서 영원한 행복을 기대할 수 있다. 그런데 당신이 속았다는 것이 명백하면, 당신은 세속의 삶에서 쾌락을 조금 손해 보겠지만, 아주 큰 손해는 아닐 것이다. 반대로, 당신이 신을 믿지 않으면 세속에서 더 쾌락을 누리겠지만, 신이 존재할 경우 지옥에서 큰 고통을 받을 것이다. 따라서 당신이 합리적이면 신을 믿어야 한다. 제발!

이것은 17세기 프랑스의 수학자이자 철학자 블레즈 파스칼Blaise Pascal에서 유래했다. 이 사고과정은 단순히 이해될 수 없으며 몇 가지 가정을 전제한다. 첫째, 신앙인은 비신앙인보다 세속적 쾌락을 적게 맛본다. 그것은 십계명이 강력히 인간을 억제한다는 점에서 명백하다. 일곱 가지 원죄도 그 전제는 인간이 관능적 쾌락, 과음, 게으름만 생각한다는 것이다. 둘째, 무신론자는 무신론과 그 과오 때문에 지옥에서 벌과 고통을 받아야 하고, 그것도 영원히 그래야 한다. 셋째, 신이 없다면 사후의 삶도 없고 따라서 천국도 지옥도 없다. 다음의 표는 그 의미의 조합을 잘 보여준다.

	신이 존재한다	신이 존재하지 않는다
신을 믿는다	세속에서의 유한한 고통 천국에서의 무한한 행복 전체: 무한한 행복	세속에서의 유한한 고통 사후의 삶 부재 전체: 유한한 고통
신을 믿지 않는다	세속에서의 유한한 행복 지옥에서의 무한한 고통 전체: 무한한 고통	세속에서의 유한한 행복 사후의 삶 부재 전체: 유한한 행복

신을 믿으면 믿지 않는 경우보다 행복할 기회가 더 많다. 따라서 최선의 선택을 원하는데 아직 신앙이 없다면, 빨리 신을 믿어야 한다. 신의 존재가 결코 타당하지 않아도 그렇게 해야 한다. 신의 부재가 신의 존재보다 천 배 더 그럴듯해도 신을 믿으라는 충고를 받아들이는 것이 좋다. 영원한 지옥을 절대 과소평가하지 마라! 지옥에서의 한나절은 말로 표현하지 못할 정도로 길지도 모른다.

파스칼의 가정을 따른다 해도 그 논의에는 함정이 있다. 파스칼은 우리가 마치 신을 믿을지 안 믿을지를 스스로 결정할 수 있는 듯이 행동한다고 본다. 요컨대 우리가 수영장에 갈지 안 갈지를 결정하듯이 신에 대해서도 그렇게 한다는 것이다. 그러나 그것은 사실과 다른 것 같다. 당신은 어떤 것을 믿으면 오로지 당신에게 더 좋다고 생각하기 때문에 그것을 믿는가? 만약 당신이 세상에 가난은 없고 모든 이가 당신을 사랑하고 매일 태양이 떠오른다는 것을 믿으면 그것은 당신에게 좋을 것이다. 그러나 상황은 그렇지 않다. 소망만으로는 당신의 믿음 가운데 어떤 것도 변화하지 않는다. 당신이 플라세보를 진짜 약이라고 믿으면 플라세보는 효과가 있을 것이다. 하지만 그것이 플라세보임을 안다면—플라세보는 믿는 사람한테만 효과가 있다.—플라세보는 어떻게 작용할까?

우리는 우리에게 좋은 것을 믿는 것이 아니라 진실을 믿으려 한다. 하지만 자기기만이 우리 아이가 세상에서 제일 예쁘고 똑똑하다고 설득할 때, 연인이 나를 완전히 이해한다고 설득할 때, 우리는 그것을 믿는다. 그냥 믿는 것이다. 그것이 우리를 좋게 하기 때문이다. 그러나 우리는 그것을 의도적으로 믿는 것이 아니다.

신-도덕의 받침대

–

당신이 내딛는 모든 발걸음과 당신의 모든 생각을 감시하는 전지적인 존재가 있다고 상상해보자. '빅브라더'가 당신의 일거수일투족을 감시한다! 당신이 가게에서 껌을 슬쩍하거나 친구를 속일 경우 그는 그것을 알아채고 당신을 벌할 것이다! 그런 존재가 있다면 당신은 도덕의 경계선을 조금이라도 넘을 수 있을까? 모든 사람이 그 존재를 믿는다면 우리 세계는 더 나아질까?

이 사고실험은 고대 그리스의 소피스트이자 정치가 크리티아스 Kritias에서 유래한 것으로 보인다. 그는 신은 지혜로운 인간의 영민한 발명품 이상의 것이 아니라고 생각했다. 신이란 소위 정치라는 몸통에서 길게 늘어난 팔에 불과한 것, 즉 종교적 수단을 이용한 정치의 연장이다. 법률과 국가의 질서 수호자는 인간들이 숨어서 부당한 짓을 행하는 것을 막을 수 없다. 그러나 신은 이미 그렇게 하고 있다. 만약 인간이 모든 행동과 사고가 감시된다고 느끼고 벌을 두려워하며, 법이 인간에 의해 조절되고 비준되는 것이 아니라면, 인간들은 법을 지킬 것이다.

독일의 계몽주의 철학자 임마누엘 칸트는 이 가설의 변형을 대변한다. 그는 믿음이 도덕적 행위를 강화한다고 보았다. 선량한 사람이 항상 보상을 받는 것도 아니고 악한 사람이 늘 벌을 받는 것도 아니다. 우리 세계에서는 선량한 사람이 오히려 어리석어 보인다. 이용당하고 무시되기 때문이다. 도덕적인 사람이 때로 보상을 받지 못할 때도 있다. 이 세상에서는 그렇다. 하지만 저세상은 다를 것이라는 희망이 남아 있다. 칸트에 따르면, 우리는 도덕을 위해서 우리의 영혼은 저세상에서 계속 살 것이고, 좋은 행위에 상응한 보상을 받을 수 있다는 희망을 가져야 한다. 지복이란 저세상에서의 행복이다. 신이 그것을 돌본다. 따라서 우리는 신을 희망하는 것이다.

신의 실존을 입증한 확실한 논의는 없다. 신을 믿을 때 더 도덕적으로 행동한다는 것이 곧 신의 존재를 입증하는 것은 아니다. 어린이는 아름다운 동화를 들려줄 때 잠이 들기도 한다. 그렇다고 해서 동화가 진실인 것은 아니다. 따라서 신앙인들이 더 나은 인간이라는 어떤 경험적 증거도 없다.

피고석에 앉은 신

–

우리 모두 각각 훌륭한 특징이 있으며, 그 특징을 무한히 펼칠 수 있다고 생각해보자. 이제 이 모든 특징을 통합한 존재를 상상해보자. 아마 신이 떠오를 것이다. 신은 전지전능하고 자비로우며, 가장 강하고 가장 도덕적이고 가장 지혜로운 존재이다. 이 초월적 존재의 통치 하에서 우리는 걱정 없이 안전하게 산다. 그것은 우리를 따뜻하게 보호하는 이불과 같다.

유감스럽게도 이 이야기에는 문제가 있다. 사실 이런 신이 있다면, 그 신은 상당히 서툰 존재일 것이다. 이 세상은 전쟁, 자연재해, 역병, 고통, 불의로 가득 차 있지 않은가? 신에게는 그것이 보이지 않는가? 그렇다면 그는 전지적인 존재가 아니다. 혹시 그는 세상의 고통에 관심이 없는가? 그렇다면 그는 자비롭지 못하다. 그는 세계가 그렇게 되지 않도록 할 수 없는가? 그렇다면 그는 전능하지 못하다. 그러므로 신을 곤경에서 구해주고, 이 세상의 모든 고통을 정당화하는 유능한 변호사가 필요하다.

신은 인간의 병든 심리적 상태가 만들어 낸 산물이다. 이것은 독일의 철학자이자 종교 비판가 루트비히 포이어바흐Ludwig Feuerbach가 한 말이다. 그는 신은 인간의 욕망·필요·속성이 투사된 것으로, 인간 자신이 그렇게 되고자 하는 모든 것을 감추고 있는 환상의 산물이라고 보았다. 소망된 자아로서의 신은 모든 면에서 완벽하고 영원히 죽지 않는 존재이다.

역사적으로 신학자와 철학자 들이 신에게 부여한 세 가지 특성이 있다. 전능, 자비, 전지가 그것이다. 그런데 이 특성에는 많은 문제가 있다. 호기심 많은 학자들은 신의 전능에서 다음과 같은 의심을 한다. 신은 자신도 들지 못하는 돌을 창조할 수 있을까? 만약 그렇다면 신은 전능함을 버려야 하지 않겠는가? 그런 그는 과연 신인가? 그 돌은 네 변의 삼각형처럼 말이 안 되는 것이 아닐까?

신의 전능이 많은 문제를 안고 있듯이, 신의 전지도 그렇다. 가령 당신이 내일 할 일을 신이 오늘 미리 안다면, 어떻게 당신은 자유로울 수 있는가? 그 문제에 대한 절묘한 대답이 있다. 내가 어떻게 결정하리라는 것을 누군가가 미리 안다고 해서 나의 행위가 부자유하다고 볼 수 없다. 예컨대 당신은 친구들이 언제 당신의 생일을 축하해줄지 안다. 생일날 축하해줄 것이다. 친구들이 언제 축하할지를 당신이 미리 안다고 해서 친구들의 축하가 부자유한 행위가 되는 것이 아니다. 그리고 앞선 지식이 앞선 결정을 의미하지도 않는다. 신은 사물이 어떻게 일어날지 알지만 신이 그것을 알기 때문에 그것이 일어나는 것이 아니다. 신은 모든 시간을 통찰하여 과거, 현재, 미래를 눈앞에 펼쳐서 본다. 그것은 우리가 과거에서 현재로 오는, 1989년 베를린장벽이 무너진 시간의 흐름을 눈앞에 보는 것과 같다. 우리는 그 당시 일어난 사건을 알지만, 우리가 그것을 알기 때문에 그 사건이 일어난 것은 아니다.

신의 전능, 자비, 전지에는 이 문제보다 더 심각한 문제가 있다. 이 세상의 고통과 불의의 문제가 그것이다. 신은 이 고통에 책임이 있다. 신은 전능한 존재이므로 토네이도, 가뭄, 암, 전쟁, 광란의 살육 등 온갖 고통에 개입할 수 있다. 하지만 어떻게 인간은 이 세상의 악과 전능하고 전지하며 자비로운 신의 실존을 조화시킬 수 있을까? 어떻게 신은 자신이 만든 혹은 적어도 허용한 세상의 고통을 정당화할 수 있을까? 독일의 철학자 고트프리트 빌헬름 라이프니츠는 신정론으로 이 세상에 있는 악에 의해 부정된 신의 존재를 합리화했다.

세상에 있는 악의 존재에 직면한 신을 방어하는 사상은 다양하다. 아우구스티누스는 악이 존재하는 것이 아니라, 선이 없을 뿐이라고 생각했다. 맹인에게 앞을 볼 능력이 없듯이 살인자에게는 도덕이 결여되어 있다. 살인자는 성격이 악한 것이 아니라 선의 특성이 결여됐다는 것이다. 신이 악한 것을 창조한 것이 아니다. 선이 부재할 뿐 악은 세계의 고유한 요소가 아니다. 하지만 이 사상은 설득력이 부족하다. 세계의 악을 정당화하는 더 뛰어난 사상들을 아래에서 살펴보자.

라이프니츠는 전쟁과 광란의 살육은 인간의 활동이고, 신은 그것에 책임이 없다고 보았다. 신은 인간을 창조했지만 인간에게 자유를 허용했다는 것이다. 자유로운 인간의 세상이 기계처럼 짜인 세상보다 낫기 때문이다. 그런데 그 허용이 선의 결정뿐 아니라 악의 결정도 가져왔다. 그 결과 전쟁과 살상이 벌어진 것이다.

그러나 인간이 가뭄, 운석 충돌, 암 등의 고통을 당할 때, 신의 도움이 없었다는 비난에서 신을 구제하는 방법은 무엇일까? 그것은 이런 악운은 신이 인간의 과오에 가한 벌이자 경고, 즉 신의 채찍질이라는 것이다. 인간의 과오를 낳은 오만과 비인간성을 차치하면, 이 주장에는 신이 형벌을 내린 인간의 구체적 과오를 지적해야 하는 문제가 있다. 왜 나의 어머니는 암에 걸렸을까? 왜 폭풍은 스위스가 아닌 필리핀을 덮쳤을까?

더 진전된 사상은 그 사건을 다르게 본다. 즉 선은 악과 함께 존재하므로 암과 가뭄은 필연적이며, 고통 없이는 즐거움도 없다는 것이다. 그러나 정말 그럴까? 선은 악 없이 존재할 수 없으므로 더 나은 세상은 현실적으로 불가능한가? 물론 '밝음'의 의미를 모르면 '어둠'을 이해할 수 없다. 또 시장이 반찬이라는 것도 분명하다. 그러나 모든 것은 세계는 대립물의 조화라는 법칙 하에 있지만, 그것이 이전보다 나은 부분이 없다는 것을 의미하지는 않는다. 만약 그렇다면 신은 인간과 마찬가지로 무기력하게 이 법칙 하에 있어야 한다.

전지하고, 자비롭고, 전능한 신의 실존을 세상의 고통과 조화시키는 더 진전된 사상은 끔찍한 사건은 본디 나쁜 것이 아니라 선한 것이라고 주장한다. 우리 인간이 그것을 이해하지 못할 뿐이다. 신의 관점에서만 모든 것이 의미를 갖는다. 이 세상의 고통은 치통처럼 괴롭고 성가시지만 장기적으로 보면 옳은 것이다. 물론 신의 관점에서 모든 것이 어떤 의미를 갖는지가 불분명한 한, 이것은 공허한 주장에 불과하다. 신의 뜻은 무한해서 그 깊이가 닿을 수 없다는 주장은 간교한 수완이다. 사탄에도 동일한 주장을 할 수 있고, 또 악마가 세계를 통치하며 세상의 모든 것은 악이고 나쁜 것이라고 말할 수도 있다. 겉으로 보면 평화·사랑·행복은 길고 선하지만, 사실 우리는 최악의 세계에 살고 있다. 그러나 인간은 그것을 이해할 수 없다. 사탄의 뜻도 그 깊이를 알 수 없기 때문이다.

사탄은 세상의 악을 정당화하는 마지막 방법으로 우리를 이끈다. 그것은 신과 악마를 대립시키고, 선한 힘과 악한 힘을 대조하는 것이다. 말하자면 세상의 악은 악마에게서, 선은 신에게서 나온다. 인간은 신과 악마의 싸움에서 꼭두각시에 불과하다. 그렇지만 신에 대한 이런 변명은 신의 전능을 제한한다. 전능한 신이라면 오래전에 악마를 없앴어야 하기 때문이다. 그렇게 하지 못하는 것은 아닐까?

우주의 찻주전자

—

지구와 화성 사이에 태양을 중심으로 회전하는 찻주전자가 있다고 주장하는 이웃을 상상해보자. 아무도 그 찻주전자를 보지 못했다. 너무 작아서 천체망원경으로도 관측되지 않는다. 찻주전자가 있다는 것도 없다는 것도 반박되지 않는다. 그것이 있다고 믿는 이웃은 누구도 자기의 주장을 반박하지 못하는 한 그 믿음을 고수하겠다고 한다. 즉, 찻주전자가 없다고 주장하는 사람들에게 그것이 없음을 증명할 책임이 있는데 그들이 찻주전자가 있다는 것을 반박하지 못하므로, 반박되지 않는 것은 믿어도 된다는 것이다. 그 말은 옳은가? 누가 증명해야 할까? 이웃일까 반대자일까? 이 논쟁에서 유일하게 이성적인 입장은 어떤 사실도 알려고 하지 않고, 그냥 찻주전자의 존재 여부를 알지 못한다고 주장하는 회의주의자일까? 어떤 믿음이 최선일까? 찻주전자가 있다는 믿음일까, 없다는 믿음일까, 모른다는 믿음일까?

이 사고실험은 영국의 논리학자이자 철학자 버트런드 러셀에서 유래했다. 그는 과학이 신의 존재를 반박해야 하는 것이 아니라, 오히려 종교가 신의 존재를 입증해야 한다고 비판했다. 그는 신의 존재에 대한 증거가 제시되지 않는 한, 신의 부재에서 출발하는 것이 정당하다고 했다. 어떤 것이 실제로 존재하는가 아닌가가 논쟁일 때는 언제나 실존을 증명해야 한다는 것이다. 이 규칙의 근거는 무엇일까?

러셀은 불필요한 어떤 가정도 해서는 안 된다는 절약 원리를 근거로 삼는다. 만약 천둥 번개 현상을 물리법칙으로 설명할 수 있다면 제우스 같은 신들은 퇴출돼야 마땅하다. 지구와 화성 간에 찻주전자가 있다는 가정을 설명할 수 있는 방법이 없으므로 그 가정은 폐기되어야 한다. 그러나 어떤 사람이 성모마리아를 보았거나 신의 목소리를 들었다고 믿는다면 그것은 무엇일까? 그 또한 설명이 필요한 현상 아닐까? 물론 그렇다. 하지만 과학은 그 현상을 설명할 수 있다. 과학의 관점에서 그것은 비정상적인 뇌 활동으로 인한 정신분열증이나 망상의 문제이다.

러셀은 반대자들—여기서는 이웃—의 입장은 비합리적인 결과를 초래한다고 지적하고, '귀류법'을 사용해서 증명했다. 만약 그것이 반박되지 않는 것은 믿어도 좋다는 것을 의미한다면, 결국 환상주의자와 괴짜의 주장이 활개를 칠 것이다. 세계는 날아다니는 스파게티 괴물이 창조했다거나, 도처에 작고 붉은 코끼리가 앉아 있는데 그것들은 우리가 보자마자 공기 속으로 사라진다는 주장처럼 결코 반박될 수 없는 기괴한 가설들은 무수히 많기 때문이다. 그런 엉뚱한 가설들이 반박될 수는 없지만, 우리는 그것을 진지하게 믿는 사람을 비합리적인 사람, 미친 사람으로 여긴다. 그렇게 '반대자들'의 논의는 부조리한 결말로 끝이 나는데, 그들은 그런 엉뚱한 가설을 믿어도 자신들이 오류를 범하는 것이 아니라고 생각한다.

신의 존재를 둘러싼 사상에는 세 가지 입장이 있다. 유신론, 무신론, 불가지론이 그것이다. 각각은 신이 존재한다고, 신이 없다고, 그 판단을 유보해야 한다고 주장한다. 많은 무신론자는 완고한 무신론자보다는 유연한 불가지론자에 가까울 것이다. 찻주전자에 대한 러셀의 사고실험은 두 가지 목적이 있는데, 불가지론자를 무신론자로 만드는 것과 유신론자에게 증명 부담을 주는 것이다. 만약 우주의 찻주전자와 유니콘의 문제라면, 사람들은 대부분 불가지론자가 아닌 완고한 무신론자로서 유니콘의 존재를 부정할 것이다. 그러나 불가지론자도 유니콘의 존재를 옹호하지 않고, 또 신의 존재도 옹호하지 않으면서 어떤 것도 믿으려 하지 않는 등 스스로 무신론자로 생각할 것이다. 그렇지 않다면 그들은 일관성이 없는 것이다.

논리와 언어

철학에는 언제나 논증, 논거 제시, 추론이 필요하며, 그 토대는 올바른 논리, 즉 논리학이다. 올바른 논리의 범례로 종종 다음 연역이 제시된다.

(1) 소크라테스는 인간이다.
(2) 모든 인간은 죽는다.
_____

(3) 따라서 소크라테스도 죽는다.

전제 (1)과 (2)의 진리로부터 결론 (3)의 진리가 도출된다. 이 정도면 논리가 충분하다. 그러면 다음은 어떨까?

(1) 박쥐는 날개가 있는 동물이다.

(2) 날개가 있는 동물은 새이다.

―――――――――――

(3) 따라서 박쥐는 새이다.

무언가 이상하다. 무엇이 잘못됐을까? (1)과 (2)가 진리이면 (3)도 진리이어야 하지 않나! 그렇다면 어디에 오류가 있는가? 우리를 오류로 이끈 것은 바로 언어이다. 요컨대 날개가 있는 동물은 새뿐만이 아니다. 박쥐와 같은 포유류도 날개가 있다. 따라서 (2)의 문장은 '모든 날개가 있는 동물은 새이다.'가 아닌 '일부 날개가 있는 동물은 새이다.'라는 뜻이다. 이렇듯 논리학을 연구하는 사람은 언어의 함정에 조심해야 한다. 도처에 오해의 함정이 숨어 있기 때문이다.

우리 인간은 의사소통이 없다면 하루도 지내기 힘들 것이며, 언어가 없다면 삶은 죽고 싶을 정도로 고독하고 지루할 것이다. 인간은 대화를 통해 세계, 타자, 우리 자신을 이해한다. 우리는 어릴 때부터 혼잣말을 중얼거리거나 타인의 말을 따라 하고 반응하며, 단어와 문장을 사용해서 소망을 표현한다. 그러면서 놀이를 하듯 언어를 습득한다. 그냥 보고 배우는 것이 아니라 함께 놀이를 하면서 습득한다. 그리고 언어 놀이를 통해 세계를 이해한다. 그러므로 언어를 습득한다는 것은 세계로 들어간다는 뜻이다. 우리는 사물의 개념을 포착함으로써 세계를 분류하고, 세계를 파악할 수 있게 된다.

나이가 들면서 단어와 문장의 그물망은 더욱 복잡해지고 개념은 더 추상적으로 된다. 우리는 '중국', '산업화', '인간의 존엄성' 등 멀리 떨어져 있거나 과거의 것 또는 눈으로 볼 수 없는 것에 관해 이야기한다. 그리고 '비존재', '그럼에도 불구하고', '감사하다' 등 세계의 어떤 대상도 가리키지 않는 표현을 사용한다. 그렇지만 그것들은 의미를 갖는다.

언어는 많은 사람에게 자명한 것이지만, 가장 큰 수수께끼이기도 하다. 이렇듯 친숙하면서도 낯선 대상인 언어는 분명히 철학의 대상이다. 단어는 어떻게 대상과 관계를 맺을까? 우리의 느낌을 소리만으로 어떻게 이해시킬 수 있을까? '나무'라는 단어에서 다른 사람들도 우리와 같은 것을 생각한다는 것을 어떻게 확신할 수 있을까? 어떤 것을 말하면서 어떻게 그것과 반대의 것을 생각할 수 있을까? 언어 없이 사고할 수 있을까? 무엇이 언어를 정체성과 연관 지을까?

언어는 오래전부터 철학의 대상이었지만, 20세기에 더욱 그렇게 되었다. 루드비히 비트겐슈타인 같은 철학자는 철학의 첫째 과제는 언어를 정확히 분석하는 것이며, 그렇게 되면 철학의 많은 문제가 해소될 것이라고 생각했다. 다시 말해, 철학이 주로 제기하는 질문은 아이들이 하는 "바람이 안 불면 바람은 무얼 해요?"와 같은 가상 질문인데, 그것은 언어에 대한 오해에서 나왔다는 것이다.

비트겐슈타인은 행동과 생각이 매우 극단적이었다. 오늘날에는 철학의 문제들이 언어분석을 통해 연기처럼 사라질 것이라고 주장하는 사람은 거의 없다. 하지만 지금도 철학에서 언어 문제가 중심 역할을 한다. 철학자는 정확히 읽고 조심스럽게 표현하며 주요 개념을 명료하게 해야 한다. 언어가 바로 철학의 재료이기 때문이다. 따라서 철학의 주요 과제 중 하나가 개념의 해명이다. "우리는 자유로운가?"라고 묻는 사람은 '자유'의 의미를 해명해야 한다. 그러나 도대체 '의미'란 무엇이고, 단어는 어디서 의미를 획득할까? '자유', '자아', '의식', '시간', '정의'와 같은 단어의 의미가 무엇인지 어떻게 알아낼까? 이런 질문들이 이 장의 주제이다. 자, 이제부터 이발사가 자기 수염을 어떻게 깎는지, 그가 스스로 면도할 수 있는지 검토해보자.

이발사

—

어느 마을에 이발사가 단 한 명 있었다. 그는 "난 스스로 면도하지 않는 사람만 면도해준다."고 한다. 그는 스스로 수염을 안 깎는 사람은 면도해준 반면, 스스로 면도하는 사람은 면도를 해주지 않았다. 그러면 이발사는 자신의 수염은 누가 깎아주는가? 스스로 면도해야 하나, 다른 사람에게 시켜야 하나?
그가 스스로 면도한다고 해보자. 그러면 그 사실에서 그는 스스로 면도를 못 한다고 추론할 수 있다. 그는 스스로 수염을 못 깎는 사람만 면도해주기 때문이다. 그런데 만약 그가 스스로 면도를 못 한다면 그는 자신을 면도해야 한다. 그는 스스로 면도를 못 하는 사람만 면도해주기 때문이다. 무엇을 하든 그는 모순에 빠진다.

이 수수께끼는 20세기 영국의 철학자이자 논리학자 버트런드 러셀Bertrand Russell이 생각한 것이다. 그는 무신론자이자, 철저한 평화주의자였다. 러셀의 수수께끼는 이율배반의 문제로, 한 명제로부터 반대 명제가 추론되고 또 반대 명제에서 다시 처음의 명제가 추론되는 것이다. 이것을 위의 예에 적용해보면, 만약 이발사가 스스로 면도한다면 자신은 면도를 못 하는 사람이라고 추론된다. 그리고 만약 그가 스스로 면도를 못 한다면 그는 스스로 면도해야 한다. 그런 이율배반은 드물지 않다. 가령 "이 명제는 틀리다."라는 명제를 보자. 이 명제가 맞다면 이 명제는 틀린 것이다. 그리고 만약 이 명제가 틀렸다면 이 명제는 맞는 것이다. 따라서 이율배반에 빠진다. 크레타 섬 사람의 예를 아는가? 어떤 크레타 섬 사람이 모든 크레타 섬 주민은 거짓말쟁이라고 주장한다. 과연 그의 말은 참인가 거짓인가?

이 난제를 해결하기에 앞서 이 이율배반이 왜 20세기 초 논리학자와 수학자 들에게 절망감을 안겨주었는지를 알아야 한다. 러셀은 이 이율배반으로 수학의 토대를 흔들고 그 체계를 폐허로 만들었다. 그 당시에도 집합론은 수학의 기초 개념이었는데, 러셀은 집합 개념이 모순임을 보여주었다. 만약 임의의 집합, 예를 들어 푸른 모자들의 집합이나 열 가지 이상의 원소를 가진 집합들의 집합을 형성할 수 있다면, '자신을 원소로 포함하지 않는 집합들의 집합'도 형성할 수 있다. 그러나 만약 "그 집합 자체가 원소로 포함될까 아닐까?"라고 질문할 경우, 이 집합은 이율배반의 결과가 된다. 그 질문이란 이발사가 스스로 면도하느냐 못 하느냐와 같은 것이다. 수학은 세계를 설명하는 물리학의 토대로 여겨졌는데, 수학의 토대인 집합론이 붕괴에 직면한 것이다. 러셀은 이렇게 세계를 설명하는 과학의 근간을 흔들었다.

다행히 집합론은 붕괴하지 않았다. 러셀은 문제를 발견했을 뿐만 아니라 해결책도 찾았다. 그의 '유형론'이 이율배반을 막았다. 그 이론은 집합은 자체가 원소로 포함될 수 없음을 요구한다. 집합은 다른 집합을 원소로 포함할 수 있지만, 언제나 다른 유형의 집합, 즉 보다 낮은 단계의 집합만 원소로 포함할 수 있다. 집합은 그 단계가 집합들을 원소로 포함할지라도 항상 원소보다 높은 단계이다. 따라서 한 집합이 스스로를 원소로 포함하는 것은 불가능하다. "한 집합이 자신을 원소로 포함할 수 있느냐?"는 질문은 말도 안 되는 질문이다. 그것은 "사랑에 빠지는 특성 그 자체가 사랑에 빠지는가?"라는 질문과 같다. 이 질문을 던진 사람은 인간이 사랑에 빠지는 것이지, 사랑에 빠지는 성질이 사랑에 빠지는 것이 아님을 잊은 것이다.

이발사의 예에서는 어떤가? 이발사는 어떻게 자신의 수염을 깎을 것인가? 러셀의 논의를 따르면, 이발사는 자신을 면도할 수 없다. 그것은 한 집합이 자신을 원소로 포함하는 것과 같은 것이다. 러셀의 해결책은 이발사에게서 마을의 주거권을 박탈하고 그를 추방하

는 것이다. 이발사는 자신이 마을에 살면서 주민들을 면도해주어서
는 안 된다. 그가 마을 밖에 살면 그는 스스로 면도하지 못하는 마을
주민을 문제없이 면도해줄 수 있다. 그러나 추방이 유일한 해결책일
까? 추방은 우회적 해결책 아닐까? 왜 이발사가 마을에 살면 안 될
까? 왜냐하면 이발사는 모순적인 존재, 즉 스스로 면도하면서 동시
에 면도하지 못하는 사람이기 때문이다. 즉 존재할 수 없는 사람이
다. 이 세상에 그런 모순적인 사람은 존재하지 않는다. 그러므로 우
리의 가정에서 어떤 것을 바꿔야 한다. 즉, 그가 마을을 떠나거나 직
업을 이발사가 아닌 탈모 치료사 같은 것으로 바꾸면 된다.

다음에서는 수염이 아닌 탈모가 문제이다. 혹시 "또 남성 문제
네!"라고 기분이 상했다면, 그럴 것까지는 없다. 탈모는 우리 모두와
관계가 있다. 머리만이 아니라 다리에서도 진행되니까 말이다.

탈모

–

탈모가 진행 중인가? 걱정할 것 없다. 결코 대머리가 되지는 않을 테니까. 대머
리가 되는 것은 논리적으로 불가능하다. 안 믿어지는가? 그러면 당신의 머리
숱이 아주 많은데 1초에 하나씩 빠진다고 하자. 자, 그럼 언제부터 당신은 대머
리일까? 어떤 머리카락이 빠져야 결정적으로 대머리가 될까? 그 어떤 것도 아
니다. 머리숱이 많은 사람은 하나가 빠지고 다음 머리카락이 빠져도 여전히 머
리숱이 남아 있다. 또 하나가 빠지고 다음 것이 빠져도, 계속 이 규칙은 타당하

다. 따라서 당신의 풍성한 머리카락이 차례로 빠질 수 있지만 당신은 결코 대머리가 되지는 않는다. 당신 머리에 머리카락이 할 올도 안 남아도 대머리가 되지 않는다. 당신은 이 말에 공감하는가? 물론 그렇지 않을 것이다. 그렇다면 어디서 사고의 오류가 발생했을까?

이 문제는 옛날부터 '무더기 역설'로 잘 알려졌다. 그 당시 질문은 "얼마나 많은 모래알이 모여야 한 무더기가 될까? 얼마나 많은 곡물 낟알을 덜어내야, 더 이상 곡물 더미가 아닐까?"였다.

그 역설은 '무더기', '대머리', '더미'라는 표현이 모호하기 때문에 경계를 명백히 지을 수 없어서 발생한다. 모호성이란 어떤 개념의 의미와 한계가 불분명해서 한 사건에 적합한지 아닌지 규정할 수 없는 경우를 말한다. 모호성은 철학뿐 아니라 법학 · 의학 · 스포츠 등 유동적 변화가 있는 모든 곳에서 문제가 된다. 예컨대 '과도한' 소비는 무엇인가? 언제 태아에서 '인격'이 나타나는가? 누가 '약간 조심스럽게' 행동했는가? 한 사람에게 '판단력'이 없다고 말하려면 무엇이 필요한가? 이 모든 것은 극히 까다로운 질문이다. 모호성을 내포한 사건은 철학만이 아니라 사회 전반에 걸쳐 만나는 문제이다.

그렇다면 무더기 역설을 어떻게 해소할까? 논의를 재구성해보면 다음의 두 가지 가설에서 한 가지 추론이 나온다.

(1) 100,000개의 곡물 낟알이 한 더미를 만든다.

(2) n개의 곡물 낟알이 한 더미를 만들면,

n-1개의 곡물도 한 더미를 만든다.

---

(3) 한 개의 낱알도 한 더미다!

이 추론은 전형적인 역설이다. 외관상 옳은 가정에서 명백히 잘못된 것이 유추된다. 당신에게는 세 가지 탈출구가 있다. 그 귀결을 받아들이거나, 두 가설 중 하나를 비판하거나, 추론의 타당성을 의심하는 것이다. 나는 첫 번째 탈출구를 선택하지 말 것을 권한다. 그것은 불합리한 결론을 이끌어내기 때문이다. 당신은 사방에 물건 더미가 있음을, 모든 사람에게 머리가 벗겨진 곳이 있음을, 키가 2미터인 사람도 키가 작음을 증명할 수도 있다. 하지만 그런 것은 불합리하다. 논의의 귀결이 명백히 잘못된 것이다. 더미가 만들어지는 데에는 곡물 한 알이 결정적인 영향을 주지 않기 때문이다. 따라서 틀림없이 가설이나 사고 과정에 오류가 있을 것이다.

사고 과정 자체는 무리가 없어 보인다. 따라서 두 가지 가설을 살펴보자. 첫 번째 가설도 별로 위험해 보이지 않는다. 두 번째 가설은 첫 번째 가설보다도 덜 위험하다. 곡물 한 알이 어떤 차이도 만들지 않음을 의미하기 때문이다. 즉 무더기에서 한 알을 빼내도 무더기는 여전히 무더기이다. 이 규칙은 매우 그럴듯하다. 하지만 귀결은 설득력이 없다. 아마도 가상이 포함된 듯하다. 정확히 이 가정을 주장했지만, 이 두 번째 가설을 거부한 두 가지 철학적 입장이 있다.

'모호성의 인식 이론epistemische Theorie'의 대표자는 더미와 더미가 아닌 것을 구별하는 명료한 경계가 있는데 우리가 그것을 모를 뿐이며, 그것이 문제라고 주장한다. 가령 모래 더미의 경계는 182개의 모래알인데, 다만 우리가 그것을 생각할 수 없다는 것이다. 즉 명료한 경계가 있지만 우리는 그것을 알 수 없다는 것이다. 색에서도 마찬가지다. 우리 눈은 색을 아주 섬세하게 구별할 능력이 없다. 붉은색에 노란 물감을 한 방울씩 섞으면 언젠가는 주황색이 될 것이다. 그렇지만 우리 눈은 그런 비약의 순간을 정확히 인식할 수 없다. 이것은 일종의 비유이다. 그러나 이상하지 않은가? 그 견해는 결국 '더미' 같은 개념은 명료한 경계가 있지만 우리가 그 경계가 어딘지 모른다는 점을 근거로 삼는다. 따라서 이 주장은 우리가 개념을 알지 못한다는 것을 의미할 것이다. 우리는 자신이 말한 단어의 개념도 이해하지 못할 정도로 무능력할지도 모른다. 그럴 바에는 차라리 '더미' 같은 표현은 명료한 경계가 없다고 가정하는 것이 더 낫지 않을까?

모호성의 인식 이론 이외에 '모호성의 세분화 이론Schärfungstheorie'이 있다. 그것은 더미 같은 모호한 개념에는 여러 스펙트럼이 존재한다는 것이다. 즉 분명히 더미인 경우, 분명히 더미가 아닌 경우, 중간의 경우가 있다. 분명히 더미인 경우에만 참과 거짓을 말할 수 있고, 중간의 경우 명제는 참도 거짓도 아니다.

100개 이하의 낱알 집합은 명백히 더미가 아니고, 반대로 200개

이상의 낟알 집합은 명백히 더미라고 가정하자. 101개에서 199개까지의 집합은 중간 지대이다. 중간 지대에서는 마음대로 경계를 선택할 수 있다. 어디에 경계를 선택하든 당신이 잘못하는 것이 아니다. "134개의 낟알이 더미를 만든다."는 당신의 진술은 참도 거짓도 아니다. 당신이 어디에 경계를 정하는지와 무관하게, 각 가정의 낟알 수가 참이면 당신의 진술은 참이다. 그것은 경계 영역 밖의 진술은 진리임을 의미한다. 경계 영역 안에서는 경계를 임의로 이동할 수 있기 때문이다. 이제 당신이 정확히 134개에 최고 경계를 설정한다고 가정해보자. 즉, 133개의 낟알은 더미를 만들 수 없다. 그러면 "134개의 낟알이 더미를 만들면, 133개의 낟알도 더미를 만든다."는 명제는 참이 아니다. 결국 더미 역설의 두 번째 가정은 포기되어야 한다. 결국 낟알 하나가 차이를 만드는 것 아닌가! 그것은 멀리 떨어진 세상 어딘가에 눈에 안 보이는 경계가 있기 때문이 아니라, 우리가 원할 경우 우리 스스로 경계를 정할 수 있기 때문이다.

하지만 아직 모호성 문제가 해결됐다고 볼 수 없다. 경계 영역은 어디서 시작하는가, 중간의 경우와 분명한 경우 사이의 경계가 명백한가, 어떻게 우리는 이런 차원 높은 모호성 문제를 해결하는가 등의 문제가 남아 있다. 여기서 사람들의 생각이 갈라지며, 어떤 사람들은 결정을 못 내린다. 만약 그것이 죄다 언어유희일 뿐이라고 생각한다면, 당신은 옷을 따뜻하게 입어야 한다. 지금 숲으로 들어갈 것이기 때문이다. 부끄럼 많은 작은 다람쥐를 찾아 떠나자.

나무 위의 작은 다람쥐

–

숲속을 산책하는 도중 갑자기 작은 다람쥐 한 마리가 길을 건너 나무 위로 올라가는 것을 보았다고 상상해보자. 그런데 다람쥐가 나무 반대편으로 숨어버렸다. 당신은 다람쥐를 보려고 나무 둘레를 조심스레 돌지만 다람쥐는 당신 반대편으로 돈다. 그래서 당신과 다람쥐 사이에 항상 나무가 있고, 다람쥐는 당신과 같은 속도와 방향으로 나무를 돌아서 늘 반대편에 있다. 결정적인 질문. 당신이 나무 둘레를 돌면, 당신은 다람쥐 둘레를 돈 것인가 아닌가?

이 수수께끼는 미국의 실용주의 철학자 윌리엄 제임스William James에서 나왔다. 실용주의는 다양한 모습의 철학이지만, 핵심은 세계에 관한 이론은 우선 유용해야 한다는 것이다. 더욱이 우리는 우리가 객관적 현실을 올바로 모사하는가를 결코 알 수 없다. 그러므로 그것 또한 중요하지 않은 것이다.

윌리엄 제임스는 다람쥐의 예를 통해 철학적 문제들이 무엇인가를 보여주고자 했다. 다람쥐의 예는 위대한 철학적 수수께끼와 비슷하다. 다람쥐 둘레를 돌았는지 아닌지는 우리가 '돌다'라는 단어를 어떻게 이해하는가에 달렸다. 만약 '돌다'를 부동의 대상 주위를 돌고, 그래서 그 대상의 모든 면을 보는 것이라고 생각하면 그 질문의 대답은 "아니다."일 것이고, 반대로 대상이 돌든 안 돌든 관계없이 그 둘레를 도는 것이라고 생각하면 대답은 "그렇다."일 것이다.

따라서 문제는 언어적인 것이다. "어떤 것의 둘레를 돈다."는 표현이 서술된 상황과 맞아떨어지는지 아닌지는 불명료하다. 상황은 완전히 명백하지만 개념은 그렇지 못하다. 제임스에 따르면 철학적 문제들은 우리 인간은 '자유로운지', 세계에 대해 어떤 것을 알 수 있는지, 동물은 '사고'할 수 있는지 등의 문제와 동일한 상황에 있다. 행동 생물학자는 동물이 할 수 있는 것과 할 수 없는 것을 아주 정확히 설명해준다. 하지만 이런 동물의 능력을 '사고 능력'으로 간주할 수 있을까? 이 질문에 대한 대답은 사실적 지식이 아니라 개념적 지식이다. 철학은 개념적 지식에 속한다. 적어도 '사고', '자유', '지식' 같은 개념이 문제시될 경우에 그렇다. 따라서 철학적 문제들은 개념적 문제이다. 하지만 모든 문제가 그런 것이 아니라, 일부 문제가 그렇다. 가령 우리가 어떻게 행동해야 하고, 정의로운 국가는 어떤 국가인지가 문제일 경우, 개념 분석만으로는 깊이 있는 대답에 도달할 수 없다. 그렇지만 언어와 의미는 거의 항상 철학에서 중요한 역할을 한다. 철학적 물음의 해결은 언제나 개념을 명료하게 하는 데서 출발한다.

그러면 이제 숲에서 아마존 원시림으로 가보자. 당신은 낯선 문화를 좋아하는가? 그렇다면 다음의 사고실험을 놓치면 안 된다. 그것은 당신에게 작은 충격을 줄 것이다. 그 충격은 단어의 뜻 그대로가 아닌, 은유이다. 그리고 이 장 끝에서 우리는 다시 은유 문제를 살펴볼 것이다.

가바가이

—

당신이 언어 연구를 위해 아마존 원시림을 탐험한다고 상상해보자. 혼자 삼일 동안 헤매다 마침내 낯선 부족과 조우하는데 당신은 그들의 언어를 이해하고 연구하길 원한다. 하지만 그들의 생활에 개입하지 않기 위해 카메라와 집음기를 설치해서 그들의 표현을 관찰하고 귀를 기울인다. 그래서 당신은 "카바우크", "테노크자크", "렌드론 메나이" 같은 말을 듣는다. 물론 당신은 아무것도 이해하지 못한다. 그런데 재미있는 상황이 벌어진다. 토끼 한 마리가 깡충깡충 뛰며 지나가는데, 한 남자가 토끼를 가리키며 "가바가이"라고 외친다. 당신은 재빨리 노트에 "가바가이=토끼"라고 쓴다. 당신은 왜 그렇게 확신하는가? '가바가이'라는 표현을 '우리의 저녁 식사거리다!', '사냥하자!', '오늘 폭풍이 올 거야.' 같은 의미로 생각할 수는 없을까?

이 사고실험은 미국의 철학자 윌러드 밴 오먼 콰인Willard Van Orman Quine에서 유래했다. 그는 위 장면에서 원주민의 말을 온전히 번역해낼 수는 없지만, 원리적으로는 낯선 언어를 번역할 가능성이 점점 커진다는 것을 보여주려 한다. 일단 '가바가이'의 의미는 불분명한 채 남아 있다. '가바가이=토끼'가 맞을까? 분명한 것은 그것은 단지 첫 번째 가설이라는 점이다. 이 가설은 원주민이 사용하는 더 많은 언어를 관찰함으로써 증명돼야 한다. 만약 원주민들이 기어가는 뱀을 보고도 "가바가이!"라고 외친다면, '가바가이=토끼' 가설은 믿을 수 없다. 반대로, '가바가이'가 토끼 경우에만 사용되면, '가바가이=

저녁식사' 등의 그럴듯한 다른 가설들은 제외한다.

당신이 그곳에서 관찰하고 연구하는 것은 생소한 놀이를 따라 하면서 규칙을 발견하는 것과 같다. 당신은 한 번도 체스를 해본 적이 없어서, 우선 남들이 체스 두는 것을 관찰해야 한다고 가정해보자. 당신은 과연 관찰에서 규칙을 유추할 수 있을까? 콰인은 불가능하다고 본다. 만약 당신이 함께 체스를 둔다면, 규칙을 보다 쉽게 유추할 수 있을 것이다. 당신이 체스의 말을 잘못 놓을 때 사람들이 지적할 것이고 또 당신은 어떤 것을 실험할 수도 있다. 예를 들어, 룩을 대각선으로 옮기거나 킹을 가지고 뛰어넘기를 해본다. 그러면 당신의 규칙 위반이 금방 지적될 것이다.

'가바가이'를 번역할 때 원주민과 직접 대화를 하면 도움이 될까? 당신이 숨어 있다가 갑자기 손에 토끼를 들고 나타나 원주민한테 질문하는 눈빛으로 "가바가이?" 하고 묻는다고 하자. 일단 원주민들이 낯선 사람의 등장에 당황할 것이라는 사실은 무시하자. 당신은 조용히 팔을 흔들며 "토크"라고 말한다. '토크'는 무엇인가? 긍정인가 부정인가? 팔을 흔드는 것은 어떻게 해석될까? 고개를 흔들거나 끄덕거리는 것처럼 해석될까? '가바가이'는 '토끼'로, '토크'는 '긍정'으로 해석되거나 '가바가이'는 '사냥하자!'로 '토크'는 '부정'으로 해석될 수 있다. 또는 두 가지 모두 가능하다.

여기서 당신은 특정 가설을 맞는 것으로 결정해야 한다. 콰인은 이때 의심 가는 표현이라도 호의의 원칙으로 해석해야 하며, 원주민들을 지루하게 서 있게 해서는 안 된다고 권한다. 예컨대 당신은 '가바가이'를 '저기 호랑이가 있다.'로 번역해서는 안 된다. 이 문장은 완전히 잘못된 것일 수 있고 그 말을 한 원주민이 부정확한 관찰자일 수 있기 때문이다. 호의의 원칙이란 당신이 해석할 때 상대방이 합리적이며 당신처럼 정신이 멀쩡하다는 것을 출발점으로 삼아야 한다는 것이다. 당신에게 그 밖의 다른 것은 없다. 원칙적으로 언제나 다른 번역이 가능하고, 다른 사람이 어떤 단어에 어떤 것을 관련시키는지가 아직 규정되지 않은 상태이기 때문이다. 이 문제는 비단 원주민만의 문제가 아니라 우리들의 문제이기도 하다. 우리 모두가 같은 언어를 사용한다고 해도 오해는 우리 일상에 늘 스며들어 있다. 그 문제는 나중에 보기로 하고, 뒤로 등을 기대어 하늘의 별을 관찰하자.

샛별과 태백성

—

저녁 서쪽 하늘을 유심히 살펴보면, 다른 별보다 유독 더 밝게 빛나는 별 하나가 있다. 그 별은 저녁에 가장 밝게 빛나는 태백성이다. 새벽에도 비슷한 현상이 나타난다. 동쪽에 다른 별보다 더 밝게 빛나는 별이 하나 있는데, 그것은 샛별이다. 문제는 이 두 별이 다른 시간대에 다른 방향의 하늘에서 빛난다는 사실이 아니라, 두 별이 같다는 점이다. 사람들은 두 별이 금성임을 알았다. 따라서 '태백성'과 '샛별'은 모두 금성과 관련이 있다. 그런데 "금성은 금성이다."라는 문장은 어떤 정보도 제공하지 않는 반면, "태백성이 샛별이다."라는 문장은 유익한 정보를 제공한다. 왜 그런가?

이 예는 독일의 철학자이자 논리학자 고트로프 프레게^{Gottlob} Frege.1848~1925에서 유래한 것으로, 중요한 것을 보여준다. 단어가 곧 그것이 지시하는 사물을 의미하지는 않는다는 것이다. '샛별'과 '태백성'이라는 단어가 모두 금성을 가리킨다. 그런데 "샛별은 태백성이다."라는 문장은 유익한 정보를 제공하는 반면, "금성은 금성이다."라는 문장은 동일률에 불과하다. 첫 번째 문장의 진리를 발견하려면 노력이 필요하지만, 두 번째 문장은 어린아이도 금방 알 수 있다. 따라서 두 문장은 단어들이 동일한 별과 관련되어 있지만 동일한 것을 의미하지 않는다. 그러므로 의미는 관련성과 다른 것이다. 그렇다면 의미란 무엇일까? 프레게는 의미를 '지시체'라고 규정한다. 그것은 무슨 말인가? 금성이라는 행성은 새벽에 보느냐 저녁에 보느냐에 따라서 샛별 또는 태백성으로 부를 수 있다. 베를린이라는 도시도 '독일의 수도'로, '독일에서 제일 큰 도시'로, '독일 의회가 있는 곳'으로 부를 수가 있다. 이 세 표현은 '베를린'이라는 동일한 도시와 관련이 있지만 각각 상이한 것을 의미한다.

두 표현이 동일한 대상과 관련 있다면, 그 두 표현을 교환해도 한 문장에서 진릿값은 변하지 않는다. 즉 "밥 딜런은 모든 시대 최고의 가수이다."가 진리라면 "로버트 짐머만은 모든 시대 최고의 가수이다."라는 문장 역시 진리이다. 밥 딜런이 로버트 짐머만이기 때문이다. 그러나 주의할 것이 있다! 교환이 항상 문제없이 성공하는 것은 아니다. 만약 당신이 밥 딜런이 로버트 짐머만임을 몰랐다면, 당신은 "나는 밥 딜런이 최고의 가수라고 생각한다."고 말할 수 있지만 "나는 로버트 짐머만이 최고의 가수라고 생각한다."라고는 말할 수 없을 것이다.

프레게 이전에는 많은 사람들이 한 단어의 의미는 그 대상에서 갖게 되는 표상이라고 생각했다. '나무'라는 단어의 의미는 '나무'를 말하거나 들을 때 머릿속에 그려지는 나무에 대한 그림이라는 것이다. 만약 그렇다면 우리는 다른 문제에 직면한다. 만약 '나무'라는 단어가 내 정신에 있는 주관적 생각을 가리킨다면, 내가 '나무'라는 표현에서 생각하는 것을 당신이 어떻게 알 수 있을까? 요컨대 '나무'라는 단어를 들었을 때 우리가 동일한 것을 표상하고 있음을 어떻게 확신하는가? 만약 서로 생각이 다르면, 대화하는 동안 서로 다른 말을 하는 것일까?

의미 표상론에는 또 다른 문제가 있다. 즉 우리는 '나무'라는 한 단어를 큰 나무 작은 나무, 굵은 나무 얇은 나무, 침엽수 활엽수 등 매우 상이한 나무들과 관련시킨다. 그런데 나무에 관한 일반적 표상은 무엇일까? 큰 혹은 작은? 녹색 혹은 갈색? 표상은 동시에 두 가지 모두이어야 한다! 우리는 '나무'라는 표현에서 모든 나무에 공통인 것을 생각하기 때문이다. 그러나 나무의 색과 크기는 다양하므로 나무에 대한 우리의 일반적인 생각은 특정한 색과 크기를 포함할 수 없다. 그렇다면 나무에 관한 일반적인 생각은 어떠해야 할까? 모든 나무에 공통적인 특성을 갖춘 나무는 어떤 모습일까?

우리가 논의의 방향을 잘못 잡았고, 의미는 대상도, 세계에 있는 객체도, 정신의 표상도 아닐 수 있다. 이것은 오스트리아의 철학자 루드비히 비트겐슈타인의 주장이다. 그는 '나무'의 의미란 우리가 단어를 사용하는 종류와 방식이라고 보았다. 의미는 객체가 아니라 실천인 것이다. 그것이 무엇을 말하는지 다음에서 살펴보자.

가족 유사성

–

당신은 놀이가 무엇인지 아는가? 우리는 자전거 경주, 테니스, 퍼즐, 까막잡기 놀이 등 참 많은 놀이를 안다. 그러면 모든 놀이의 공통점이 무엇인지도 아는가? 놀이에는 어떤 공통점이 있을 것이다. 그렇지 않다면 우리는 그것들을 공통 개념인 "놀이"로 부를 수 없을 것이다. 따라서 적어도 모든 놀이의 공통된 특징이 있어야 한다. 도대체 그것이 무엇일까? 재미? 승부? 규칙? 그렇다면 놀이가 재미있고 승패가 갈리고 규칙에 따라 진행되는 유일한 것일까? 주식시장과 정치도 같지 않은가? 바이올린 연주는 어떤가? 권력투쟁은? 놀이에만 있는 특징을 찾아보자. 모든 놀이에 해당하는 특징 말이다. 행운을 빈다!

결코 쉽지 않은 이 사고과제는 오스트리아의 언어철학자 루드비히 비트겐슈타인에서 유래했다. 그에 따르면, 한 언어 표현의 의미는 그 표현의 사용 방식과 종류에 의해 결정된다. 즉 '언어의 사용이 곧 의미'라는 것이다. 지금까지는 '각진' 것으로 묘사했던 사물을 '둥글다'고 말하면, 또 반대의 경우도, '둥근'과 '각진'의 단어 의미를 혼동한 것으로 보았다. 하지만 '사랑한다'는 말을 증오심을 표현하기 위해 사용하면, '사랑한다'는 '증오한다'가 될 것이다. 다시 말해 한 단어나 문장의 사용 방식이 의미를 결정한다. 따라서 언어 표현의 의미를 알고자 하는 사람은 그 표현을 어떻게 사용하는가, 즉 어떤 일에서 어떤 결과를 가져오는가를 고찰해야 한다. 이것이 '의미 사용론'이다.

비트겐슈타인은 언어와 놀이를 비교한다. 체스 반상에 여러 다른 말들이 있고, 사람은 규칙에 따라 말을 움직인다. 퀸은 모든 방향으로 갈 수 있고, 비숍은 대각선 방향으로만 뛰어넘을 수 있다. 각각의 말은 규칙에 따라 규정된다. 비숍을 '비숍'으로 지칭하는 것은 체스에 전혀 영향을 주지 않는다. 말이 어떻게 지칭되고, 무엇을 표현하는가가 중요한 것이 아니라 어떻게 움직이느냐가 중요하다. 말은 그 움직임에 의해 정의된다. 말의 이름을 룩에서 퀸으로 바꿔도 말에는 아무 변화 없이, 체스에서의 역할만 바뀐다. 하지만 이 변화는 어떤 말이 중요한가를 규정한다. 비트겐슈타인에 따르면, 언어의 문장과 단어도 그렇다. 사람들은 헤어질 때 "신의 가호가 있기를!"이라고 인사하지만, 만났을 때는 인사를 그렇게 하지 않는다. 이 인사는 무신론자에게도 허용된다. "안녕하세요?"나 "안녕!" 같은 말과 똑같은 기능이기 때문이다. 이 세 가지 인사 표현의 규칙은 거의 동일하다.

그러나 체스와 달리, 언어에는 명시된 규칙도, 단어 사용의 정확한 규칙도 없다. '좋은', '의자', '부드러운'과 같이 일상적으로 사용하는 표현을 정의하기는 매우 어렵다. 또 많은 표현들이 모호하다. 그것은 애매한 경우를 허용한다는 뜻이다. '더미', '대머리' 같은 단어들이 그렇다. 문맥에 따라 단어의 의미가 달라지는 것도 그런 문제에 속한다. 예를 들어, '던지다'라는 말은, '투수가 공을 던지다. 선생님이 어려운 문제를 던지다.'처럼 누가 무엇을 던지느냐에 따라 의미가 달라진다. 또 많은 단어가 완전히 다른 사물을 표현하기도 한다. '발'(Ball, 공과 무도회), '방크'(Bank, 벤치와 은행) 같은 표현을 생각해보면 알 것이다. 또 '놀이' 같은 말로 다양한 사물과 행동을 표현하기도 한다. 장기 놀이, 카드놀이, 공놀이, 전쟁놀이, 소꿉놀이 등이 그렇다. 비트겐슈타인에 따르면, 이 모든 활동을 '놀이'로 표현한다는 것은 이 모든 활동과 그중 어떤 하나의 활동에 공통된 것이 있다는 가정으로 우리를 유혹하지만, 그런 공통점은 없다. 우리는 '놀이'라는 표현에 필요한 정의를 찾을 수 없다. 그것이 정상이다. 마찬가지로 우리는 '의자', '건강한', '사랑', '사고하다', '가난'과 같은 표현에 대한 명료한 정의를 발견할 수 없다. 비트겐슈타인은 사물의 본질 추구는 답을 찾을 수 없다고 본다. 놀이의 본질 따위는 없는 것이다.

그러면 우리는 왜 모든 놀이를 "놀이"라고 부르는가? 비트겐슈타인의 대답은 많은 놀이에 '유사성'이 있다는 것이다. '놀이'라는 단어와 관련된 활동은 대가족의 구성원과 같다. 가족 구성원들은 때로는 유사성이 크기도 하고 작기도 하며, 서로 닮기도 하고 다르기도 하다. 구체적으로 말해, 많은 사람들이 얼굴이 닮기도 하고 코가 닮기도 하고, 어떤 사람들은 입이나 기질이 닮았으며, 또 목소리가 닮은 사람들도 있다. 비트겐슈타인이 말한 '가족 유사성'은 가족 구성원들 사이에뿐 아니라, 개별적 단어들 사이에도 또 단어에 상응하는 개별적 대상들 사이에도 존재한다. 다양한 놀이들이 한 가족을 형성하는 것과 같다. 그래서 '놀이'라는 단어는 관점과 정도가 조금 다른 그리고 비슷한 활동의 가족을 표시하는 것이다. 놀이에 공통적인 특징은 존재하지 않는다.

소크라테스는 "정의란 무엇인가? 덕은 무엇인가?"와 같은 질문으로 아테네 사람들을 성가시게 했다. 사물의 본성을 찾고자 했기 때문이다. 많은 철학자가 소크라테스의 전통 안에 있으며, 자신을 개념 설명자와 본질 탐구자로 생각한다. 그러나 '놀이'처럼, 철학의 기본 개념들을 정의할 수 없다면, 대체 철학의 기본 개념이란 무엇일까?

지구와 쌍둥이 별

—

지구와 쌍둥이 별이 있다고 상상해보자. 그 별에서 고양이를 닮은 존재는 원격 조종 로봇이라는 점만 빼고, 지구의 고양이와 똑같다. 그러나 그 별의 사람들은 그것을 모른다. 그들은 그 존재를 분해해본 적이 없다. 그들은 외모가 고양이와 같은 이 로봇을 "고양이"라고 부른다. 그럼 '고양이'라는 단어는 쌍둥이 별과 지구에서 동일한 의미인가? 쌍둥이 별의 '고양이'라는 단어는 우리 언어로 어떻게 번역될까? 쌍둥이 별의 '고양이'라는 단어는 우리 '고양이'와 동일한 것을 의미할까?

이 사고실험은 미국의 철학자 힐러리 퍼트넘에서 연유했다. 그는 '고양이'라는 표현은 쌍둥이 별에서는 우리와 같은 것을 의미하지 않는다고 생각했다. 이 견해는 매우 놀라운 것이다. 오랫동안 사람들은 단어의 의미는 말하는 사람과 그의 정신 상태, 언어 사용에 달려 있지, 세계가 어떤 상태인가에 달려 있지 않으므로, 단어가 가리키는 사물을 분석하지 않고도 그 단어를 분석할 수 있다고 믿었다. 결국 단어의 의미가 문제시될 때에도 세계가 함께 언급될 필요는 없다고 보았다. 하지만 퍼트넘은 그 도그마를 버렸다.

논의를 좀 더 자세히 살펴보자. 쌍둥이 별의 고양이 로봇은 고양이와 똑같이 생겼고 똑같이 행동한다. 그것은 "야옹" 하고 울고, 쓰다듬어주면 좋아하고, 배가 고프면 주인의 다리에 얼굴을 비비며 먹이를 달라고 조른다. 그리고 그곳 사람들도 그것을 "고양이"라고 부른다. 지구인과 쌍둥이 별 사람들이 '고양이'라는 말을 사용하게 된

근거인 고양이의 특징과 현상은 정확히 동일하다. 즉 사용 방식이 동일한 것이다. 그러나 우리 지구인은 쌍둥이 별에 고양이가 있다고 말하지 않을 것이다! 고양이는 생물이지 로봇이 아니기 때문이다. 우리는 생물학 덕분에 그 사실을 안다. 만약 누군가가 쌍둥이 별에서 "고양이가 있다."라고 말하면, 우리는 이 문장을 우리말로 그대로 번역하지 못할 것이다. 그 문장은 틀렸기 때문이다. 정확히 말해, 쌍둥이 별에는 고양이는 없고 고양이와 닮은 로봇이 있다. 따라서 쌍둥이 별 사람이 "고양이"라고 말할 때 그는 우리와 다른 것을 생각하는 것이다. 만약 그가 고양이와 똑같이 생긴 그 존재와 접촉할 때, 그가 고양이와 동일한 것을 보고, 동일한 냄새를 맡고 동일하게 느낄지라도 마찬가지다. 주관적인 내면의 눈으로 보면 쌍둥이 별은 우리 지구와 동일하다. 그럼에도 '고양이'라는 단어는 쌍둥이 별에선 우리와 동일하지 않다. 그러므로 의미는 머릿속에 있는 것이 아니다.

의미가 머릿속에 있다면 적어도 퍼트넘에게는 느릅나무와 너도밤나무는 같은 나무일 것이다. 그는 그 두 나무를 구별하지 못해서 두 나무가 똑같아 보인다고 말한다. 그럼에도 그는 '너도밤나무'라는 단어를 너도밤나무와, '느릅나무'라는 단어는 느릅나무와 연관시킨다. 그러나 그가 두 사물을 구별하지 못한다면, 요컨대 두 단어에 동일한 생각을 한다면, 그는 어떻게 두 단어를 각각 상이한 사물에 연결할 수 있을까? 그 대답은 말하는 사람 개인이 그 단어를 어디에 연결하는가를 결정하는 것이 아니라, 그가 사는 언어공동체가 결정한다는 것이다. 이 경우 '느릅나무'와 '너도밤나무'라는 단어가 무엇에 연결되는지를 아는 일부 전문가가 있는 것으로 충분하다. 그들이 단어의 연관을 결정한다. 즉, 언어에도 분업이 있는 것이다.

무는 개

–

이번 사고 놀이에는 상상력이 필요하다! 아래 문장이 옆에 있는 의미로 사용되는 상황을 생각해보자.

(1) "그것은 무는 개야." – 경고 혹은 추천.

(2) "이 안은 상당히 덥구나." – 서술 혹은 요구.

(3) "오!" – 기쁨의 표현 혹은 실망의 표현.

(4) "나는 곧 가야 해." – 확정 혹은 요청.

(5) "그는 올 거야." – 예측 혹은 약속.

(6) "대단한 헤어스타일이야!" – 감탄 혹은 놀림.

(7) "네." – 고백 혹은 결혼 승낙.

언어는 세계를 기술하기 위해서만 존재하는 것이 아니다. 우리는 언어로 행동도 한다. 우리는 사물에 관해 말하면서 어떤 것을 행한다. 구체적으로 말해, 우리는 약속하고, 동료를 흉보고, 그들에게 요구하고, 유감을 표하고, 계약을 종결하고, 초대하고, 사과하고, 아첨하고, 위협하고, 수작을 걸고, 결혼하고, 상처 주고, 축하한다. 수

천 가지 행동이 오직 단어들로 실행된다. 영국의 철학자 존 오스틴 John Austin은 이 같은 언어의 실천적 차원을 강조했다. 그에 따르면, 언어는 말하기 위해 존재할 뿐만 아니라 행동하기 위해서도 존재한다. 요컨대 우리는 말하면서 행동한다.

오스틴은 우리가 표현할 때 완성하는 언어 행위를 발화 행위 locution, 발화 수반 행위illocution, 발화 효과 행위perlocution로 구분한다.

(1) 발화 행위는 문장의 뜻과 지시를 결정하는 행위이다. 예를 들어, 그것은 무는 개야.

(2) 발화 수반 행위는 발화 행위 뒤에 오는 경고, 추천, 약속, 진술, 강요 등의 행위를 말한다. 예를 들어, "그것은 무는 개야." 뒤에 오는 개에 대한 경고, 투견으로 추천 등.

(3) 발화 효과 행위는 발화의 결과로 듣는 이를 설득하거나 기쁘게 하는 등의 효과를 말한다. "그것은 무는 개야." 그래서 상대방이 불안해하거나, 투견으로 큰돈을 벌 희망을 갖는 것.

오스틴에 따르면, 발화 수반 행위는 관습과 타당한 규칙에 관한 것이다. 만약 당신이 주례가 요구하는 적절한 순간에 "네."라고 대답한다면, 그것은 결혼을 승낙한 것이다. 어떤 일이 제대로 돌아가기 위해서는 올바른 규칙과 관습이 필요하다. 따라서 모든 발화 수반 행위는 상황에 알맞은 순간에 올바른 언어로 행위가 완수되는 것이다. "이 안은 상당히 덥구나."라고 말하면서 창문을 응시하는 사람은 확인하는 것이 아니라 창문을 열라고 은근히 요구하는 것이다. 고립된 문장에서는 이런 것을 알 수 없다. 문장에 의사소통 역할을 부여하는 것은 문맥이다. 즉 누가 언제 어디서 어떻게 무엇을 말하는가 하는 문맥에 좌우되는 것이다.

발화 수반 행위와 달리, 발화 효과 행위는 관습이 아닌 인과성에 기초한다. 어떤 적절한 상황에서 "주의해!"라고 말하는 사람은 듣는 이에게 경고하는 것이다. 그러나 그가 듣는 이가 겁을 먹게 하거나, 식은땀이 나게 하거나, 당황하게 하거나, 신경을 쓰게 하는 것은 관습이 아니라 듣는 이의 심리 문제이다. 우리는 언어로 많은 영향을 끼치지만, 그 대부분은 언어 규칙의 결과가 아니다. 결혼식장에서 "네."라는 대답은 인생을 바꿀 수도 있다. 바뀌는 것은 호적상의 신분만이 아니다.

이해의 순환 구조

–

당신이 책을 한 단어씩 한 문장씩 읽는다고 생각해보자. 지금 읽는 것처럼 말이다. 그런데 갑자기 모르는 단어가 나온다. 당신은 그 단어를 몰라도 계속 읽는다. 문맥에서 단어의 의미가 대략 파악된다. 그러고 나서 두 문장을 더 읽는데 모르는 단어가 또 나온다. 당신은 대수롭지 않게 여기고 그 단어의 뜻을 짐작한 뒤 계속 읽는다. 그런데 모르는 단어가 점점 많아진다. 당신은 서서히 그 책 읽기에 지친다. 더 이상 자신의 이해력을 믿지 못해 부엌으로 가서 레몬차를 끓인다. 차를 한 모금 마신 당신은 안정감을 되찾고 계속 책을 본다. 이제 기이한 단어는 더 이상 눈에 안 들어온다. 그러나 당신은 모르는 단어가 있음에도 책 전체의 의미를 이해했다는 사실에 당혹감을 감출 수 없다.

당신이 외국어를 좋아한다면, 이것은 아주 익숙한 현상일 것이다. 우리는 문맥에서 단어의 의미를 추론한다. 부분의 의미는 전체 배경에서 명료해진다. 당신이 신간 소설을 사서 중간을 펼치고 그다음 쪽을 읽는다고 가정해보자. "그녀는 망연자실하게 그를 바라보고 머리를 끄덕인 뒤 방에서 나간다. 문은 한 뼘 정도 열린 채였다." 당신은 각 단어를 이해하지만 그 장면은 이해하지 못한다. 그녀가 무엇에 망연자실했는지, 왜 고개를 끄덕였는지, 왜 문이 열려 있는지 모른다. 그 장면은 당신에게 아무것도 말해주지 않는다. 그러나 당신이 그 소설에 대해 안다면 그 장면을 아주 달리 이해할 것이다. 그리고 아마 전체 의미도 이해할 것이다! 우리는 전체 배경에서 부분을 제대로 이해할 수 있다. 그러나 어떻게 전체를 이해할까? 전체를 구성하는 부분들을 이해하지 못할까?

이렇게 이해의 문제를 다루는 분야가 해석학이다. 해석학Hermeneutik이란 말은 그리스신화의 신 헤르메스Hermes에서 나왔다. 헤르메스는 신과 인간 사이에서 여러 가지를 전달하는 매개자 역할을 했다. 해석학은 이해가 어떻게 기능하는지, 우리가 텍스트, 인간, 예술 작품을 이해하고자 할 때 무엇이 일어나는가를 묻는다.

해석학자들은 이해를 돕는 두 가지 순환을 발견했다. 첫 번째 순환 즉 부분과 전체의 순환은 이미 배웠다. 전체는 부분을 통해, 부분은 전체를 통해 이해될 수 있다는 것이다. 그러면 우리는 어떻게 어떤 것을 이해할 수 있을까? 그 대답은 우리가 완전히 혹은 충분히 이해하지 못한 것이 아니라, 점차 더 낫게 이해한다는 것이다. 소설을 중간부터 읽기 시작한 앞의 예에서 보았듯, 우리는 아무것도 이해하지 못하고 있는 것이 아니다. 우리는 개별 단어를 잘 이해하고 또 무엇이 일어나는가를 파악한다. 또 그 소설을 처음부터 끝까지 읽었다면, 우리는 더 많은 것을 이해했을 것이다. 그리고 그 소설을 두 번 읽었다면 더 많이 이해했을 것이다. 전체는 점점 더 명료해질 것이다. 독일의 철학자이자 해석학자 한스게오르크 가다머 Hans-Georg Gadamer는 "이해의 운동은 항상 전체에서 부분으로, 그리고 부분에서 전체로" 진행된다고 썼다.

가다머는 두 번째 순환도 지적했다. 어떤 텍스트를 읽을 때 우리는 대체로 특정한 기대를 가지고 텍스트에 접근하며, 그 텍스트에서 무엇이 문제인가에 대한 대강의 생각을 갖는다는 것이다. 동시에 우리의 관심과 개인적 경험이 그것을 여과하는 역할을 한다. 즉 개인들은 각자의 선호와 이전 지식에 따라 동일한 텍스트도 각양각색으로 이해한다. 그렇다면 그 순환의 본질은 어디에 있을까? 해석학자가 말하는 '앞선 구상' 즉 텍스트에 대한 기대는 강독에서 계속 수정되고 적응되어야 한다. 그것은 현실과 균형을 맞추는 모델 같은 것이다. 문제는 우리의 기대가 이미 텍스트에 특정의 빛을 던진다는 것이다. 따라서 우리는 기대에 따라 텍스트를 다르게 해석할 것이다. 이에 대해 게오르크 크리스토프 리히텐베르크^{Georg Christoph Lichtenberg}는 다음과 같은 명언을 남겼다. "책은 거울인데, 원숭이가 들여다보면 어떤 사도^{Apostel}도 보이지 않을 것이다." 그 말은 선입견 없는 중립적인 텍스트 강독은 존재하지 않는다는 것이다. 순수한 사실은 존재하지 않는다. 모든 것은 특정한 해석의 빛에서 드러난다. 그러므로 의미 기대는 순수 텍스트와 만나지 않고, 의미 기대에 따르는 텍스트에 대한 자신의 해석과 직면한다. 그 점에 순환이 있는 것이다.

우리는 텍스트 강독을 넘어서, 모든 이해의 형식, 즉 음악 감상, 낯선 이와의 만남, 예술에 대한 고찰 등에서 해석학적 순환을 만난다. 당신이 외국을 여행하면서 낯선 문화를 이해하려 할 때, 당신의 예견이 이런 이해하려는 노력의 기반이 될 것이다. 당신은 낯선 문화에서 당신 문화와의 유사성을 찾으려 하고, 또 그것과 비교하려 한다. 낯선 것을 이해한다는 것은 그 낯선 것을 통해 자신의 것을 이해하고 또 자신의 것을 통해 낯선 것을 이해하는 것이다. 그것을 위해 당신은 사고의 지평을 넓히고 낯선 문화의 지평과 융합해야 한다.

침묵의 의미

‒

당신이 운전을 하고 가다가 차에 기름이 거의 바닥난 것을 알게 되었다고 상상해보자. 낯선 곳이므로 당신은 행인에게 주유소의 위치를 묻는다. 그 사람은 "조금만 더 가면 모퉁이에 있다."고 대답한다. 당신은 그곳으로 운전해 가지만 폐업한 지 오래돼 보이는 주유소만 있다. 행인이 당신을 골탕 먹인 것일까? 당신이 주유소 위치만 묻지 않았던가! 분명히 거기에 주유소가 있다. 단지 폐업했을 뿐이다. 그럼 당신이 실수한 것일까? 주유소 위치만 묻지 말고 영업 중인지도 물어야 했나?

이 예는 20세기 영국의 철학자 폴 그라이스Paul Grice에서 연유했다. 그는 '함축Implikation 이론'으로 잘 알려졌다. 함축이란 우리가 대화에서 실제로는 말하지 않지만 암시되는 것이다. 그에 의하면 우리가 정상적인 대화에서 따라야 하는 기본 원리가 있다. 그중 최상은 협조의 원리로, 대화할 때마다 당신의 이야기를 거기서 인정된 방향이나 목적이 요구하는 것과 같게 만들라는 뜻이다. 이런 기본 원리에서 다음과 같은 대화 규칙이 나온다.

- 당신의 이야기에서 필요한 만큼만 정보를 제공하고 그 이상으로 제공하지 마라.
- 당신이 거짓이라고 생각하는 것을 말하지 마라. 또 적절한 근거가 결여된 것도 말하지 마라.
- 주제에 적합한 것을 말하고 부적합한 것을 생략하라.
- 애매모호함과 중의성을 피하고 순서 있게 이야기하라.

우리는 대화에서 상대방이 이 규칙을 따른다고 생각한다. 주유소의 예를 따져보자. 행인이 "조금만 더 가면 모퉁이에 있다."고 대답할 때, 우리는 그가 거짓말을 하면서 올바른 사실을 감추고 있다고 생각하지 않는다. 하지만 그는 주유소가 폐업했다는 사실을 말했어야 했다. 당신은 주유를 하고 싶었기 때문이다. 따라서 그가 그것에 대해 말을 하지 않았다면, 당신은 그 주유소가 영업 중이라고 생각하는 것이 마땅하다. 그의 침묵은 당신에게 그 주유소가 영업 중임을 암시하는 것이다. 그런데 그가 그 주유소가 폐업했음을 안다고 가정하면, 그는 실수를 한 것이고, 대화의 규칙을 어긴 것이다. 그의 표현은 필요한 만큼의 정보를 제공하지 않았기 때문이다.

함의Implikatur 는 함축과 다르다. 함의는 말한 것에서 논리적으로 추론되는 것이다. "나는 담배를 끊었다."고 말하면 이전에 담배를 피웠음을 함의한다. 담배를 피우지 않은 사람은 담배를 끊을 수 없기 때문이다. "나는 담배를 끊었지만 이전에 담배를 피우지 않았다."는 말은 모순이다. 함축은 그것과 다른 것이다. "앞에 주유소가 있다."는 표현은 그 주유소가 영업 중임을 암시하는 것이다. 그러나 "앞에 주유소가 있지만 영업 중이 아니다."는 표현은 모순도 아니고 언어적으로 부정확한 것도 아니다. 그 표현은 특정한 상황에서는 부적당하거나 과잉일 수 있지만, 모순은 아니다. "나는 흡연을 관두었지만 이전에 피운 적이 없다."같이 모순된 문장과는 다르다.

그라이스의 이론은 많은 것을 설명하는데, 그중 반어와 은유도 있다. 먼저 반어를 고찰해보자. 한 친구가 당신에게 앉으라고 말하는데 당신은 "넌 아주 똑똑한 친구야."라고 말한다. 당신의 대답은 분명히 그 맥락에서 대답 그대로의 뜻이 아니다. 그 상황에서 당신이 친구를 칭찬할 어떤 이유도 없기 때문이다. 당신은 명백히 의도적으로 대화의 규칙을 어겼다. 즉 '당신이 거짓이라고 생각하는 것을 말하지 마라.'라는 규칙을 어긴 것이다. 당신은 "넌 아주 똑똑한 친구야."라고 말함으로써 당신이 말한 그대로를 의미하지 않음을 보이는 것이다. 당신은 그 반대를 말하는 것이다. 당신이 말하는 방식과 종류도 그것을 나타낼 수 있다. 진짜 칭찬은 다르게 들리는 것이다.

그라이스는 은유를 어떻게 이해하는지도 설명한다. 내가 당신에게 "넌 여우야."라고 말한다고 하자. 물론 나는 당신을 진짜 여우라고 생각하지 않는다. "애매모호함과 중의성을 피하고 순서 있게 이야기하라."는 규칙이 공공연히 위반된다. 내가 말한 것은 단어 그대로를 의미하지 않는다. 그렇지 않다면 나는 미쳤거나 환각을 본 것이다. 아니면 반어처럼 반대로 생각할 수 있을까? 당신이 여우가 아니라고 말하려고 한 것이 아닐까? 그것은 진실이지만 매우 부적합하다. 모두가 인간은 여우가 아님을 알고 있기 때문이다. 그렇다면 무엇을 염두에 두었을까? 내가 비교하는 것이라고 가정하면 수긍이 간다. 나는 당신과 여우를 비교하고, 당신이 여우처럼 교활하고 간교하다고 생각한 것이다. 로마의 수사학자 퀸틸리아누스는 은유를 생략된 비교, 즉 '처럼'과 같은 단어가 없는 비교로 묘사한다. 비교가

"넌 여우처럼 교활해."라고 말하는 반면, 은유는 "너는 여우야."라고 말한다. 그러나 비교와 은유 둘 다 이상적인 경우 사물을 다른 빛 아래로 옮긴다. 그 둘은 우리에게 새로운 관점을 보여주고 한 사건의 특정한 면에 주목하게 한다. 성공적인 은유는 새로운 것을 보여준다. 셰익스피어가 세계는 무대라고 썼을 때, 그는 전 세계를 새로운 빛으로 비추고 도처에 숨어 기다리는 상연에 주목하게 했다. 어떤 언어 변화는 전 세계를 급속도로 변화시킬 수 있다. 그 점에 언어의 힘이 있는 것이다.

공간과 시간

그는 기이하게 생겼다. 이마에 곱슬머리가 났고, 앞머리는 길며, 뒤통수는 대머리이다. 또 등과 발꿈치에 날개가 있다. 족제비같이 빠르고, 물고기처럼 미끈거린다. 그리스인들은 그를 카이로스('기회'라는 뜻)라고 불렀다. 기회를 움켜잡기는 쉽지 않다. 기회가 온 것을 미처 못 본 사람은 결국 대머리 뒤통수만 보고 기회를 놓치고 만다.

카이로스와 반대인 크로노스('일반적인 시간'이라는 뜻)는 여유 있게 온다. 시간은 모든 것을 낚아채고 갉아먹지만, 한편 소원을 이루어주며 계속 흘러간다. 시간은 낡은 선로로 묘사되기도 한다. 그것은 모래시계가 있고 또 삶을 언제라도 끝낼 수 있는 작은 낫이 있는 선로이다.

시간은 귀중한 자산이다. 사라졌다가 밀려오고 다시 고요해지는,

끝없이 확장되는 행복의 천연자원이다. 시간은 언제 어디서나 우리를 둘러싸고 있다. 우리는 시간에 맞춰 살아가고, 시간에 대해 말하며, 매 순간 시간을 잰다. 그렇지만 우리는 시간이 무엇인지 잘 모른다. 그래서 로마의 교부철학자 아우구스티누스는 "시간이란 무엇인가?"라고 묻고, "누군가 내게 시간이 무엇인지 묻지 않으면 나는 그것을 안다. 그러나 내가 그에게 시간이 무엇인지 설명해야 할 때, 나는 그것을 모른다."라고 했다. 또한 시간은 철학에서뿐만 아니라 물리학에서도 눈에 보이지 않는 수수께끼이다. 물리학은 시간의 처음과 끝이 있는지 묻는다. 시간이 흐르지 않는 세계는 어떨까? 시간은 어디서나 똑같은 속도로 흐를까? 시간 여행은 가능할까? 시간은 공간 없이도 존재할 수 있을까? 그러면 공간은 무엇일까? 공간은 한계가 있을까? 공간은 휠 수 있을까? 공간은 가장 작은 원소로 이루어졌을까, 아니면 계속 분해할 수 있을까? 공간은 완전히 비어 있을 수 있을까?

유명한 17세기의 물리학자 아이작 뉴턴Isaac Newton은 시간은 언제 어디서나 동일하며, 지속적이고 보편적이라고 생각했다. 공간도 마찬가지다. 공간은 모든 사물에 보편적인 그릇으로, 영원불변하며 어디서나 동일하다. 하지만 20세기의 알베르트 아인슈타인은 공간은 3차원의 고무 자루처럼 변형된다고 주장하여 뉴턴의 사상을 뒤집어엎었다. 시간에 대해서도 마찬가지로 주장했다. 시간은 어디서나 동일한 속도로 진행하는 것이 아니라, 사람이 어디에서 얼마나 빠른 속도로 움직이느냐에 따라 시간의 속도가 변한다. 그리고 공간과 시간은 결코 분리될 수 없다. 그것은 시공간으로, 3차원의 공간과 1차원의 시간으로 이루어진 4차원 세계로 존재한다.

철학자들은 오래전부터 시간과 공간을 고찰했다. 그것은 그리 놀라운 일이 아니다. 옛날에는 물리학이 모든 학문의 어머니 격인 철학의 일부였기 때문이다. 오늘날에는 물리학이 철학에서 독립했지만, 철학이 시간과 공간의 문제에 도움이 될 수 있다. 철학은 물리학의 양 개념을 명료히 하고, 그것을 시공간의 일상적 개념과 연결한다. 그리고 시공 체험을 내부 관점에서 벗어나 가능한 정확히 기술하여 시공간을 더 잘 이해하도록 도움을 줄 수 있다. 이제 그때가 왔다. 시작하자. 달리기는 벌써 시작됐다. 당신은 누구한테 걸 텐가, 아킬레스인가 거북인가?

아킬레스와 거북

–

거북이 화살처럼 빨리 달리는 그리스의 아킬레스에게 도전장을 내밀었다. 아킬레스는 승리를 확신하며 큰 소리로 껄껄 웃고, 거북에게 100미터 앞에서 달리라고 선심을 썼다. 아킬레스는 거북을 이길 수 있을까? 당연하다. 그러나 거북은 그것이 불가능하다고 생각한다. 아킬레스는 거북보다 100배 빠르지만 효과가 없다. 즉, 아킬레스가 100미터 달려가는 동안 거북은 1미터 기어간다. 따라서 아킬레스가 거북의 출발점에 도착할 때 거북은 1미터 앞에 있다. 아킬레스가 다시 1미터를 쫓아가면 거북은 1센티미터 앞에 있다. 둘의 간격은 1미터에서 1센티미터로 줄었지만 둘 사이에는 여전히 간격이 있다. 거북은 확신한다. 아킬레스가 거북이 있던 자리에 도착할 때면 언제나 거북은 약간 앞에 있다. 거북이 앞선 거리가 아무리 짧아도 아킬레스가 거북의 자리에 도착하려면 어쨌든 시간이 필요하다. 그리고 그 시간에 거북은 또 간격을 벌린다. 둘 사이의 거리와 시간은 점점 좁혀지지만, 그 간격은 결코 0이 될 수 없다. 아킬레스는 무한한 구간을, 즉 무한히 많은 구간을 통과해야 한다. 또 무한히 많은 시간이 필요하다. 그러므로 아킬레스는 승리할 수 없고, 결국 거북이 승리한다.

이 유명한 역설은 기원전 5세기 그리스의 철학자 엘레아의 제논 Zenon에서 유래한 것으로, 그는 이런 역설을 많이 제시했다. '역설'은 보통 어떤 주장이나 주의에 반대되는 이론이나 말을 뜻한다. 하지만 철학에서의 역설은, 일반적으로는 모순을 야기하지 않지만 특정한 경우에 논리적 모순을 일으키는 논증을 말한다. 제논의 역설은 시간과 공간을 무한히 분할할 수 있다는 가정에 바탕을 둔다. 한 물체의 일부를 무한히 분할할 수 있을 때, 그것을 '연속'이라고 한다. 즉 제논은 공간과 마찬가지로 시간도 무한히 분할할 수 있는 부분으로 이루어진 것으로 생각한다.

이제 아킬레스와 거북의 역설에 대해 생각해보자. 제논은 아킬레스가 앞에 있는 거북을 결코 이길 수 없다고 주장한다. 그의 논증은 아킬레스가 거북이 있던 자리로 움직이는 시간에 거북은 조금 더 앞으로 간다는 것이다. 처음의 간격은 줄어들지만, 그 간격은 결코 0이

되지는 않는다. 공간도 시간도 무한히 분할할 수 있기 때문이다. 그러므로 아킬레스가 승리하려면 유한한 시간에 무한히 분할된 공간 단면을 통과해야 한다. 하지만 인간은 유한한 시간 안에 무한히 많은 과제를 완수할 수 없다. 결국 거북이 이길 것이다. 이것이 제논의 논증이다. 오류는 어디에 숨어 있을까?

아리스토텔레스는 제논이 교묘한 속임수를 썼다고 보았다. 속임수란 아킬레스가 유한한 시간에 무한히 많은 공간 단면을 통과할 수 없다는 제논의 주장을 말한다. 아리스토텔레스는 아킬레스가 무한히 분할된 작은 시간 조각을 사용해서 무한히 분할된 작은 공간 단면을 통과할 수 있다고 보았다. 시간은 공간처럼 무한히 분할할 수 있는 연속체인데, 제논이 무한 분할 가능성과 무한 확대를 혼동했다고 본 것이다. 아리스토텔레스에 따르면, 아킬레스는 무한히 긴 시간을 갖고 있지 않고,무한히 분할된 작은 시간 조각을 사용할 수 있으므로 거북을 추월할 수 있다. 아킬레스에게는 무한히 분할된 작은 구간을 통과할 수 있는 무한히 분할된 작은 시간 조각이 있고, 시간은 공간과 마찬가지로 연속체이다.

그런데 수학적 관점에서 보면 그 과제는 아이들 놀이에 불과하다. 아킬레스가 언제 거북을 따라잡을지를, 심지어 10초 뒤면 따라잡는다는 것도 간단히 계산할 수 있다. 물론 시간 경과는 무한히 많은 소수 단위의 숫자로 표시되므로 수학자도 정확한 시간을 얘기할 수는 없다, 또 아킬레스가 거북을 추월하는 순간도 말할 수 없다. 한 순간과 다른 순간 사이에는 연속되는 순간이 무한히 많기 때문이다! 1다음의 수가 정확히 무엇인지, 즉 1과 2 사이의 가장 작은 수가 정확히 어떤 것인지 말할 수 없다. 1.01이 아니고 1.00001도 아니고 언젠가 마지막 자리에서 1이 오겠지만 마지막 자리는 존재하지 않는다. 무한히 많기 때문이다.

무한 확장도 무한 분할 가능성처럼 우리 지성의 한계를 뛰어넘는다. 가령 우리가 무한히 넓은 우주를 올려다보며 우주 어딘가에 끝이 있거나 우주가 계속 뻗어가는 것이 아닐까라고 묻는 경우, 그 확장은 우리를 압도할 것이다. 놀랍게도 그 두 가지는 생각하기 힘들다. 즉 공간적 한계가 있는 우주는 무한한 우주와 마찬가지로 생각하기 힘들다. 한계가 있는 전체는 어떤 곳에 존재해야 하고, 보다 큰 전체의 일부이어야 하기 때문이다. 혹시 이 생각이 틀린 것일까? 게다가 모든 한계는 한 영역을 다른 영역과 분리하며, 무로부터는 어떤 것도 분리되지 않는다. 그 뒤에 아무것도 없는 절대적 한계란 것은 난센스 아닐까? 그러나 공간적 한계가 있는 우주에 대한 다른 선택, 즉 무한한 전체라는 것도 불합리하고 생각할 수 없는 것이 아닐까? 인간은 끝없는 우주의 확장에 대해 언급할 수 있을까? 어떻게 무한한 크기의 어떤 것이 존재할 수 있을까? 한계가 없는 것이란 과연 무엇일까?

시간은 얼마나 오래 멈출 수 있나?

—

시간이 없는 세계를 상상할 수 있을까? 아이들 놀이처럼 쉽다고 생각한다면 큰 잘못이다. 시간이 흐르지 않는 세계는 상상하기 힘들다. 모든 것이 그대로이고 아무 변화도 없는 세계는 없다! 움직임이 없는 세계도 여전히 시간 속 세계일 것이다. 어떤 것이 고요히 있을 수 있으려면 시간이 필요하기 때문이다. 모든 고요함도 지속되므로 시간 없이는 불가능하다. 다시 한 번 묻는다. 시간이 없는 세계, 변화도 없고 고요도 없는 세계는 어떤 상태일까?

독일의 철학자 임마누엘 칸트는 인간이 벗어날 수 없는 사물들의 존재를 규명했다. 그중 하나가 시간이다. 색도 그렇다. 빨강, 초록, 검정, 하양 등의 색이 없는 사물을 상상해보자. 불가능할 것이다. 또 우리는 공간의 확장을 무시할 수 없다. 확장이 없는 객체를 상상할 수 있을까? 또는 어떤 사물의 속성이 아닌, 사물에서 독립한 속성이 있을까? 인과관계도 시간, 공간, 색과 마찬가지이다. 그리고 다른 사건에 의해 야기되지 않는 사건을 상상해보자. 가령 돌이 날아와 부닥치지 않거나, 열에 의한 팽창 등의 원인 없이, 저절로 깨지는 창문을 생각해보자. 원인 없이 일어나는 것은 상상할 수 없다.

인간의 상상력과 지성에는 규칙과 한계가 있다. 그것은 모든 것을 푸르게 보이게 하는 푸른색 색안경을 끼는 것과 같다. 우리는 결코 그 색안경을 제거할 수 없다. 지성의 안경은 우리가 생각하는 모든 것의 형식이다. 칸트에 따르면 그 안경은 모든 것을 시간과 공간 구조, 즉 연속과 병존에 따라 정돈하며, 동시에 속성이 있는 사물에서, 원인이 있는 사건에서 인상과 표상을 형성한다. 요컨대 우리의 사고는 우리가 아는 세계에 기본 구조를 부여하는데, 칸트에 따르면 시간은 이 기본 구조에 속한다. 따라서 시간은 '직관 형식', 벗을 수 없는 직관의 안경이다. 그래서 시간 없는 세계를 생각하기란 불가능하다. 가끔 우리는 시간이 멈추기를 소망한다. 그 소망에서 멈추기를 바라는 것은 본디 시간이 아닌 운동과 변화이다. 우리는 "짧은 순간, 시간이 멈춘 것 같다."는 말을 한다. 그러나 어떻게 짧은 순간 시간이 멈출 수가 있을까? 시간이 1초 동안 멈춘다고 주장하는 것은 모순이다. 1초는 시간이 흐를 경우에만, 시간이 멈추지 않을 경우에만 경과할 수 있기 때문이다.

어떤 물리학자들은 빅뱅으로 시간이 생성되었다고 주장한다. 그 주장이 맞는다면 시간의 나이는 약 138억 살이다. 많은 신학자들도 마찬가지로 시간이 영원하지 않다고 생각한다. 신의 우주 창조 이전에는 시간이 없었다는 것이다. 그러나 그것은 무엇을 의미할까? 창조의 시간 '이전'에 시간이 없었다고 하는 것은, 시간이 있었다는 얘기와 다르지 않다. 왜냐하면 시간이 없다면 그 '이전'도 없기 때문이다. 그리고 만약 시간이 창조되기 전에 시간이 있었다면, 시간은 영원한 것이다. 시간이 존재하지 않았던 순간은 없기 때문이다. 시간은 매 순간 존재했을 것이고, 따라서 시간이 언젠가 생성되었을지라도 시간은 영원할 것이다. 내용 전체로 보면 상당한 역설이다. 여기서 우리의 사고는 한계에 부딪힌다. 그럼에도 물리학자는 현실은 그런 것이고, 사람들은 시간을 계산했다고 주장한다. 즉 시간은 138억 년 전에 생성되었다고 말이다. 하지만 세계는 지성의 해석에 개의치 않는다. 세계는 우리가 그것을 이해할 수 있거나 없거나, 있는 그대로이다. 앞으로도 그럴 것이다. 그러나 우리가 이론이 의미하는 것을 이해할 수 없다면, 과연 참된 이론이라는 것이 우리에게 무슨 소용이 있겠는가?

어떤 신학자들은 그 문제를 해학적으로 표현한다. 아우구스티누스는 신이 세계와 시간을 창조하기 전에 그렇게 주제넘은 질문을 하는 사람들을 보낼 지옥을 만들었다고 대답했다. 그의 대답은 시간은 창조 이전에 존재하지 않았다는 것이다. 신은 시간의 밖, 무시간의 영원성 속에서 변하지 않고 항상 동일하게 존재한다. 그러나 어떻게 신은 인간의 시간적 세계를 창조했고 그 세계에 어떻게 관여하는가? 그것은 시간의 처음과 시간 여행처럼 수수께끼이다.

과거에서의 할아버지 살해

—

당신이 과거로 가서 할아버지를 만나는데, 때는 할아버지가 할머니를 만나기 전이라고 하자. 당신의 아버지도 태어나기 전이다. 거기서 당신은 할아버지를 죽일 수 있을까? 질문의 요점은 당신이 살인을 원하느냐, 윤리적 책임을 질 수 있느냐 하는 것이 아니라, 그 살인이 가능하냐 불가능하냐 하는 것이다. 당신이 할아버지를 죽인다면, 당신은 세상에 태어나지 못하고 또 할아버지를 죽이는 과거 여행을 하지 못한다. 만약 당신이 권총을 들고 할아버지 앞에 서 있다면 어떤 일이 벌어질까? 논리에 따라 총을 쏘지 못할까? 어쩌면 할아버지뿐 아니라 당신 자신도 죽일 수 있을까?

영화 〈백 투 더 퓨처Back to the Future〉 이후 사람들은 '시간 여행'을 빼놓고서는 시간에 대한 철학적 논의를 할 수 없었다. 게다가 롤란드 말렛Roland Mallet 같은 물리학자는 원리적으로 시간 여행이 가능하다고 주장했다. 따라서 시간 여행에 대한 철학적 숙고는 가치 있는 일이다. 수십 년 내에 크리스마스 휴가를 몰디브 해변이 아닌, 중세에서 보낼지 누가 알겠는가?

그러나 모순 없는 시간 여행을 생각할 수 있을까? '할아버지 살해'의 역설은 만약 당신이 과거로 갈 수 있다면 젊은 날의 할아버지를 만나 그를 죽일 수 있고, 그 결과 당신의 아버지도 당신도 세상에 태어나지 못하며, 당신이 태어나지 않으면 할아버지를 죽이는 과거로의 여행은 불가능하다고 말한다. 과거로 가서 당신의 아버지를 살해하거나 당신이 자살을 해도 마찬가지 결과가 나온다. 결국 세 가지 행동 모두 불가능하다. 그 행동들은 할아버지 살해를 가능하게 하는 사실, 즉 시간 여행 자체를 불가능하게 한다.

시간 여행이 가능하다 해도 당신이 과거로 가서 당신의 출생을 방해하는 것은 도저히 불가능하다. 그러면 당신은 과거에서 다른 변화를 꾀할 수 있을까? 이번에는, 당신이 이틀 전으로 가서 책상 위 노트에 기록을 남긴다고 하자. 노트에는 "내일 구글 주식이 상한가를 칠 것이다. 10주를 사라!"고 적혀 있다. 얼마나 좋은가! 어제의 당신이 이 기록을 읽고 따른다면, 이틀 뒤의 당신은 이틀 전의 자신에게 구글 주식이 상한가를 친다는 정보를 알려주기 위해 타임머신을 타지 않을 것이다. 이미 주식을 샀기 때문이다. 또다시 당신은 현재의 당신이 타임머신을 타고 과거로 가는 것을 방해하는 행동을 과거에 이미 한 것이다. 그래서 과거로 가지 않을 것이다.

이제 이렇게 생각해보자. 당신은 다시 한 번 과거로 가서, 이번에는 다른 결과를 야기하지 않는 사소한 것을 바꿀 수 있을까? 유감스럽게 그것마저 불가능하다. 예를 들어, 당신이 이틀 전으로 가서, 항상 책상 위에 있지만 아무도 관심 없고 사용하지도 않는 연필의 끝을 부러뜨린다고 하자. 즉, 당신은 이틀 전으로 가서 아무도 몰래 당신 집에 숨어들어 연필 끝을 부러뜨린 것이다. 그렇다면 현재 그 연필에는 무엇이 일어났는가? 그 끝이 갑자기 부러졌을까? 귀신에 의해? 절대 아니다. 그 끝은 지금 부러진 것이 아니라 이미 어제도 부러져 있었다. 그 이유는 당신이 이틀 전으로 가서 부러뜨렸기 때문이다.

따라서 세계가 갑자기 달라진 것이 아니라 이미 달라져 있었다. 그러나 그것은 불가능하다. 어제는 연필 끝이 부러지지 않은 채였고, 그래서 과거로 간 당신이 연필 끝을 부러뜨릴 수 있었다. 따라서 사람은 과거를 털끝만큼도 건드릴 수 없다. 과거를 조금이라도 바꾸면 그것이 현재에 영향을 끼칠 수 있기 때문이다. 이외에도 또 다른 문제가 있다.

만약 과거로 간 당신이 관망만 하고 아무것도 바꾸지 않는다면 과거로 여행할 수 있을까? 당신이 투명 인간이 될 수 있다면, 10년 전으로 돌아가 일상생활을 하는 당신 자신을 바라볼 수 있을까? 대답은 또 "아니오."이다. 과거에 이미 당신이 존재하는데, 거기에 당신이 가면 동일한 사람이 두 번 존재하는 것이기 때문이다. 그것은 불가능하다. 당신은 오직 한 번만 존재할 수 있다. 그것은 당신에게만 그런 것이 아니라 모든 것에 해당된다. 연필도 한 번만 존재할 수 있다. 많은 연필이 똑같아 보일 수 있지만 어느 것도 똑같지 않다. 말하자면, 동일한 유형의 두 사물이 있을 수 있지만, 두 개의 동일한 사물이 존재할 수는 없다. 불가능하다. 그러면 이제 한 가지 문제만 남는다. 당신이 태어나기 전의 과거로 간 당신이 그곳에서 아무것도 변화시키지 않는다면 그 시간 여행은 가능한가? 예를 들어, 당신이 고대 로마로 가서 1시간 동안 투명 인간으로 아무것도 하지 않고 존재할 수 있을까? 여기서의 문제는 당신이 태어나기도 전에 로마에 이미 있다는 것이다. 당신이 이미 로마에 있는데 왜 타임머신에 타겠는가!

러시아의 물리학자 노비코프Novikov는 시간 여행은 가능하지만, 시간 여행자는 물리법칙 때문에 모순을 만드는 변화를 꾀하지 못한다고 생각했다. '자기 일관성의 원리'가 우주의 모순을 막는다는 것이다. 노비코프는 연필 끝을 부러뜨리는 것 같은 사소한 변화는 가능하지만, 타이타닉호의 침몰 같은 재앙이 안 일어나게 할 수는 없다고 생각했다. 그런 대형 사건의 발생을 예방하기 하기 위해 과거로 간다는 근거는 더 이상 존재하지 않는다. 하지만 우리는 노비코프가 잘못 생각하고 있음을 앞에서 보았다. 과거는 털끝만큼도 바꿀 수 없다.

일부 물리학자와 철학자 들은 평행 우주를 가정하면 과거로의 시간 여행도 심지어 과거에서의 할아버지 살해도 가능하다고 주장한다. 당신이 시간 여행을 하는 세계는 당신이 온 세계와 다른 세계라는 것이다. 그것은 당신의 존재 때문에 그렇다. 당신은 동일한 세계에서 과거로 갈 수 없으므로, 비슷하지만 다른 세계인 '평행 세계'로 가는 것이다. 당신이 여행하는 세계는 우리 세계와 시간적으로 멀리 떨어져 있지 않다고 가정할 수 있다. 예를 들어, 당신이 1914년으로 가길 원하면, 당신은 이제 막 1914년으로 도착한 평행 우주로 가는 것이다. 이 우주에서는 어떤 미래도 결정되지 않았다. 따라서 당신은 거기서 당신 마음대로 미래에 영향을 끼칠 수 있다. 그러면 거기서 당신은 할아버지를 죽일 수 있을까? 일단 가능해 보인다. 거기서 할아버지를 죽여도 당신은 살아남는다. 엄밀히 말해 당신은 그의 손자가 아니기 때문이다. 그렇다. 당신은 당신이 살던 차원과 아무 연관도 없는 다른 차원으로 간 것이다. 또한 당신이 죽인 사람도 당신의 할아버지가 아닌 쌍둥이다. 따라서 당신은 진짜로 할아버지를 죽일 수 있는 것은 아니다. 이런 첩첩산중이네!

과거로의 여행은 큰 논리적 도전을 제기한다. 언젠가 타임머신을 탄다면, 그때 무조건 논리 교과서를 가져가야 할 것이다. 그보다 더 좋은 시간 여행 안내자는 없을 것이다.

미래로 가는 여행은 어떨까? 물리학은 그것이 아주 쉽다고 설명한다. 심지어 아인슈타인의 일반상대성이론에서 나온 결론에 따르면, 미래로의 시간 여행은 이미 존재해왔다. 여기서 설명이 필요할 것이다. 아인슈타인은 우리가 아주 빨리 운동하거나 중력 중심에 가까이 있으면 시간이 더 빨리 흐른다고 주장했다. 믿기 힘들겠지만 실제로 빠른 여행에서 원자시계는 늦게 간다. 빠른 속도로 지구 주위를 돈 비행체 안의 시계와 지상에 남아 있던 시계를 비교해보면 전자가 후자보다 더 늦은 시각을 나타낸다. 빠른 속도로 하늘을 난 시계는 공간 여행뿐 아니라 시간 여행도 한 것이다. 짧은 시간이나마 미래를 여행한 것이다.

한 사람이 광속으로 움직인다면, 그의 시간은 지구의 시간에 비해 아주 느리게 갈 것이다. 그가 광속으로 1분간 여행하면, 지구의 시간은 100년이나 흐른다. 따라서 그가 광속으로 1분간 여행하고 돌아오면 그의 친구들은 그보다 100살 더 나이가 들 것이다. 이 현상이 시간 지연이다. 시간이 길게 지나간다는 것이다. 1분이 100년이 되는 것이다. 시간 여행에서 다른 것은 일어나지 않는다. 타임머신을 타고 1분간 여행하고 내리면 100년이 지났음을 알 수 있다. 고로 미래로의 시간 여행은 이론상 어떤 문제도 제기하지 않는다.

몸을 냉동하려는 사람도 있다. 그는 미래에 자신의 생명을 다시 살리기를 희망한다. 그것이 성공한다면 그는 시간 여행과 비슷한 것을 하는 것이다. 냉동 인간은 200년 뒤 마취에서 깨어나도 그동안 몸은 늙지 않았으므로 어떤 변화도 지각하지 못할 것이다.

더 쉽게 미래로 여행하는 방법이 있다. 당신은 지루할 때 시간이 더 느리게 가는 현상을 알 것이다. 반대로, 즐거운 일을 하거나 몰입할 때는 시간이 더 빨리 흘러간다. 그때 당신에게 시간이 매우 짧게 느껴지며, 활동을 끝냈을 때 많은 시간이 흘러갔음을 깨닫는다. 미래로 짧은 시간 여행을 한 것이었다. 동시에 과거에 대해 보다 많은 기억을 갖게 된다. 강렬한 체험은 지루한 삶의 단면보다 더 길고 풍부하게 기억에 남기 때문이다. 따라서 열정적으로 살면 오랫동안 미래를 기다릴 필요가 없으며, 당신의 기억에 더 많은 것이 남을 것이다!

오늘이 없으면 내일에는 어제가 없을 것이다

—

"현재는 과거의 미래다." 얼마나 멋진 표현인가! 미래는 현재가 되고 현재는 과거가 된다. 시간은 그렇게 흐른다. 시간은 미래, 현재, 과거로 이루어진다. 하지만 문제가 발생하는데, 미래는 아직 존재하지 않고 과거도 더 이상 존재하지 않으며, 현재는 미래와 과거 사이에 있는 확장되지 않는 경계라는 것이다. 따라서 미래도 과거도 현재도 없는 것이다. 시간은 이 세 가지로 이루어지므로, 시간도 존재하지 않는 것이다.

이 소박한 논의는 400년 무렵에 살았던 교부철학자 아우구스티누스에서 유래했다. 그는 잘 알려진 대로 《고백록》의 저자이다. 《고백록》은 자서전이자 신과의 대화를 통한 영혼의 자기 고백이며 철학 논문이기도 하다. 이 책 끝 무렵에 아우구스티누스는 시간에 대해 언급하고 유명한 역설을 제기한다.

그 역설은, 시간은 미래 · 현재 · 과거 세 부분으로 구성되지만 그 중 어떤 것도 실제로 존재하지 않는다는 것이다. 미래는 아직 존재하지 않고 과거는 이미 지나갔고 현재는 확장되지 않으며 그것을 파악하는 순간 사라지기 때문이다. 따라서 시간도 존재하지 않는다. 그러나 그 귀결은 비합리적이지 않은가? 어쨌든 우리는 매일 매 순간 우리 주변에서 사물이 어떻게 변화하는지 본다. 그리고 "기차가 자동차보다 시간이 두 배 더 걸린다."고 말하며 시간의 진행을 비교한다. 그렇지만 아우구스티누스는 시간이 존재하지 않는데 어떻게 시간을 측정하는가라고 묻는다. 그런데 시간이 확장되지 않는다면 우리는 어떻게 시간의 확장을 규정할 수 있을까? 도대체 어떻게 인간은 시간 없이 살 수 있을까?

아리스토텔레스는, 시간을 선후 관계에 의해 측정된 동형 운동의 수라고 생각하고, 천체 운동을 시간 측정자로 이용했다. 오늘날 우리가 사용하는 원자시계는 원자의 고유진동수를 기준으로 삼고 있다. 물론 그 운동이 천체 운동보다 더 정밀하다. 그런데 우리는 그 운동이 항상적이고 빠르지도 느리지도 않다는 것을 어떻게 아는가? 우리가 그것을 알려면 기준으로 삼는 것 이상의 동형 운동이 필요하다. 운동으로 운동을 측정하는 것이다. 그러나 이 세계의 모든 과정이 동일한 강도로 속도를 내고 있다면, 그것은 무엇을 의미하며 또 그것에 대한 우리의 생각은 무엇일까? 우리는 어떤 것을 알게 될까? 그것은 존재하는 모든 것이 동일한 정도로 커가는 것과 같은 것이 아닐까? 우리는 이런 성장을 인지하고 있는가?

우리는 이미 물리학의 관점에서 시간은 더 빠르게 그리고 더 느리게 진행할 수 있음을 알고 있다. 그러나 실제로 그럴까? 더 빠르게 그리고 더 느리게 진행하는 것은 시간인가? 그것은 운동 아닐까? 원자시계는 빠르게 운동하면 더 느리게 간다. 그러나 그것이 시간이 더 느리게 가는 것을 보여줄까? 따라서 원자의 진동이 더 느려지는 것을 보여줄까? 왜 시간의 속도는 원자의 진동주기와 동일해야 할까? 그것은 우리가 '시간'이라고 생각하는 것과 모순되지 않을까? 따라서 물리학자가 '시간'이라는 단어를 사용할 때, 그는 실제로 시간에 대해 언급하는 것일까? 모든 것이 어려운 질문이다. 그리고 이 책이 끝날 시간도 얼마 남지 않았다. 그러므로 다시 철학에 집중하자. 아우구스티누스의 수중에 해결책이 있다.

아우구스티누스는 시간을 정신 안으로 옮겨놓음으로써 시간을 구출한다. 즉 미래, 현재, 과거는 우리의 사고와 표상에 존재한다는 것이다. 우리는 과거를 회상하고 미래를 기대하며 현재를 체험한다. 우리의 정신은 과거와 현재를 현재화하면서 과거로 되돌아가고 미래로 나아가는 것이다. 동시에 정신은 현재에 확장을 부여한다. 새로운 인상들이 우리에게 들어오고, 우리가 우리에게 새롭게 도달할 것을 생각하는 동안 회상은 현재를 잠깐 붙들어둔다.

아우구스티누스는 음악을 예로 들어서 주관적인 시간 이론을 설명한다. 가령 우리가 멜로디에 심취하면 우리는 개별적인 음을 듣는 것이 아니다. 우리는 지나간 음을 여전히 머리에 담고 이어지는 음을 미리 떠올린다. 특이한 방식이지만 우리는 내면의 귀로 멜로디를 처음부터 끝까지 현재에 담고 있다. 따라서 현재의 지속이다. 물론 정신 내부에서만 그렇다. 아우구스티누스는 시간이란 체험된 시간이라는 주관적 시간 파악을 최초로 옹호했다. 정신 밖에는 현재, 과거, 미래가 없다. 사물은 우리 인간에게만 현재, 과거, 미래의 것이 된다. 이에 덧붙여 아우구스티누스는 신에게 시간은 존재하지 않는다고 한다. 신은 시간 밖에 존재하며 과거, 현재, 미래를 한 번에 파악한다. 만약 당신이 내게 무언가를 물었을 때, 내가 한 번에 많은 것을 알고 있다면 얼마나 멋있을까! 하지만 우리 인간이 이런 엄청난 정보의 흐름에 직면했다면 오래전에 소멸했을 것이다. 우리 대부분은 현재로 충분하다.

자아

너 자신을 알라Gnothi seauton! 이 말은 델포이에 있는 아폴론 신전의 현관 기둥에 새겨져 있다고 한다. 서양철학의 원조인 소크라테스는 늘 이 말을 강조했다. 자기 인식을 철학의 가장 중요한 과제로 본 것이다. 그는 철학은 "자신의 영혼을 돌보는 것."이라고 했다. 행복을 추구하는 사람도 자기 자신을 그냥 지나치지 않는다. 철학자 루드비히 마르쿠제Ludwig Marcuse도 이것을 깨닫고, "나의 행복은 자신과 보다 깊이 일치하는 순간"이라고 했다.

"나는 누구인가?"라는 질문은 한 사람의 성인이 되기 위한 삶을 시작할 때 제기된다. 그러나 자기 인식의 길은 멀고 많은 노력을 요하며, 여러 문제로 엉켜 있다. 또 그 길에서 방향 전환의 유혹을 받기도 한다. 오늘날에는 그것이 더 심해졌다. 그래서 우리는 대부분 안심하지 못하고 불안 속에서 타율적으로 산다. 동시에 많은 일을 하지만 어느 하나도 제대로 하지 못한다. 더욱이 뒤늦게야 가치 있는 일을 하기도 한다. 그리고 많은 사람들이 자기 자신을 착취하고 학대한다. 주어진 목적의 배경을 묻지도 않고 맹목적으로 한다. 우리는 이제 변화가 필요하다. 어떻게 그렇게 할 수 있을까? 나는 누구이고 무엇을 하고자 하는지를 어떻게 찾을까?

그 질문에 어떤 사람은 "너 자신으로 돌아가야 한다!"고 주장한다. 다른 사람은 "나는 이미 거기에 있고, 어떤 것도 잃지 않는다."고 대답한다. 그 두 사람은 각각 진리의 반만 말하고 있다. 우리는 집안 소파에 앉아 내면에 귀 기울이는 것만으로는 자신을 알지 못한다. 밖으로 나가서 자신을 실험하고, 낯선 상황에 자기를 풀어놓아야 한다. 그리고 그 새로운 상황에 어떻게 대처하는지를 예리하고 주의 깊게 관찰해야 한다. 그래야 자신이 원하는 것과 원하지 않는 것을 구별할 수 있다. 그때 갑자기 내면에서 무언가가 울리기 시작한다. 낯선 소리에 자극을 받아 울리는 것이다. 가끔은 자아를 찾는 정신 여행을 하며 자신이 처한 상황과 삶의 계획 등에 대해 생각하고, 그 생각이 자신에게 어떻게 느껴지는가에 주의를 기울이기도 한다. 요컨대 어떤 것이 나를 위한 것이며, 그렇게 사는 것은 어떤 의미일까를 생각하는 것이다. 만약 이런 정신 여행에서 내면의 무언가가 자극을 받으면, 현실에서도 가치가 있을 것이다. 쇠퇴했을지도 모를 자아의 일부가 그 때문에 만개할 것이다.

나는 누구일까? 나에게 중요한 것은 무엇일까? 내가 가진 소망, 견해, 느낌 중 어떤 것이 진짜일까? 나는 언제 나를 기만할까? 나는 나만의 고유한 삶을 살고 있을까? 친구와 가족, 직장 동료 앞에서 보여주는 내가 진정한 나일까? 나는 나 자신을 가장 잘 알까? 이런 질문은 우리 삶의 중심에 있지만, 오늘날의 철학에서는 중요하게 여기지 않는다. 그것은 심리학과 정신분석의 몫으로 남았다. 그러나 옛날부터 오늘날까지 철학에서 논의되어온 질문이 있다. 그것은 "나는 예전과 동일한 사람일까, 그렇다면 왜 그럴까?"이다. 이 정체성에 관한 질문은 매우 합당한데, 사람의 신념은 가치관과 소망처럼 여러 해에 거쳐 변하기 때문이다. 나의 몸도 과거와 같지 않다. 외모는 변하고 몸을 이루는 세포도 7년이면 완전히 새롭게 바뀐다. 그렇다면 현재의 나는 10년 혹은 20년 전의 나와 같은 사람일까? 긴급히 새 증명서를 신청해야 하지 않을까? 그렇지 않다면 나는 어떻게 나와 관련된 모든 것이 변해도 같은 사람으로 남아 있을 수 있을까? 왜 나는 나일까? 내가 당신이 되려면 무엇이 일어나야 할까? 이 장의 내용은 이런 질문을 둘러싸고 전개된다.

잠깐 눈을 감고 심호흡을 하며 자신에게 집중해보자. 오로지 당신의 자아에 주목하라. 무슨 생각이 드는가? 무엇이 느껴지는가? 자아란 느낌일까 사고일까? 몸일까 정신일까? 정말 자아와 같은 어떤 것이 존재할까? 스코틀랜드의 철학자 데이비드 흄은 불교와 비슷하게 자아는 없으며, 따라서 자아를 찾는 것도 쓸모없는 일이라고 했다. 우리가 자아라고 부르는 것은 지각, 감정, 사고, 소망, 기억 들의 다발 이외에 다른 것이 아니라는 것이다. '자아'가 있다는 말이, 우리가 '자아라고 부르는 어떤 것'이 각자의 내면에 있음을 뜻하지는 않는다. 자아는 환상에 불과한 것이 아닐까? 뇌 연구 결과도 이 방향을 가리킨다. 우리 뇌에는 어떤 자아의 중심도 없다는 것이다. 두뇌는 지휘자 없는 오케스트라처럼 스스로 연주한다는 것이다.

하지만 우리의 체험은 그 견해와는 반대이다. 우리는 우리 안의 사고, 소망, 느낌이—우리 도움 없이—스스로 흐르는 것처럼 느끼지 않는다. 우리는 사고하고 소망하고 느끼는, 바로 그런 우리인 것이다. 우리는 무엇이 우리에게 적합한지 아닌지를, 우리가 무엇을 좋아하고 안 좋아하는지를 느낀다. 또 무엇이 우리에게 낯설고 익숙한지를 느낀다. 동시에 우리 각자는 개성과 독특한 성격을 갖고 있다. 우리는 시간과 함께 변하지만, 오늘과 내일 사이에 급변하지는 않는다. 얼마간 안정적으로 남아 있는 기본 모형이 있다. 문제는 행위하고 사고하고 느끼고 의지를 가진 자아가 우리의 자아인가 하는 것이다. 그렇다면 어떻게 이런 기본 모형이 수년 수십 년 동안 변해도 다른 인간이 되지 않은 채 남아 있을 수 있을까? 어떻게 나는 앨범에 있는 어릴 때 사진과 청소년기 사진을 보면서 "이게 정말 나야?"라고 질문할 수 있을까?

테세우스의 배

—

당신이 그리스신화에 나오는 영웅 테세우스처럼 축복받은 항해사라고 해보자. 당신은 여러 달 동안 거센 파도에 맞서 배를 몰고, 강한 폭풍을 헤쳐나가며 많은 바다 괴물을 무찌른다. 이런 모험은 배에 거친 흔적을 남긴다. 그래서 당신은 배를 수리하기 위해 조선소로 가서 낡은 널빤지들을 교체한다. 그 뒤 당신은 다시 출항한다. 험난한 바다에서 한 달 이상 보낸 당신은 부서진 배를 수선하려고 또 조선소로 간다. 그렇게 수년 동안 조선공은 부서진 부분을 모두 새 것으로 대체한다. 더 이상 낡은 널빤지는 없다. 모든 것이 새것이다.

그런데 그 조선공이 낡은 재료들을 몰래 보관했다가, 당신의 낡은 배를 복원하여 당신에게 판다. 그 덕분에 당신은 조선계의 살아 있는 전설로 추앙된다.

이제 배 두 척이 있다. 당신이 현재 이용하는, 기능이 뛰어난 새 배와 처음 배에서 나온 낡은 널빤지로 복원된 배이다. 여기서 결정적인 철학적 질문은 어떤 것이 진짜 처음의 배인가 하는 것이다. 두 척의 배 가운데 어느 것이 처음의 배와 동일한가?

이 사고실험은 전통이 오래되었는데, 그리스의 작가 플루타르코스Ploutarchos에 의해 전승되었다. 상황은 단순하다. 배의 낡은 부분이 모두 새로운 것으로 대체되는데, 한꺼번에 대체되지 않고 장시간에 걸쳐 조금씩 대체된다. 언젠가 배는 완전히 새로운 재료로 이루어진다. 낡은 것이 모두 사라지는 것이다. 문제는 모든 부분이 새것으로 바뀌었는데, 그 배가 여전히 동일한 배인가 하는 점이다. 그 배는 더 이상 동일한 배가 아니지 않을까?

시간의 경과에 따른 사물의 동일성에 관한 철학적 질문은 인간에게도 적용된다. 생물학에 따르면 사람 몸의 세포는 7년 뒤에 완전히 새로운 세포로 대체된다. 따라서 몸은 7년 전과 완전히 다른 물질로 이루어진다. 정신도 비슷하다. 성격, 소망, 신념도 시간이 경과하면서 변한다. 과거의 우리는 걱정이 없고, 저돌적이었지만 지금의 우리는 걱정과 불안으로 가득 차 있다. 과거의 우리는 동화를 믿고 우주 비행사를 꿈꿨지만, 지금의 우리는 과학을 믿고 집과 가까운 직장에서 일하고 싶어 한다. 우리는 외적 내적으로 모두 변한다. 나이를 먹어도 그대로인 것이 있을까? 우리가 동일인으로 남아 있으려면 무엇이 동일하게 있어야 할까?

구체적인 논의로 들어가기 전에, 먼저 알아둘 것이 있다. 우리는 '동일성'이라는 말에서 여러 상이한 것을 생각할 수 있다. 철학에서는 '질적' 동일성과 '수적' 동일성을 구별한다. 두 사물이 구별되지 않을 정도로 같은 성질을 나누어 가졌다면 두 사물은 질적으로 동일하다. 가령 당신이 읽은 책과 동일한 다른 책이 그렇다. 두 책은 색도, 제목도, 면수도, 내용도 모두 같다. 다만 두 책이 있는 장소는 다르다. 한 책은 당신 손에, 다른 책은 책장에 꽂혀 있다. 이 예에서 두 책은 수적으로는 다르지만, 동일한 성질을 갖고 있으므로 질적으로는 동일하다. 두 책은 두 개의 상이한 사물이지, 동일한 대상이 아니다. "수적으로 상이하다."는 표현은 정확히 두 개의 상이한 수라고 말할 수 있는 상이한 사물을 의미한다.

　여기서 흥미로운 것은 시간이 지남에 따라 동일한 사물이 크게 변할 수 있다는 점이다. 걸레는 사용 전과 후가 달리 보이기 때문에 같은 걸레인지가 문제이다. 사용한 걸레는 양적으로는 새것과 동일하지만 질적으로는 다르다. 따라서 두 사물은, 책의 경우처럼 같은 성질을 갖고 있지만 상이한 것일 수 있고 또 사용 전후의 걸레처럼 다른 성질을 갖고 있지만 동일할 수가 있다.

　이제 각설하고, 동일성 문제에 관한 철학적 질문으로 들어가자. 현재의 나는 20년 전의 나와 같은 나인가? 그렇기도 하고 아니기도 하다. 우리는 신체적, 정신적 변화를 겪었지만 동일한 사람으로 남아 있다. 오늘의 나는 그 당시의 나와 양적으로 동일하지만 질적으로는 다르다. 시간에 따라 인성은 점차 변했지만 동일인으로 남아 있는 것이다. 물론 인성 변화가 급격히 이뤄지는 경우도 있는데, 그것은 큰 사고를 당하거나 공격을 받은 뒤에 일어난다. 그 경우 우리는 "그는 더 이상 옛날의 그가 아니야."라고 말한다. 그 말은 비유가 아니라 진짜 그렇다는 뜻이다. 대부분의 기억이 훼손된 사람이 문제이다. 자기동일성에서 기억은 매우 중요한 역할을 한다. 영국의 철학자 존 로크는 17세기에 이미 그 사실을 깨달았다. 그의 이론을 좀 더 들여다보자.

　로크에 따르면 인격을 만드는 것은 자의식이다. 어떤 순간에 우리가 무엇을 행하느냐와 상관없이 그때 그것을 행하는 사람이 바로 자신이라는 것은 각자에게 명백하다. 우리는 항상 자신에 대해 숙고할 수 있고 또 과거의 자신에 대해서도 그렇게 한다. 회상할 수 있는 것이다. 로크에 따르면, 그 당시를 회상하는 것이 자기동일성을 부여한다. 각각의 순간이 기억에 남아 있고 그것을 회상할 수 있다는 사실을 기초로 자의식이 형성되는 것이다. 기억이 우리를 현재의 우리로 만들어준다. 기억이 없다면 자기도 없다.

로크는 우리가 시간이 지나도 동일한 사람으로 남아 있으려면 내면에 동일한 어떤 것이 있어야 한다는 가정을 철저히 깨뜨렸다. 로크에 의하면, 모든 것이 우리를 변화시킬 수 있는데, 중요한 것은 우리가 여전히 그 당시를 기억하는 것이다. 자아는 실체가 아닌 의식과정이며, 따라서 불변의 영혼이라는 가정도 포기할 수 있다.

다음의 사고유희에서 기억이 얼마나 중요한지를 볼 수 있다. 당신이 애인과 서로 기억을 교환할 수 있다고 해보자. 이제 당신의 기억 모두가 지워지고 애인의 기억으로 대체된다. 당신은 당신의 어린 시절을 기억 못 하고 애인의 어린 시절을 기억한다. 당신의 모든 기억 내용은 애인의 것이다. 당신은 네팔에 간 적이 없는데 갑자기 그곳의 척박한 고산지대가 기억난다! 또 당신의 느낌, 관심사, 확신도 철저히 바뀌었다. 그 모든 것이 과거의 경험을 통해 형성되기 때문이다. 몸에 대한 느낌도 마찬가지일 것이다. 기억이 교환된 뒤 당신의 몸은 당신에게 아주 낯설 것이고, 당신은 익숙한 몸을 그리워할 것이다. 이제 당신과 당신의 애인은 기억뿐 아니라 자기동일성까지 교환한 것처럼 보인다. 이 사고유희는 기억은 자기동일성에 중요한 역할을 한다는 로크의 명제를 단적으로 증명한 것이다. 로크 자신도 누군가가 아침에 자신의 몸은 구두 수선공의 것인데 자신은 왕자라는 확고한 믿음으로 깨어난다면 그는 무엇일까 곰곰이 생각한 뒤, 그가 지금까지의 삶을 왕자의 삶으로 기억한다면 구두 수선공의 몸에 왕자가 숨어 있는 것이라고 말했다.

기억이 자아에 중요한 예를 또 살펴보자. 당신은 몽유병 환자인데 어젯밤 이웃집을 턴 죄목으로 고소를 당했다고 하자. 물론 당신은 그 기억이 없다. 그래도 당신은 처벌을 받아야 하는가? 당신은 아니라고 대답할 것이다. 이웃집에 침입한 것은 당신 자신이 아니라 당신의 몸 또는 몽유병에 걸린 자아이고, 또 당신은 아무것도 기억하지 못하기 때문이다.

하지만 기억과 관련된 일은 로크의 생각처럼 그렇게 단순하지 않다. 그래서 로크의 이론에 두 가지 중요한 반론이 제기되었다. 첫 번째 반론은 로크의 이론은 순환 논증으로, 증명하기를 원하는 것을 미리 전제하고 있다는 것이다. 즉 안정된 자기동일성이 없으면 우리는 기억할 수 없기 때문이다. 개인은 자신의 체험만 기억할 수 있지 이웃의 체험은 기억할 수 없다. 지나간 일을 기억하는 사람은 현재의 사람과 동일한 사람임에 틀림없다. 그러므로 기억이 자기동일성을 전제하는 것이지 그 역은 아니다.

두 번째 반론은 스코틀랜드의 철학자 토머스 리드^{Thomas Reid}가 제기했다. 사과를 훔쳤다는 이유로 한 소년이 폭행을 당했다고 하자. 그는 나중에 큰 전쟁을 승리로 이끌어 조국을 구한 위대한 장군이 된다. 세월이 흘러 노인이 된 그는 전쟁 승리만 기억하지 어렸을 때 받았던 처벌은 기억하지 못한다. 하지만 그가 전쟁에서 장군으로 있던 때에는 소년 시절을 잘 기억했다. 여기서 로크의 기억 기준으로 생각하면 모순이 발생한다. 즉, 장군은 처벌받은 소년을 자신과 동일시하고, 노인은 장군을 자신과 동일시한다. 각각의 과거만 기억하기 때문이다. 그런데 노인은 소년과 같은 사람이다. 하지만 노인은 더이상 소년 시절을 기억하지 못한다. 노인과 소년 사이에는 이른바 기억의 다리가 없다. 결국 로크의 이론에 따르면 노인은 당시와 동일인이 아니다. 이것은 완전히 모순이다.

처벌 얘기가 나왔으니, 비슷한 예를 또 들어보자. 당신에게 다음과 같은 실험을 한다고 가정하자. 당신의 기억을 지운 다음, 기억을 축적하는 기계에 당신의 기억을 넣는다. 그리고 당신을 고문한 뒤 당신의 기억을 도로 심는다. 만약 당신의 자아가 기억에 의존한다면, 당신에게는 고문의 기억이 없다. 고문과 관련된 당신의 기억은 끊어진 필름과 같다. 그렇다면 당신은 그 실험에 동의할 것인가? 물론 동의하지 않을 것이다. 이 사고유희는 영국의 철학자 버나드 윌리엄스Bernard Williams에서 유래한 것으로, 우리는 정신과 기억을 동일시할 뿐 아니라 가끔은 신체와도 동일시한다는 것을 보여준다. 그러나 다음의 사고유희는 특히 신체의 한 부분이 자기동일성에 아주 중요함을 보여주는데, 그것은 바로 뇌이다. 당신의 뇌를 두개골에서 빼내 이웃에게 이식한다고 해보자.

당신의 뇌는 이웃의 두개골에, 이웃의 뇌는 당신의 두개골에 들어 있다. 그러면 당신은 어디에 사는 것인가? 당신과 이웃이 집을 맞바꾼 것처럼 보이지만, 사람들은 대부분 당신이 여전히 같은 곳에 산다고 말할 것이다. 그러나 친구들은 불현듯 당신이 이웃의 몸에서 살고, 이웃은 당신의 몸에서 살고 있음을 알아챌 것이다. 그렇다면 자기동일성을 좌우하는 것은 뇌지 몸이 아닌 것이다. 아니면 자기동일성은 여태껏 한 번도 뇌가 필요하지 않았나? 정신의 내용물인 기억, 성격, 느낌, 신념, 소망만으로 충분한가? 그리고 나의 기억을 가진 많은 사람이 존재할 수 있을까? 다음의 사고실험은 이 질문으로 향한다.

이동 광선을 쏴주게!

—

당신을 베를린에서 베이징으로 보내는 순간 이동 장치 앞에 서 있다고 생각하자. 장치 안으로 들어가면 머리에서 발끝까지 스캐닝이 돼서, 모든 세포와 원자가 자동으로 검사되고 기록되고 저장되며, 그 이후에 당신의 육체가 파괴된다. 그리고 그 데이터가 베이징으로 전송되어 재생 장치가 당신을 완벽하게 복제한다. 모든 세포가 정확히 같은 위치에 있는 등 모든 것이 원래의 당신과 똑같다. 뇌도 똑같다. 따라서 중국의 당신은 당신이 가졌던 것과 동일한 기억, 신념, 느낌, 가치, 소망을 갖는다. 모든 것이 계획대로 진행되면 당신은 베를린의 장치로 들어가 베이징의 장치로 나오는 것이다. 그것은 눈 깜짝할 사이에 벌어진다. 자, 당신은 베를린의 장치로 들어갈 것인가? 그것이 가장 편안한 여행일까? 아니면 베를린에 머물면서 살 것인가?

당신의 몸이 스캐닝 된 뒤에도 파괴되지 않고 계속 산다고 해보자. 그럴 경우 당신은 동시에 두 번 존재하는 것일까? 당신은 한 번은 베를린에서 한 번은 베이징에서 이중적으로 체험할까? 아니면 베이징에 있는 사람은 단지 당신의 복제 인간일까?

이 사고실험은 영국의 철학자 데렉 파피트Derek Parfit에서 유래했다. 그는 존 로크와 비슷하게 오늘날의 우리는 과거의 있던 사람과 동일인이라고 생각했다. 과거와 오늘 사이에 지속성이 존재하고 우리는 과거를 회상할 수 있기 때문이다. 따라서 우리 자아가 동일한 것으로 남아 있으려면 물리적 연속성이 필요하다. 그런데 파피트는 영혼의 존재를 믿지 않고, 자아는 뇌의 상태로 환원할 수 있다고 말했다. 모든 기억, 신념, 소망이 뇌에 자리 잡고 있기 때문이다. 그러면 어떻게 두 장치의 수수께끼가 풀릴 것인가?

사고유희의 첫 번째 경우는 파피트에게 별 문제가 없다. 스캐닝된 뒤 몸이 파괴돼도 그는 장치로 들어갈 것이다. 베이징에서 분자들의 동일한 모습이 다시 만들어지기 때문이다. 동일한 기억, 신념, 소망, 성격을 가진 사람이 만들어진다. 베를린의 장치로 들어간 사람은 기억이 짧게 끊긴 후 다시 베이징의 장치에서 나오는 것이다.

그 장치를 이용하면 베를린에서 베이징까지 1분 만에 도착할 수 있다. 인간은 그 이상 편하고 빠르게 여행할 수 없을 것이다.

그렇지만 두 번째 경우에서는 문제가 있다. 여기서는 스캐닝 뒤에 몸이 파괴되지 않는다. 베이징에서도 베를린에서도 누군가가 장치에서 나온다. 파피트에게는 베를린의 장치에서 나온 사람과 베이징의 장치에서 나온 사람이 명백히 동일인이 아니다. 결국 두 사람이 동시에 다른 장소에 있는 것이다. 그들은 동일한 특징을 갖지만 동일한 사람은 아니다. 이것은 두 사람이 질적으로 동일하지만, 수적으로 동일하지 않음을 뜻한다. 그들은 완벽한 쌍둥이지만 그 이상은 아니다. 따라서 만약 한 사람이 다쳐도 다른 사람은 그것을 못 느낄 것이다.

이제 가장 흥미로운 지점이다. 베를린의 사람과 베이징의 사람이 동일하지 않다면, 당신은 그 둘과 동일할 수 없다. 당신은 베이징이나 베를린에서 나타나거나, 아무 데서도 나타나지 않을 수 있지만, 어떤 경우에도 두 장소에서 나타나지는 않는다. 왜 그럴까? 논리학에서 A=B 이고 A=C이면, B=C인 것은, B와 C가 A와 같기 때문이듯, 동일성에도 '다른 대상이 필요'하기 때문이다. 만약 당신이 베를린에서 장치에 오르고 스캐닝 후 베를린의 장치에서 나온 인간과 동일할 뿐 아니라, 베이징의 장치에서 나온 사람과도 동일하다면, 베를린과 베이징에 있는 사람들은 틀림없이 동일하다. 그러나 그것은 불가능하다. 동일한 사물은 동시에 다른 장소에 존재할 수 없기 때문이다.

이 경우 당신은 베를린에 있고 쌍둥이가 베이징에서 나온 것일까? 그러나 왜 당신의 몸이 베를린에서 파괴될 경우에만 그 여행이 성공한다고 할까? 무엇 때문에 베를린의 사람과 베이징의 사람을 구별할까? 왜 당신은 다른 사람이 아닌 그 사람과 동일해야 할까? 파피트는 당신은 베이징의 사람과도 베를린의 사람과도 동일하지 않다고 주장하며, 이 까다로운 상황에서의 탈출을 꾀한다. 즉, 복제 후 당신은 더 이상 존재하지 않는다는 것이다! 복제가 되자마자 당신은 정체성을 상실한다. 정체성은 유일무이하기 때문이다. 그러므로 심리적 연속성만으로는 불충분하다. 베를린의 사람과 베이징의 사람은 당신과 동일한 기억을 갖지만, 두 사람 중 누구도 당신과 동일하지 않다. 복제는 원본의 파괴를 의미한다.

아메바를 예로 들어 논의를 명료하게 하자. 아메바는 알려져 있듯 이분법으로 증식한다. 한 몸이 똑같이 둘로 나뉘는 것이다. 흥미로운 질문을 하나 하자. 두 아메바 중 어느 것이 원래 아메바와 동일한 것인가? 철학적으로 보면 두 아메바는 처음 것과 같을 수 없다. 그 둘이 서로 같은데, 두 개가 아닌 동일한 생명체라는 것은 명백히 오류이기 때문이다.

당신의 뇌가 둘로 나뉘어 각각 전체 뇌와 똑같이 기능한다고 생각해보자. 그래도 당신은 별 문제없이 살 수 있다. 이제 당신은 당신의 뇌 하나를 뇌가 없는 사람에게 준다. 두 사람은 이제 동일한 기억과 견해, 가치관을 갖지만, 이식된 뇌는 낯선 몸에 놀랄 것이다. 하지만 둘 가운데 어떤 사람이 당신인가? 아메바의 경우와 마찬가지로 두 사람 모두 당신일 수 없다. 그리고 왜 두 사람 중 다른 사람이 아닌 바로 그 사람인가? 아무나 선택해도 마찬가지다. 따라서 나뉘면서 당신이 죽었다고 보는 것이 타당하다. 당신은 더 이상 존재하지 않는다.

그러나 그 죽음은 끔찍한가? 만약 이처럼 뇌를 나누는 것이나 아니면 당장 죽어서 뇌를 기증하는 것 가운데 하나를 선택해야 한다면, 당신은 어떤 결정을 할까? 완전히 죽는 것보다는 차라리 뇌를 나누는 편이 더 나을 것이고, 거기에는 체험을 지속하는 삶이 있다. 파피트는 당신은 어떻게든 두 사람으로 계속 사는 것이라고 생각한다. 그 때문에 뇌를 나눈 후 살아가는 두 사람은 당신과 동일하지 않지만, 사람들은 대부분 이런 형식의 생존을 선호할 것이다. 파피트는 생존에서 자기동일성은 중요하지 않다고 본다. 중요한 것은 계속 사는 것이다. 자신이 누구인 것은 상관없다. 정말 흥미롭지 않은가?

행복

죽은 뒤에도 행복하다: 아리스토텔레스, 《니코마코스 윤리학》

묶여 있는 개: 세네카, 《인생철학 이야기》

소원할 게 없어서 행복하다: 에피쿠로스, 《Briefe, Sprüche, Werkfragmente》, Stuttgart; 쇼펜하우어, 《의지와 표상으로서의 세계》

동일자의 영원회귀: 프리드리히 니체, 《즐거운 학문》, 4권

시시포스와 바위: 알베르 카뮈, 《시시포스의 신화》

행복을 주는 기계: 로버트 노직, 《아나키에서 유토피아로》

인식

동굴 속 죄수들: 플라톤, 《국가》 7권

통 속의 뇌: 힐러리 퍼트넘, 《이성, 진리, 역사》 Cambridge 1981; 르네 데카르트, 《성찰》 2

뮌히하우젠의 트릴레마: 섹스투스 엠피리쿠스, 〈피론의 회의에 관한 초고〉 15장

사라진 푸른색 색조: 데이비드 흄, 《인간 오성에 관한 탐구》 2장

고장 난 시계가 정확한 시간을 보여준다면: 에드먼드 게티어, 〈진실한 신념의 지식은 정당화 된 것인가?〉, in: Analysis 23 (1963); 버트런드 러셀, 《인간의 지식, 그 범위와 한계》

도덕

전차와 뚱뚱한 남자: 필립파 푸트, 〈낙태와 이중 효과의 원리〉, Oxford Review 5 (1967); 주디스 자비스 톰슨, 〈살인, 죽게 놔두기, 전차 문제〉, The Monist 59(1976)

마더 테레사와 잘 교육된 사이코패스: 아리스토텔레스, 《니코마코스 윤리학》, 4권

연못에 빠진 아이: 피터 싱어, 《물에 빠진 아이 구하기 – 어떻게 세계의 절반을 가난으로부터 구할 것인가》

외계인에게 인간의 육체는?: 리하르트 다비트 프레히트, 《왜 모든 것이 존재하고 무는 없는가? – 철학으로의 소풍》

등에 붙는 바이올리니스트: 유디스 자비스 톰슨, 〈낙태를 방어함〉 Philosophy and Public Affairs, 1(1971).

미와 예술

무생물 친구들: 알랭 드 보통, 《행복의 건축》

감정을 느끼지 못하는 음악: 프랭크 시블리, 《미학에의 접근》

흰 바탕 위의 붉은 사각형: 아서 단토, 《일상적인 것의 변용》

자유

미래는 계산될 수 있을까?: 피에르 시몽 라플라스, 《확률에 대한 철학적 시론》

나는 정말 다르게 결정할 수 있었을까?: 데이비드 흄, 《인간 오성에 관한 탐구》 8장 자유와 필연성에 대하여; 페터 비에리, 《자유의 기술 – 의지의 발견에 대하여》

살인자가 다르게 할 수 없다면: 해리 프랑크푸르트, 〈양자택일의 개연성들과 도덕적인 책임감〉 Journal of Philosophy 66(1969)

법과 정의

원시인들: 토머스 홉스, 《리바이어던》, 제1부와 제2부

무지의 장막: 존 롤스, 《정의론》

누가 가장 큰 조각을 먹어야 할까?: 가끔 사용되는 예의 독특한 변용

뇌와 정신

박쥐의 비밀: 토머스 네이글, 〈박쥐가 된다는 것과 같은 것은 어떤 것일까?〉, Philosophical Review 83 (1974)

뇌 안에서의 산책: 고트프리트 빌헬름 라이프니츠, 《단자론》

메리의 색 지각: 프랭크 잭슨, 〈메리가 몰랐던 것은〉 Journal of Philosophy (83).

친절한 이웃집 좀비: 데이비드 차머스, 《의식적인 마음 – 기초 이론의 탐구》

인공 뇌: 존 설, 《마음의 재발견》

중국어의 방: 존 설, 〈마음, 뇌 그리고 프로그램〉 Behavioral and brain sciences 3 (1980).

스마트폰 속에 존재하는 정신: 앤디 클라크/데이비드 차머스, 〈확장된 마음〉 Analysis 58 (1998)

신과 신앙

신-인간이 생각할 수 있는 가장 위대한 존재: 안셀무스, 《프로슬로기온》

신-제1 원인: 토마스 아퀴나스, 《대이교도대전》, 《신학대전》 중 〈신 증명〉

신-스위스 시계공: 윌리엄 페일리, 《자연신학》

파스칼의 내기: 블레즈 파스칼, 《팡세》

신-도덕의 받침대: 크리티아스, 《시시포스》; 칸트, 《이성의 한계 안에서의 종교》

피고석에 앉은 신: 라이프니츠,《신정론》

우주의 찻주전자: 버트런드 러셀,《신은 존재하는가?》

논리와 언어

이발사: 버트런드 러셀, 〈논리 원자론의 철학〉, 1918, The Collected Papers of
Bertrand Russell, 1914-19, Vol 8.

탈모: 엘레아의 제논 또는 밀레토스의 에우불리데스에서 유래, 디오게네스 라에르티
오스,《유명한 철학자들의 생애와 가르침》II 참조.

나무 위의 작은 다람쥐: 윌리엄 제임스,《실용주의-몇몇 낡은 사고방식의 새로운 이
름》

가바가이: 윌러드 밴 오먼 콰인,《단어와 대상》

샛별과 태백성: 고트로프 프레게,《의미와 지시 대상에 관하여》

가족 유사성: 루드비히 비트겐슈타인,《철학 탐구》§§ 66ff.

지구와 쌍둥이 별: 힐러리 퍼트넘,《의미의 의미》

무는 개: 존 오스틴,《말과 행위》

이해의 순환 구조: 한스게오르크 가다머,《진리와 방법》

침묵의 의미: 폴 그라이스,《Studies in the way of Words》중 〈논리와 대화〉

공간과 시간

아킬레스와 거북: 엘레아의 제논에서 유래, 아리스토텔레스,《물리학》VI.9. 참조

시간은 얼마나 오래 멈출 수 있나?: 임마누엘 칸트,《순수이성비판》, B 46.

과거에서의 할아버지 살해: J. 리처드 고트,《아인슈타인 우주로의 시간여행》

오늘이 없으면 내일에는 어제가 없을 것이다: 아우구스티누스,《고백록》제11권.

자아

테세우스의 배: 플루타르크에서 나옴; 제이 F.로젠베르크,《철학 연습 – 초보자를 위한

안내서》중 〈계속되는 토론〉; 존 로크, 《인간오성론》 책 II, 27장 〈같음과 다름에 관하여〉

이동 광선을 쏴주게!: 데렉 파피트, 《이성과 개인》; 해리스 (편집), 《동일성》 중 데렉 파피트 〈동일성의 비중요성〉 참조

찾아보기